现代大学体育教程

主　编　黄志文
副主编　翁子涛
参　编　徐芳英　刘　恒
　　　　李　想　刘　桃

天津出版传媒集团

天津科学技术出版社

图书在版编目（CIP）数据

现代大学体育教程 / 黄志文主编. -- 天津 : 天津科学技术出版社, 2023.9

ISBN 978-7-5742-1567-2

Ⅰ. ①现… Ⅱ. ①黄… Ⅲ. ①体育－高等学校－教材 Ⅳ. ①G807.4

中国国家版本馆 CIP 数据核字(2023)第 163393 号

现代大学体育教程

XIANDAI DAXUE TIYU JIAOCHENG

责任编辑：	杜宇琪
出　　版：	天津出版传媒集团
	天津科学技术出版社
地　　址：	天津市西康路 35 号
邮　　编：	300051
电　　话：	(022) 23332399
网　　址：	www.tjkjcbs.com.cn
发　　行：	新华书店经销
印　　刷：	三河市悦鑫印务有限公司

开本 787×1092　1/16　印张 15.5　字数 340 000
2023 年 9 月第 1 版第 1 次印刷
定价：49.00 元

前言

体育是社会发展和人类文明进步的重要标志，是综合国力和社会文明程度的重要体现。随着社会发展和人类进步，体育的多元功能被不断开发，体育对人类社会的经济、政治、教育、文化等多方面的影响和作用日趋显现。身体素质是国民素质的组成部分，是国民素质的重要物质基础。提高人民的身体素质，关系到国家的强盛和民族的振兴。21世纪是一个空前激烈的经济竞争、科技竞争、人才竞争的时代，大学生作为未来祖国现代化建设的接班人，其健康事关国家和民族的未来。有效促进高等院校开展体育运动，是全面建设体育强国的必然要求。

大学生体育教育在大学生素质教育中占有重要地位，《全国普通高等学校体育课程教学指导纲要》也认为，开设高校体育课程是实施素质教育和培养全面发展人才的重要途径。大学体育担负着增强学生体质、增进学生健康、促进学生身心全面发展、培养良好道德品质、提高运动技术水平、养成自觉锻炼习惯、奠定终身体育基础等重任，是集体育技能、身体素质、心理健康、道德情操、文化素养提升于一身的教育过程，因此，大学体育就是要"学知识""练技能""强体质""铸精神"。

本书贯彻"以人为本、健康第一、终身体育"的指导思想和高校体育教育改革的理念，弘扬积极的运动观、体育观、健康观，着力倡导"处处可运动，人人能健康"的新常态终身运动健康生活方式，不局限于把大学生的体育活动仅仅看作是一种学校课程安排，而力求新颖化和娱乐化，将体育健康理念渗透到大学生的学习和生活的方方面面，实现既育体又育人的目标。

本书由黄志文担任主编，翁子涛担任副主编，徐芳英、刘恒、李想、刘桃参与编写。

在本书的编写过程中，参考和引用了众多书籍和资料，在此向有关作者表示最诚挚的感谢！

由于水平有限，疏漏不妥之处在所难免，敬请广大专家、同行和读者批评指正！

编　者

目录

第一章 大学体育概述 ··· 1
- 第一节 体育概述 ·· 1
- 第二节 大学体育 ·· 3
- 第三节 大学生和体育 ·· 6

第二章 体育锻炼的理论与方法 ··· 11
- 第一节 体育锻炼过程中的基本原理 ································ 11
- 第二节 体育锻炼应遵循的基本原则 ································ 13
- 第三节 实用体育锻炼方法简介 ···································· 15
- 第四节 体育锻炼的运动处方制定与实施 ···························· 19

第三章 运动损伤的防护 ··· 23
- 第一节 常见运动性病症及其处理 ·································· 23
- 第二节 运动损伤的预防与处理 ···································· 26
- 第三节 运动损伤的急救处理 ······································ 30
- 第四节 体育锻炼与大学女生卫生保健 ······························ 34

第四章 终身体育 ··· 36
- 第一节 终身体育概述 ·· 36
- 第二节 大学体育与终身体育 ······································ 39

第五章 田径运动 ··· 42
- 第一节 田径运动概述 ·· 42
- 第二节 田径竞赛规则 ·· 43
- 第三节 跑 ·· 45
- 第四节 跳高 ·· 49
- 第五节 铅球 ·· 50

第六章 篮球运动 ··· 54
- 第一节 篮球运动概述 ·· 54

第二节　篮球基本技术·················55
　　　第三节　篮球竞赛规则·················59

第七章　足球运动·····························64
　　　第一节　足球运动概述·················64
　　　第二节　足球基本技术·················64
　　　第三节　足球竞赛规则·················73

第八章　排球运动·····························77
　　　第一节　排球运动概述·················77
　　　第二节　排球基本技术·················78
　　　第三节　排球竞赛规则·················86

第九章　羽毛球运动···························90
　　　第一节　羽毛球运动概述···············90
　　　第二节　羽毛球基本技术···············93
　　　第三节　羽毛球竞赛规则···············99

第十章　乒乓球运动··························104
　　　第一节　乒乓球运动概述··············104
　　　第二节　乒乓球基本技术··············105
　　　第三节　乒乓球竞赛规则··············115

第十一章　网球运动··························119
　　　第一节　网球运动概述················119
　　　第二节　网球基本技术················120
　　　第三节　网球竞赛规则················127

第十二章　游泳运动··························130
　　　第一节　游泳运动概述················130
　　　第二节　游泳基本技术················132
　　　第三节　游泳竞赛规则················139

第十三章　跆拳道····························142
　　　第一节　跆拳道概述··················142

第二节　跆拳道腿法技术·················147
　　第三节　跆拳道的健身价值与欣赏·······150
　　第四节　跆拳道竞赛规则···················152

第十四章　武术···································155
　　第一节　初级长拳····························155
　　第二节　太极拳································170

第十五章　休闲体育·····························179
　　第一节　野外生存····························179
　　第二节　定向越野····························184
　　第三节　冰雪运动····························196
　　第四节　体育舞蹈····························216
　　第五节　瑜伽健身····························223
　　第六节　花样跳绳····························229

附录　国家学生体质健康标准（2014年修订大学版）···········233

参考文献···239

第一章 大学体育概述

第一节 体育概述

一、体育的起源与发展

体育是人类文化的重要组成部分。据史学家和考古学家研究，人类早在原始时代就把走、跑、跳跃、投掷、攀登、爬越等作为最基本的生产劳动和日常生活技能及本领传授给下一代。这是人类教学的萌芽，也是体育活动的萌芽。体育的发展与教育、军事、科学技术的发展，以及宗教活动、休闲娱乐活动有着密切的关系。必须指出，体育在其历史发展过程中，是受一定的政治经济所制约的，并为一定的政治经济服务。

体育的发展大致经历了 3 个时期，即原始的体育萌芽时期、自觉从事体育活动时期和形成与完善体育制度时期。经过这 3 个时期，现代的体育体系逐步形成，竞技体育的发展是推动现代体育发展的主要动力。

二、体育的概念

在认识和理解体育概念之前，必须知晓确定体育概念的 3 条原则，即科学性原则、与国际用语相互一致原则和考虑民族习惯原则。

"体育"一词，据世界体育资料记载，最早是法国人于 1760 年在法国的报刊上论述儿童身体教育问题时使用的 Education Physique（法），现在国际上普遍用"Physical Education"泛指"体育"。它的本意是指以身体活动为手段的教育，直译为身体的教育。"Sport"一词一般认为源于拉丁语"Disport"，它的本意是指离开工作去游戏、玩耍、进行娱乐活动等，后来逐渐形成具有新含义的一个概念，即竞技运动（竞技体育）。我国是近百年来才从国外传入"体育"一词的。体育史学界一般认为该词最早是留学生从日本传入的。当时还有从德国传入的"体操"一词。中华人民共和国成立后，都用"体育"和"体育运动"这些词作为体育的总概念或第一位概念。

体育有广义与狭义之分。体育理论界对体育的定义有不同的观点，目前比较普遍且较有群众基础的观点是：体育是指根据人类社会生活的需要，依据人体生长发育、动作技能形成和机体机能提高的规律，以身体练习为基本手段，达到发展身体、增强体质、提高运动技术水平、丰富社会文化生活的有意识、有目的、有组织的社会活动，以及其在人类社会发展中形成的全部财富。

三、体育的构成

中国的体育体系主要包括学校体育、社会体育（群众体育）和竞技体育3个部分。

1. 学校体育

学校体育是我国体育体系的主要组成部分，是实现我国体育的目的、任务的重要手段和途径，是开展全民健身运动的战略重点和基础；同时，学校体育作为我国学校教育的重要组成部分，为培养全面发展的21世纪人才发挥着重要的作用。

学校体育是随着社会的发展以及教育、体育的发展而发展的。早在奴隶社会的西周时期，其教学内容"六艺"即礼、乐、射、御、书、数中就包含进行军事技能和身体训练的"射、御"，以及娱乐、舞蹈内容的"礼、乐"，这就是我国学校体育的雏形。我国近代学校体育是从清朝末年开始由欧美、日本传入的。1901年废除科举制后，1903年颁布的《奏定学堂章程》规定，各级学堂都设体操科，其主要内容为德、日的普通体操和兵式体操，因此，当时就有"体操老师""体操师傅"之称。1923年，体操科改为体育课，教学内容大多采用英、美的游戏、田径、球类等。中华人民共和国成立后，随着社会主义建设事业的发展，学校体育呈现出崭新的面貌，特别是改革开放以来，学校体育更是得到飞速发展。体质与健康课程标准的颁布、学生体质健康测试标准等的出台对加速学校体育工作起到了推动作用。

2. 社会体育

作为我国体育事业的重要组成部分，社会体育关系到人民体质的增强、健康水平的提高和生活质量的改善，是现代社会文明、健康、科学的重要标志之一。在我国，社会体育（或称大众体育、群众体育）在很大程度上是指城市中的社会体育，尤其是在改革开放以前。城市中的社会体育基本上代表着我国社会体育的全部，其运行机制和管理模式也基本上是计划经济体制下典型的"单位体育"，即仅仅在"单位"这一范畴内，以单位职工为主要对象进行组织、实施、管理的一种体育活动。然而，随着我国经济体制改革力度的加大、步伐的加快，改革逐渐涉及经济领域以外更宽广的领域，作为城市社会生活重要组成部分的社会体育也受到了较深的影响。概括地说，市场经济体制的建立从根本上改变了城市人参加体育活动的组织和管理方式、活动范围。这标志着"单位体育"制度走向瓦解，同时也宣告城市社区体育的兴起。

3. 竞技体育

竞技体育亦称竞技运动，是体育的重要组成部分。它是以体育竞赛为主要特征，以创造优异运动成绩、夺取比赛优胜为主要目标的社会体育活动。远在史前时代的早期人类生活中，便出现以争取胜利为特点的原始的、朴素的体育比赛形式。此后，这种活动形式又经古代的长期发展，内容更加丰富，不少项目已具雏形,为近代体育运动打下了基础。在整个近代体育领域中,比赛活动获得了越来越大的独立性,并被定名为"竞技运动"。在当代,竞技运动经过不断发展、演进,在理论和实践方法上日臻成熟,影响也不断扩大,成为一个遍及社会各阶层、波及世界五大洲的特殊社会现象。

竞技体育项目按竞技能力的主导因素、运动项目的动作结构、运动成绩的评定方法等标准可分成多个项目群。

第二节 大 学 体 育

一、大学体育的目的

大学体育是学校教育的重要组成部分,其目的是以运动和身体练习为基本手段,对大学生的机体进行科学的塑造,在提高人的生物潜能和心理潜能的过程中,进德、益智、促美,达到身心健康、全面发展的教育总目的。

二、大学体育的任务

大学体育的目的是通过完成以下5个方面的任务来实现的。
(1) 增强学生体质,促进学生身心健康。
(2) 促使学生努力掌握体育的基本知识、基本技术和基本技能。
(3) 培养学生的道德意志品质。
(4) 培养学生审美和创造的能力。
(5) 培养高水平的运动员。

三、大学体育的地位和功能

大学体育是全面发展教育的重要组成部分。在大学教育中,德育是方向,智育是主体,体育则是其他教育因素的基础。大学体育是丰富学生课余文化生活、建设校园社会主义精神文明的重要载体。

具体来说,大学体育具有以下功能。

1. 身体教育

全面锻炼学生身体,促进身体形态结构、生理机能和心理发展,提高身体素质和人体基本活动能力,提高对自然环境的适应能力;使学生掌握体育的基本知识、技术和技能,学会科学锻炼身体的方法,养成经常锻炼身体的习惯,提高自我锻炼能力,终身受益。

2. 德育

学校体育是培养集体主义和团结协作精神等优良品德的教育过程。如竞技体育中：对方犯规时，是毫不计较，还是"以牙还牙"；集体配合不够默契出现失误而最终比赛失利时，是相互鼓励，还是相互抱怨；对裁判员的误判是大度宽容，还是"斤斤计较"；比赛胜利时，是骄傲自大，还是认真总结经验、戒骄戒躁。

3. 爱国主义教育

在体育教学中，通过让学生欣赏大型体育运动比赛，观看我国运动员为国拼搏、为国争光，以及在赛场上升国旗、奏国歌的动人场面，讲述优秀运动员刻苦训练、顽强拼搏的感人事迹，能够激发学生的爱国热情，增强其民族自尊心和自豪感。

4. 心理品质教育

体育运动能使人进入一种超凡脱俗的境界，陶冶人的情操，培养人的勇敢、果断、坚毅、自信心、自制力、进取心和坚韧不拔的意志品质。紧张而激烈的竞赛对人的心理品质既是严峻的考验，也是修炼和培养良好心理素质的最佳时机。

5. 智能教育

体育是促进智力发展的积极因素和手段。通过体育教学和身体锻炼，学生不仅可以学习和掌握一定的体育知识、技术和技能，其思维能力、记忆力、观察力、想象力、创造力等各种能力也会得到发展。因此，体育运动在传授知识，培养技能、技巧，增强人的体质过程中，还包含着培养、开发和提高学生智能的教育因素。

四、实施大学体育的基本途径

（一）体育课

体育课作为大学体育教育最主要的组织形式，是高等学校教学计划所规定的必修课程之一。体育课是按照教育计划和体育教学大纲而组织的专门的教育过程，因而是实现大学体育目标的基本途径。

1. 体育课的基本概念

体育课的基本概念：按照国家规定的教育目标组织有关体育的多因素、多层次、多维度的动态复合性教育过程。体育课一般分为：①理论课。系统介绍体育知识，有体育概述、体育科学原理、卫生与健康、世界大型运动会及部分运动项目的规则和裁判法等。②实践课。以运动场为课堂，学习和掌握体育的基本知识与技术以及锻炼身体的方法，提升身体素质，提高基本活动能力。

2. 体育课的设置与类型

由国务院批准颁发的《学校体育工作条例》明确规定，普通高等学校的一、二年级开设体育与健康必修课程，三年级及以上开设体育与健康选修课程。为了进一步加强体育在学校的地位，《中华人民共和国体育法》把"学校必须开设体育课，并将体育课列为考核学生学业成绩的科目"作为法规条文，要求教育行政部门和学校必须认真执行。《全国普通高等学校体育课程教学指导纲要》规定："普通高等学校的一、二年级必须开设体育课程（4个学期共计144学时）。修满规定学分、达到基本要求是学生毕业、获得学位的必要条件之一。"

普通高等学校应根据教育的总目标和体育学科的自身规律，有针对性地开设以下几种类型的体育课。

（1）必修基础课。使学生形成正确的体育意识和现代健康观念，真正地懂得健康是目的、体育是过程、运动和身体练习是良好的手段，掌握体育和健康的基本知识、技术和技能，全面提高身体素质，改善身体形态机能，增进身心健康，既要重视与中学体育和健康课程的衔接，又应注意为下一阶段学习奠定坚实的基础。

（2）必修选项课。在基础课教学的基础上，学校根据学生个人的喜好、特长和身心发展水平，以某一类（组）运动和身体练习项目为主要内容组织系统教学，学生通过学习和掌握该项目的相应知识、技术和技能，增加对参与体育活动的兴趣，培养终身坚持体育锻炼的习惯及健康生活的行为方式，进一步增强体质、增进健康，并获得体质与健康的自我评价能力。

（3）选修课。在一、二年级必修课程的基础上，学校根据实际情况（体育运动设施、气候、地域、师资队伍、传统爱好和习惯、学生身心发展水平等）开设若干门以某一类（组）或某几类（组）身体练习项目为主要内容的课程，进一步培养学生自觉参加体育活动、注重健康行为方式的意识和能力，使学生为终身坚持体育锻炼打下坚实的基础，并在此过程中增强体质，增进身心健康。

（4）训练课程。对部分身体素质较好并有一定运动专长的学生开设专门的课程是学校贯彻执行普及与提高相结合的重要措施，肩负着使学生提高运动技术水平、创造优异成绩、参与校际和国际交往、为校为国争光的使命。

（5）保健课。这是为个别身体异常和少数病、弱学生开设的必修课和选修课（高年级）。学校根据实际情况选择有针对性的内容组织教学，帮助这些学生增进体力，恢复健康，调节生理功能和矫正某些身体缺陷，促使其形成正确的体育与健康意识，提高体育活动能力，注重康复保健，增强体质，增进身心健康。

（二）课外活动

高等学校的课外活动是体育课程的延续和补充，是大学体育教育不可分割的环节，它为实现大学体育的目的和任务提供了又一重要途径。

课外活动包括早操锻炼、课外体育活动、校外体育活动等多种形式。课外体育活动一般每次1h左右，也可根据实际情况延长或缩短，但以振奋精神、活跃情绪、持之以恒和不过于疲劳为原则。内容可以是体育课程教学内容的延伸，可以采用《国家体育锻炼标准》的内容，也可以根据兴趣特点开展各种各样有益于身心发展的体育娱乐活动。所采取的形式多样易行，可独立按计划进行，或组成兴趣小组，或以体育俱乐部、体育协会等组织进行锻炼，也可以进行班级间的一些小型的竞赛活动。主要目的是增强体质，调节身心，消除脑力活动引起的疲劳，为提高学习和工作效率服务。

校外体育活动是指学生在家庭和社会上进行的体育锻炼。它是学校体育的延伸和补充，对学生增进健康、增长知识、丰富文化生活、开展社交活动和发展运动兴趣、提高运动技术水平、养成良好的体育意识与习惯均有着不可低估的作用。学生可以利用假日去体育场（馆）、游泳池、射击场、公园等社会场所参加辅导、测验、比赛和游乐活动，可以有计划、有组织地进行郊游、远足、爬山、野营等活动，还可参加寒暑假中举行的体育冬令营和夏令营等多种形式的体育活动。

（三）课余体育训练

课余体育训练是指利用课余时间，对部分热爱体育运动、身体素质好、有专项运动特长的学生，按项目组织起来进行系统训练的一种专门教育过程。其目的是提高学校体育运动技术水平，推动群众性体育活动的开展。在高校可以组建不同水平、不同形式的队伍进行课余体育训练，一般有3种形式。

（1）兴趣训练队。项目设置一般根据学校的师资、场地设备、传统运动项目等条件来决定。训练的目的可以是参加校级及以上级别的比赛，也可以仅仅是增强体质、提高运动技术水平。这种训练队常以单项协会或俱乐部的形式完成训练任务。在这种训练队基础上可以产生班队、年级队、系队、校队的优秀人才。

（2）学校代表队。一般是有定期比赛的项目，目的主要是代表学校参加校级及以上级别的比赛，项目设置一般根据学校传统运动项目和上级比赛的竞赛规程来决定，队数和每队人数均比兴趣训练队少，一般由运动技术水平较高、学习成绩合格、思想素质较好的学生组成。

（3）高水平运动队。普通高等学校经教育部批准，可以开展培养优秀体育后备人才的训练，且对运动水平较高、具有培养前途的学生，报教育部批准，可适当延长学习年限。据此，我国高校课余体育训练有了新的含义。目前，各高等院校根据学校实际，正致力于对高水平运动队的招生、学制及训练与管理的探索与创新。

（四）课余体育竞赛

课余体育竞赛是检查体育教学、体育锻炼和运动训练效果的一种重要手段，具有竞技与娱乐性的特点，不仅可以活跃课余生活、振奋精神、愉悦身心，还可增强大学生的交往和友谊，因此，它是吸引广大学生参加健身活动的好形式，对实现大学体育目标与任务有积极影响。课余体育竞赛应贯彻小型多样、单项分散、基层为主、勤俭节约的原则。全校性的运动会和体育节由学校组成组织委员会来负责领导和组织工作，单项赛一般由体育课部配合单项协会和俱乐部组织。

第三节　大学生和体育

一、大学生的生理、心理特征

体育活动是一个有目的、有组织的身体活动过程。只有主动积极、生动活泼地参与体育活动，在体育活动中做到从自身的实际出发，合理而科学地安排、调节、控制和评价自身的活动，防止意外事故的发生，才能收到良好的锻炼效果。因此，大学生必须了解自己所处年龄阶段的基本的生理、心理特征。

（一）大学生的生理特征

高等教育是学校教育的后期。大学生的年龄一般是 18～22 岁，其生理特点和生长发育趋于成熟，但还没有完全成熟。

1. 身体形态

身体形态主要是指身高、体重和胸围。在大学阶段，从性别上看，在身高、体重和胸围等多数形态指标上都是男生高于女生，并呈现出成年时的体形特点。女生肩部较窄，骨盆较宽，躯干较长，下肢较短，皮下脂肪增多。男生则肩部较宽，骨盆相对较窄，下肢较长，皮下脂肪较少。针对这一时期的特点进行体育锻炼，使骨骼承受适度的压力，可以使下肢长骨的骨软板增生，促进身高，使肌肉更加发达、占体重的百分比增高，体重增加，胸围扩大，使体型变得更加匀称、健美。女生则更要重视腰腹肌和骨盆底肌的锻炼。在这个年龄阶段加强体育锻炼，还有助于预防和矫正体格发育中的异常现象，如体型过胖、"豆芽儿型"等。

2. 身体机能

大学生骨骼的增长速度比初中阶段要逐渐减慢，到 20 岁左右基本停止增长。但骨骼变粗，无机盐增多，硬度增加，抗压、抗折能力也随之提高。由于性激素分泌增多，促进肌肉向横径发育，肌纤维明显变粗；肌肉的水分减少，蛋白质和无机盐增多，肌肉显得较结实；肌肉的体积、力量以及工作的准确性和灵敏性等都有明显提高，功能日趋完善。体育锻炼可以使骨骼更加粗壮、关节更加灵活、牢固，肌肉更加健壮发达。在大学阶段心血管系统的功能日趋完善，心肌纤维增粗，收缩力增强，心脏的重量、容积和输出量都有所增加，并逐渐接近成年人的水平，安静时的心率逐渐变慢，收缩压和舒张压逐渐上升，到十八九岁后，基本趋于稳定。体育锻炼时心脏负荷加大，致使心率增加、心脏血流量增多，在心脏冠状动脉血液循环得到改善的情况下，增强了心肌的代谢，因而可以使心肌更发达，心脏收缩力增强，每搏输出血量增加，从而提高心脏的机能。与初中阶段相比，大学生的呼吸系统的功能也日趋完善。体育锻炼能使呼吸道抵抗能力增强，胸廓扩大，呼吸运动的幅度增大，呼吸肌增强，肺的容积、肺活量、最大通气量和吸氧量的绝对值增大，呼吸深度加深，安静时的呼吸频率变慢。

3. 身体素质

在生长发育过程中，身体素质的发展存在着自然增长的现象，但各种身体素质的增长速度有快有慢，发展的顺序也有先有后，并存在男女性别的差异，呈现出波浪形和阶段性的特点。男生从小学到大学的全过程中，速度、灵敏、耐力和腹肌力量增长领先，其次是下肢爆发力的增长较快，而增长稍慢的是臂肌静力性力量、耐力。女生在 12 岁以前与男生相同，13～17 岁进入青春期，速度、灵敏、耐力和下肢爆发力增长领先，其次是腰腹肌，最慢的也是臂肌力。大约到 18 岁前后，女子腰腹肌力量的增长，较其他素质指标的增长要差。男生的腰腹肌力量、静力性力量、耐力、弹跳力和耐久力5项指标在不断增长，而女子这5项身体素质发展缓慢，到18岁后出现回升并呈现第二个增长波峰。在这个时期，体育锻炼要针对弱项加强锻炼，如适当加强力量和耐久力的练习。这样对于发展学生的协调性和灵活性都有积极作用。

（二）大学生的心理特征

1. 运动动机和运动兴趣的主要特征

运动动机一般可分为与社会责任感相联系的和直接与当前学习锻炼活动相联系的两种。两者紧密结合，相辅相成。随着年级增高、知识的不断增长、思维能力的不断提高，大学生对体育的理解比以前更加全面、深刻，参与体育锻炼的自觉性、积极性逐步提高，兴趣更加广泛，希望自己在体育上有所特长。随着年龄的增长，自身由最初参加趣味性活动逐渐发展到对学习的内容和独立工作更感兴趣，学习的独立性和创造性有了进一步的发展，但仍不够稳定。男、女生对体育的兴趣是有差异的。例如，在体育活动的内容要求上，男生更喜爱表现力量性的（如健美）、灵敏性的（如篮球、排球）、速度性和勇敢性的（如足球）活动，而女生则更喜爱姿势优美、韵律性强、显示柔韧和协调的（如健美操、瑜伽）活动等。

2. 认识发展的主要特征

大学生的认知能力有了进一步发展，观察事物更加全面、精确，并能够区分出主要和次要方面、必然和偶然现象。其注意的目的性、稳定性都有了很大加强，注意的范围也逐渐扩大，思维能力具有更高的抽象性和概括性，思维的独立性和批判性也有显著提高。他们比较喜欢独立地思考问题、研究问题，不轻信教师或成年人的意见。他们喜欢争论，并勇于提出自己的见解，希望教师的教学有严密的科学性和逻辑性，尊重和支持学生的正确意见和建议，但也易产生片面性和表面性，容易被成功时的自信和挫折时的自卑所困惑。

3. 情感与意志发展的主要特征

随着知识、经验的逐步增长，认识能力的不断提高和世界观的初步形成，大学生的社会情感日益丰富，控制情感的能力也有所加强，但有时还缺乏稳定性。他们已开始关心对自己意志的锻炼，希望把自己磨炼成勇敢、顽强、果断、敢于拼搏、勇于进取的人。但也存在个体与性别差异，如男生要求较强烈，有时会粗放些；女生则要求稍弱，有时会更自信、自尊。

二、大学校园生活和体育

大学校园生活是社会文化的反映和缩影，作为社会文化内容之一的大学学校体育，也是大学校园文化的重要内容之一。

1. 大学体育是社会文明的窗口

大学体育是帮助学生获得知识、增长能力、锻炼身体、增进健康和陶冶情操的社会文化活动。它不仅具有强身健体、培养人才之功效，也有继承、传播、创造和发展人类优秀文化成果的社会作用。大学体育以其特有的魅力，在不断充实大学校园文化、传播社会文化方面发挥着不可替代的作用。

2. 大学体育是校园精神文化生活的重要内容

在现代社会中，参加体育锻炼、观赏体育比赛，日益成为群众文化生活的重要内容之一。大学生参加体育锻炼或参与观赏比赛：一方面，可以从中获得精神上的满足与享受，使学习带来的紧张和疲惫得到积极有益的调节；另一方面，在参与活动中，提高体育能力、加强与同伴的交往，获得愉快和乐趣，这种心理状态可以使人产生自尊、自信和自豪。正如现代奥运会创始人顾拜旦在《体育颂》中所写："啊，体育，你就是乐趣！……你可以使忧伤的人散心解闷，你可以使快乐的生活更加甜蜜。"体育不愧是一种积极、健康的文化娱乐方式和精神文化生活。

3. 体育是反映大学校园文化和精神文明的窗口

大学体育活动的正常开展，倡导着各种健康、文明的积极行为，激励着人们去努力进取、奋发向上。人们常常可以通过体育这个窗口，看到一所学校的教学秩序、生活秩序，以及学校的管理工作水平和校园精神文明优化程度。从某种程度上说，大学体育是大学校园文化和校风校貌的总体展示。

三、大学生未来工作和体育

一方面，以新技术、产业革命为特征的现代社会，要求具有开拓精神、渊博知识和强健身体的新人；另一方面，伴随着科学技术的发展而产生的劳动方式的变化也对人们的身心健康构成了严重危害。现代化的工作过程，大量地使用自动化机械和办公的自动化，使键盘操作类的工作比例加大，工作时全身性活动减少，工作变得紧张而单调，造成了工作人员的"运动不足"和精神紧张。而日益便利的交通、城市化造成的运动空间狭小更加剧了这种现象。日常生活中的运动减少，使人的肌肉力量和耐力明显下降。在许多发达国家，由于运动不足而引起的"文明病"，诸如糖尿病、腰疼、脑血管疾病、高血压和心脏病的发病率都以几倍甚至几十倍的速度增长，青少年中的肥胖病也逐年增多。在心理方面，紧张的工作造成的各种心理疾病也有增无减。这一切都对人们的工作和生活造成极其不利的影响。

随着我国经济的发展，上述现象日趋严重，而由于健康原因造成的"英才早逝"现象也成为人们所关注、担忧的社会问题。上述原因使体育在现代社会担负了维护人们身心健康的重要使命。各发达国家纷纷制定旨在维护国民健康、提高工作效率的体育"黄金计划"，大众体育方兴未艾。人们喊出了"回归大自然"

等口号。但是，人们在呼唤体育的同时，又发现自己从事体育的能力却如此低下：既不知体育的基本常识，又缺乏与他人一道愉快地从事体育的经验和能力；既不会因地制宜地去开展体育活动，又常常因把握不好运动的时机和负荷而造成运动创伤和疾病。

大学生未来的工作和生活是否成功、幸福，很大程度上取决于其在大学的体育教学过程中是否打下了坚实的身体基础。因此，大学生在大学里应做好以下几方面的准备。

（1）在生长发育时期，适时适量参加体育锻炼，以促进体格、机能、身体活动能力和身体素质的发展。

（2）系统地学习锻炼的科学原理和方法，初步具有指导自己锻炼身体的能力。

（3）在参与各项体育活动中，体验各项运动所特有的乐趣，养成对一两项体育活动的爱好，初步养成定期参加体育活动的习惯。

（4）在体育活动的实践过程中，有意识地培养自己与同学互助、友好地参加体育活动的意识和能力，初步掌握一些组织体育活动的方法。

大学生坚持做到以上几点，在走上工作岗位后，就会拥有更为强健的身体从事各项工作，迎接各种挑战，也可以依靠体育去增强体质，去娱乐身心，更好地完成工作，为祖国建设做出更大的贡献。

第二章 体育锻炼的理论与方法

第一节 体育锻炼过程中的基本原理

一、新陈代谢与适应性变化理论

新陈代谢是有机体生命活动的基本特征之一，是通过同化作用和异化作用的对立、统一进行的。机体不断从外界摄取营养物质合成为自身的组成成分并储藏能量的过程，称为同化作用；机体不断将已衰老的组成成分和能源物质分解、释放，完成各种生命活动的过程，称为异化作用。当新陈代谢积极旺盛，即同化作用大于异化作用时，机体处于生长发展阶段；当新陈代谢迟滞、衰退，即异化作用大于同化作用时，则导致机体的衰老，各器官、系统的功能减弱。

生物学研究还证明，一切生物体都具有对外界环境刺激与变化产生适应的能力。这种能力在新陈代谢过程中，表现为在一定条件下，通过有意识地加大异化作用，可以代偿性地加大同化作用的结果，从而保持新陈代谢水平的平衡和提高。

身体锻炼是人们有意识、有目的、有计划地消耗体能的身体活动，即加强机体的异化作用，使恢复过程的同化作用增强，机体的物质储备水平提高，从而使机体向更完善的方向转化。这就是体育锻炼可以增强体质的生理过程和理论依据。

二、运动负荷与超量恢复理论

所谓运动负荷，就是人体在运动活动中所承受的生理刺激，是练习的次数、时间、密度、强度等指标的总和。运动负荷越大，消耗的能量物质就越多。按其对人体产生刺激的性质，我们又把运动负荷相应地分为负荷强度和负荷量两个方面。负荷强度与负荷量之间存在着明显的反比关系，即提高负荷强度，则要相应减少负荷量；增加负荷量，则要相应降低负荷强度。大负荷强度和大负荷量的练习（如用很快的速度跑相当长的一段距离）机体承受不了，而小负荷强度和小负荷量的练习（如用慢速跑一段很短的距离）又难以获得起码的练习效果。体育锻炼是对机体新陈代谢过程的一种刺激，它能引起组织系统发生兴奋，加剧物质代谢和能量转换，造成代谢的不平衡。当人体在进行体育锻炼时，体内新陈代谢过程比平时大为加强，能量消耗增加，以不断满足运动时能量的需要。但经过一段时间的适宜休息，身体内能量物质的合成（恢复）不仅可以达到原来水平，甚至可以超过原有水平，这种现象叫"超量恢复"。超量恢复的程度与运动负荷的大小有关，在一定范围内，负荷越大，超量恢复就越明显。因此，我们在进行体育锻炼的计划设计时，超量恢复原理是一个必须遵循的理论之一。

运动负荷对人体的影响无外乎有 3 种可能：有益、有害和无助。体育锻炼的目的在于有效地增强体质，应以有氧代谢为主。只有在适当的量和强度的刺激下，才能收到良好的锻炼健身效果。美国卫生与健康总署曾指出，较长时间、适宜运动强度的运动比较短时间、加大强度的运动对保持与发展人体的健康更为有效。另外，国内外有关研究结果还显示，体育锻炼的有效心率范围控制在 120～140 次/分效果最佳。当心率在 110 次/分以下时，机体的血压、血液成分、尿蛋白和心电图等都没有明显的变化，锻炼身体的价值不大；心率在 130 次/分的运动负荷时，每搏输出量接近或达到一般人的最佳状态，锻炼身体的效果明显；心率在 150 次/分的运动负荷时，每搏输出量开始出现了缓慢的下降；心率增加到 160～170 次/分之间，虽无不良的异常反应，但未能呈现出更好的健康迹象。当然，由于个体差异性存在，具体还要根据自己的年龄、体质状况来确定有氧代谢的运动负荷。

总之，无论是便于用百分比确定负荷强度的练习（如走、跑步、游泳、举重、自行车等项目），还是很难用百分比确定负荷强度的练习（如各种球类、体操、射击、武术、游戏等项目），我们都可以根据运动负荷与超量恢复理论来把握体育锻炼的效果。尽管因有个体差异性的存在而不可能确定一个运动负荷的绝对标准指标，但由于具有正常健康水平的人之间差异并不明显，因此，以"一定的心率区间来确定运动负荷"的运动负荷与超量恢复理论，仍具有普遍的指导意义。

三、能量供应理论

能量代谢是指物质代谢过程中所伴随着的能量释放、储存、转移与利用的过程。运动时能量供应是遵循一定的生理规律的，例如，针对短时间运动、较短时间运动、较长时间运动和长时间运动，机体的能量供应是截然不同的。认识这些规律对正确选择体育锻炼的内容、方法以及提高锻炼效果是大有帮助的。

人体运动时的直接能量是来自体内一种特殊的高能磷酸化合物——三磷酸腺苷（Adenosine Triphosphate，ATP）。肌肉活动时，肌肉中的 ATP 在酶的催化下，能迅速分解为二磷酸腺苷（Adenosine Diphosphate，ADP）和磷酸，同时放出能量供肌肉收缩。但是人体肌肉内的 ATP 含量甚微，只能供极短时间消耗，因此肌肉要持续运动，就需及时补充 ATP。补充的途径有 3 条，磷酸肌酸（Creatine phosphate，CP）分解、糖的无氧酵解及糖与脂肪的有氧氧化，生理学上称其为运动时的 3 个供能系统。人体从事的各种不同的运动，其能量供应都分别属于这 3 个供能系统。

1. 磷酸原系统（ATP－CP 系统）

CP 是贮存在肌细胞内的一种高能磷化物。当 ATP 分解释放量能后，CP 立刻分解、释放能量以补充 ATP 的再合成。由于这一过程十分迅速，不需要氧气也不会产生乳酸，因此，生理学上将它与 ATP 一起合称为非乳酸系统，又称磷酸原系统。生理学研究证明，全身肌肉中的 ATP－CP 系统供能能力仅能持续 8 秒左右。这一系统供能能力的强弱，主要和绝对速度有关。因此，发展这一系统的供能能力的训练方法最好是采用持续 10 秒以内的重复全速跑练习，中间间歇休息 30 秒以上。如果间歇时间短于 30 秒，则会由于磷酸原系统恢复不足，产生乳酸积累。

2. 乳酸能系统

当人体肌肉快速运动的时间持续较长后（超过 8～10 秒），磷酸原系统的供能能力已不能及时补充 ATP，于是动用肌糖原进行无氧酵解供能，但持续时间也不长（约 33 秒左右）。这一系统供能时不需要氧，但产生乳酸积累，故称为乳酸能系统。

乳酸能系统供能能力的优劣主要与速度耐力有关。中距离跑主要需要速度耐力，100 米、200 米跑的后程及很多球类运动也都需要速度耐力。要提高速度耐力，就要发展乳酸能系统的供能能力。最适宜的手段是全速（或接近全速）跑 30～60 秒，间歇休息 2～3 分钟。这种手段能使血乳酸达到最高水平，能锻炼和提高对高血乳酸的耐受能力，提高乳酸能系统的供能能力。

3. 有氧供能系统

在氧供应充足的条件下，机体将糖和脂肪氧化分解成二氧化碳和水，释放大量能量来合成 ATP，这种有氧氧化供能过程称为有氧供能系统。其中糖有氧氧化产生的能量为糖酵解的 13 倍，故其维持的工作时间较长。虽然磷酸原系统和乳酸能系统在运动中提供了大量能量，但归根结底，ATP、CP 的合成、糖酵解产物乳酸的消除，都是通过有氧氧化来实现的。因此，肌肉活动能量的最终来源还是糖和脂肪的有氧氧化，而糖和脂肪又来自食物。

人们从事任何一种运动，能量供应大多数情况下是上述 3 个供能系统均参与的，只是运动中 3 个供能系统所占的比例各不相同。因此，在体育锻炼中应根据运动项目的特点及目的的不同，选择适宜的手段与方法。

第二节 体育锻炼应遵循的基本原则

体育锻炼原则是体育锻炼客观规律的反映，是人们从事体育锻炼实践，为达到理想效果所必须遵循的基本准则。

一、安全性原则

安全性是进行体育锻炼的前提和先决条件。它要求锻炼者始终注意主动保护自己，做到安全第一。包括制定科学的计划、自身健康状况检查和监督、锻炼过程三部曲（准备部分、基本部分、结束恢复部分）、运动中的饮食卫生、运动中的环境状况以及各类运动损伤和运动性疾病的正确处理等。

二、FITT 原则

体育锻炼的目的是增强自我运动技术水平和促进自身健康，要获得良好的体育锻炼效果，就必须根据自身爱好和身体机能状况去选择适当的运动项目和运动方式，合理设计锻炼计划与处方。目前，世界上较为流行 FITT 原则，即运动频率（Frequency）、运动强度（Intensity）、运动时间（Time）和运动种类（Type of Exercise）。FITT 原则旨在引导大众科学地进行体育锻炼，并通过原则中的四要素相互影响、相互制约，达到体育锻炼的最佳效果。

三、自觉性原则

自觉性原则是指体育锻炼的参加者必须抱有明确的健身目标，自觉地从事体育锻炼。毛泽东同志在《体育之研究》一文中指出："欲图体育之有效，非动其主观，促其对体育之自觉不可。"也就是说要想达到体育的预期效果，必须以主动积极的态度，自觉地坚持锻炼才行。

四、适量与循序渐进原则

运动负荷是相对的、可变的，是在渐进的基础上有节奏地进行的。锻炼效果的大小很大程度上取决于刺激的强度。只有运动强度适宜，对机体的刺激才有利于消耗的恢复和超量补偿，取得最佳锻炼效果。在体育锻炼或发展某种身体健康素质时，应逐渐增加运动负荷。要想获得理想的锻炼效果，运动负荷的增加不宜太快或太慢。太快易引起机体过度疲劳或造成运动损伤，太慢又会限制身体健康素质的进一步提高。

五、全面性原则

全面性原则是指体育锻炼者追求身心的全面和谐发展。人体是一个有机的整体，各个器官系统是相互影响、相互制约的。锻炼中必须安排身体不同部位的活动，特别是不同性质的活动，以求人体的全面发展。如果不注意对身体各部位、各系统的全面发展和促进，机体不仅不能获得良好的整体效应，而且会导致身体发展的不均衡和不协调。每项运动、每个练习对身体的影响都有其侧重面，因此选择锻炼的内容要力求全面多样，这一点对正处于生长发育的青少年来说尤为重要。

六、经常性原则

经常性原则是指体育锻炼必须持之以恒，成为日常生活中的重要内容。坚持经常性锻炼，能使人的新陈代谢功能增强，促进体内异化作用，继而达到同化作用的加强，加快体内物质合成，使人体功能得到提高，使骨骼坚硬、韧带牢固、肌肉粗壮、肺活量增大等。这个变化的过程在于保持体育锻炼的时间、强度、次数的衔接性和连续性。假如间隔过长、中断过久，已经获得的效果就会消退以至消失。

七、针对性原则

针对性原则是指体育锻炼必须根据个人的实际情况，有针对性地付诸实行。

第二章 体育锻炼的理论与方法

体育锻炼必须根据锻炼者的年龄、性别、爱好、身体条件、职业，以及季节、地理环境等合理地确定其有效的项目、内容、方法、负荷量和强度等，使之符合实际需要，做到区别对待。

第三节 实用体育锻炼方法简介

体育锻炼与运动训练不同，它的目的不在于创造运动成绩，而在于从个人的实际出发，获得身体健康、精神愉悦和提高对环境的适应能力，增强对疾病的抵抗能力，提高学习和工作的效率。体育锻炼大多是在业余时间进行的，可根据自身的实际情况，安排符合自己实际的健身锻炼方法。在选择体育健身锻炼的方法时，还必须考虑到多种因素的影响。首先，要以健身的目的与任务为前提；其次，要充分考虑锻炼者的自身状况；再次，要根据锻炼项目的特点选择相应的手段方法；最后，绝对不能忽视锻炼时的外界环境。总之，体育锻炼的方法很多，既可单独运用，又可组合实施，贵在灵活运用。

一、日常生活中的实用体育锻炼方法

1. **爬楼梯**

作用：爬楼梯不仅可使髋关节的活动幅度增大，而且可使下肢肌肉的韧带、肌腱的弹性得到锻炼，达到强筋壮骨的作用。据测定，爬楼梯时可消耗能量为1000千卡/小时。

方法：爬楼梯时，穿着运动服装，保持正确放松的身体姿势，量力而行，循序渐进。可采用跑、跳两种形式进行锻炼。但膝关节、韧带和软组织有损伤的人不适合该项运动。

2. **面壁下蹲起**

作用：面壁下蹲起是一项全身运动，能增强股四头肌、臀大肌力量和减少臀腹部脂肪，使下肢富有曲线感，同时可扩大胸腔和增强肺活量。

方法：两脚并拢，周身中正，重心落在前脚掌，含胸收腹，全身放松，头部前看，不可倾斜。以30个为一组，多多益善。量力而行，循序渐进。

3. **6分钟健脑操**

作用：6分钟健脑操可解除头晕，促进脑部血液循环，保持头脑清醒。

方法：该套操由6个动作组成，锻炼时每个动作约1分钟，每天可重复多遍。6个动作分别为：上下耸肩运动、背后举臂运动、叉手前伸运动、叉手转肩运动、前后曲肩运动、前后转肩运动。

4. **电脑桌前放松操**

作用：长时间在电脑前工作，易引起头昏、眼花、乏力、记忆力减退、高血

压、冠心病、便秘等疾病。电脑桌前放松操可有效消除疲劳，放松身心，减轻上述症状，达到健身目的。

方法：梳头（用手或梳子）、弹脑、扯耳、练眼（远眺眨眼并旋转眼珠）。

二、利用校园环境实施的实用体育锻炼方法

1. 健身走

作用：健身走是目前非常流行的一种有效健身方式。不仅可以锻炼身体，还可以促进大学生人际交流，陶冶身心。

方法：在自然行走基础上，躯干伸直，收腹、挺胸、抬头，摆臂自然，脚跟先着地过渡到前脚掌。上下肢协调配合，呼吸深而均匀。慢速健身走每分钟70～90步，中速健身走每分钟90～120步，快速健身走每分钟120～140步。

2. 骑自行车

作用：以有氧练习为主，对心血管系统、心肺功能、预防大腿骨骼疾病、减肥、增强腿部力量等都有很大改善。同时能放松身心及减轻学习压力。

方法：包括有氧骑车法（连续30分钟左右）、强度型骑车法、力量型骑车法、间歇型骑车法等。

3. 教室5分钟健身操

作用：通过5分钟左右练习，可以促进全身血液循环，对头痛、头晕和颈椎病有一定缓解作用，对治疗痔疮有辅助作用，对预防下肢静脉曲张也有一定作用。

方法：每个练习大约1分钟左右时间，要求动作到位，有一定力度。具体动作为：旋转头部并自我按摩颈部1分钟、搓手1分钟、上举手臂并用力握拳1分钟、提肛1分钟、旋转踝关节1分钟。

4. 健身路径

作用：目前常见的健身路径里面的器械大致可以分为有氧运动器械、力量器械、功能器械3类。

有氧运动器械有椭圆机、太空漫步、滚筒、划船机等，主要用于改善心、肺、血管等器官功能，以充分供应氧气给身体各组织、器官，并能增加开放的血管的数量，增大其口径，从而充分地把氧送到每个组织、器官，并维持其功能在最好状态。力量器械有单双杠、扭腰类、蹬腿机、仰卧起坐椅等，有一定的使用强度，主要功能是改变各关节功能，改变肌肉质量，即肌肉和脂肪的比例。功能器械包括对偏瘫的病人非常有用的左右肢练习等器械，其主要作用在于康复和增强损伤部位的力量等。健身路径在设计时主要针对健康人使用。另外，要注意早晨不要太早使用这些器械，尽量在吃过饭后使用，最好能有人结伴一起运动。

方法：详见各种健身路径器材上的使用和健身锻炼方法说明。

三、根据自身身体条件可选择的实用体育锻炼方法

（一）根据体质健康状况可选择的锻炼方法

（1）健康型体质，指身体强壮，有较强的参加体育锻炼的能力和欲望的学生。可选择一至两个运动项目作为经常性锻炼手段，如各类大球运动、田径、游泳、组合健身器械力量训练、跆拳道、武术等。锻炼时可采用综合练习法、重复练习法和间歇练习法等。

（2）一般型体质，指身体不太强壮，但身体健康无疾病的学生。此类大学生占大多数，他们较缺乏锻炼热情和恒心，体育锻炼常流于形式。因此，他们应该选择既能够激发锻炼兴趣和热情，又能够增强体质的项目，如球类运动、武术、健美运动、健美操等。锻炼时可采用综合练习法、重复练习法。

（3）体弱型体质，指体弱多病的学生。为增强体质，增进健康，可多进行健身走、慢跑、太极拳、乒乓球、羽毛球、保健气功等。锻炼时可采用重复训练法和循环练习法。

（4）肥胖型体质，指体重超过正常标准的学生。他们的锻炼目的多为减肥。因此，可选择长跑、骑自行车、游泳、有氧健身操以及健美运动等。锻炼时一般采用重复训练法和循环练习法。

（5）消瘦型体质，指体重低于正常指标的学生。他们的锻炼目的是使自己更强壮，肌肉更结实，体型更健美。因此，可选择组合力量训练器械练习、体操、健美运动、短跑等。锻炼多采用重复训练法和循环练习法。

（二）根据性格状况可选择的锻炼方法

（1）紧张型，多指遇事容易心理紧张的学生。他们应多参加竞争或对抗激烈的项目，如篮球、足球、跆拳道等。经常在这种激烈对抗的场合中接受磨练，沉着应对，久而久之遇事就不会紧张了，从而给学习和工作带来好处。

（2）胆怯型，指遇事害羞脸红、性格腼腆的学生。他们应多参加游泳、滑冰、轮滑、拳击、攀岩、单双杠、跳马项目等。在运动中不断克服胆怯心理，培养勇敢无畏的精神，时间长了，胆子就变大了，从而更易与人相处。

（3）孤僻型，指性格内向、孤僻、不合群、不善与人交往、缺少竞争力的学生。他们应选择足球、篮球、排球、拔河等团队合作的运动项目。在运动中，可增强他们的集体合作精神，逐步改变性格。

（4）急躁型，指处事不够沉着冷静，容易冲动急躁的学生。他们可选择棋类、太极拳、游泳、瑜伽等项目，以培养其沉着冷静的性格。

四、适应未来职业可选择的实用体育锻炼方法

1. 长时间在办公室工作的职业

办公室工作的性质和特点，要求养成在各种环境下坚持锻炼的习惯。宜选择

一些少受外界环境限制的易于开展的项目，如健身走、健美操、瑜伽、乒乓球、羽毛球、太极拳及一些在办公室就可进行的简易活动操等。

2．长时间站立或步行的职业

有的职业如教师、警察、建筑工人等可能需要长时间站立或步行，这就需要全面的身体素质以适应体力需要。在运动技术和技能全面发展的基础上，还可增加诸如长跑、游泳、健美操、舞蹈及各类拓展素质游戏等，从而有效地全面发展身体素质。

3．注意力需要集中的职业

在工作中需要专注于某一项工作任务，并用脑较多的职业。从事这类职业的人员可选择一些有氧运动进行锻炼，如长时间进行球类、慢跑、武术、太极拳、气功等锻炼。

4．从事野外工作的职业

从事野外工作职业的人员经常要跋山涉水，实地考察，需要较强的耐受力和对恶劣环境的适应能力。在平时运动中可选择一些诸如长跑、跳跃、登山、攀岩、游泳、野外宿营及素质拓展项目等。

五、利用自然力的锻炼方法

1．日光浴

作用：可使深层组织的血管扩张，促进血液循环，加强新陈代谢。但要注意防止紫外线过量照射，应适量进行。

方法：采用卧位、坐位均可，但不宜直接照射头部，戴墨镜和太阳帽较好。时间一般选择在一天中光热合适的时候，开始时时间应短些，随着身体反应适应后，逐渐增加。

注意事项：防止紫外线过量照射；皮肤过敏、发高烧时，心脏功能不全者等不宜；空腹、饱腹、过度疲劳、情绪不佳时不宜；女性月经期间不宜。

2．冷水浴

作用：可防治疾病，消除疲劳，提高对寒冷环境刺激的适应能力。

方法：采用冷水洗脸、洗脚，冷水擦身，冷水沐浴及冬泳等。

注意事项：要因人、因时、因地而异；要循序渐进，持之以恒；做好接触冷水前的各项准备工作；冬泳时切记不可单独进行。

3．温泉浴

作用：有助于消除疲劳，防止疾病。

方法：首先清洁身体，选择适合自己温度的温泉，从温到热，每次浸泡15～20分钟即可上岸休息。根据体力和感觉决定浸泡时间。

第二章 体育锻炼的理论与方法

注意事项：若出现口干或胸闷等不适感觉，可上岸休息或饮水、补充饮料缓解；浸泡后不宜用肥皂或浴液冲洗身体。

4. 空气浴

作用：能够加快新陈代谢，改善中枢神经系统、血液循环以及呼吸和内分泌，提高机体抵抗力。

方法：让皮肤直接接触空气，利用气温和皮肤之间的温度调节，形成对人体的刺激，通过神经系统的作用，进行体温调节，从而提高机体的适应能力。空气浴应从温暖季节开始，逐渐向寒冷季节过度。空气越冷则每次锻炼时间应越短，以不出现寒战为度。开始前应做好准备活动，使身体微微发热而不要出汗。

注意事项：最好在清晨，年老体弱者应选择在上午 9～10 时或下午 3～4 时进行；最好安排在树木繁茂处或江河湖畔进行，不宜在人口密集处进行；大风、大雾或大雨天气不宜进行；饭后 1 小时内不宜进行；大汗或身体疲劳时不宜进行。

第四节 体育锻炼的运动处方制定与实施

一、运动处方的概念

20 世纪 50 年代，美国生理学家卡波维奇提出了运动处方的概念。1960 年，日本人猪饲道夫首先使用了运动处方这一术语，1969 年，世界卫生组织也开始使用这一术语，并在国际上得到确认。处方，一般是指医生给病人治病所开的对症药方。运动处方则是对从事体育锻炼的人们，根据医学检查资料和运动能力测试结果，按其健康、体能状况，结合运动环境和运动爱好等个性特点，用处方的形式制定运动种类、运动强度、运动时间和运动频率等，并提出运动中的注意事项，便于人们有计划地进行经常性的体育锻炼，达到健身或治病的目的。

二、运动处方的分类

（1）健身运动处方：该处方以增强体质、增进健康为目的。
（2）治疗性运动处方：该处方以预防疾病、辅助治疗某些慢性病为目的。
（3）康复性运动处方：该处方以恢复身体运动功能及病后康复为目的。
（4）竞技训练运动处方：该处方以提高专业运动成绩为目的。

三、运动处方的制定和实施流程

（一）锻炼者的基础情况备案

锻炼者的基本情况包括锻炼者的姓名、性别、年龄、职业、疾病史、食欲、睡眠、常用药品，以及日常基本锻炼情况等。

（二）健康检查

健康检查主要对锻炼者的健康程度做出判断，是制定运动处方的重要依据之一。主要了解锻炼者的一般身体状况、伤病情况和健康水平，以确定是否适应健身运动，有无禁忌症等。

（三）体力测定

1. 运动负荷测验

检测和评定锻炼者的身体机能对运动负荷的承受能力，以心肺功能为主。一般要进行安静状态和在定量负荷状态下的生理机能测试，主要测试指标包括安静时心率、血压，运动时的最大摄氧量等。定量负荷有两种，最大负荷和次最大负荷。一般说来，前者更合乎要求，但危险性较大，特别是对中老年人和某些疾病患者更是如此，因此常采用后者。

2. 体能测定

体能测定主要是对锻炼者的速度、力量、耐力、灵敏、柔韧等基本素质进行检测，从而便于判定锻炼者的运动能力和生理机能状况。

（四）制定运动处方

1. 锻炼目标

根据个人的锻炼目的来制定相应的运动处方和锻炼目标，能够做到有的放矢。例如，健身运动处方的目的是提高身体耐力素质和增强心肺功能等，康复性运动处方的目的是恢复身体运动能力或功能。

2. 运动项目的选择

在选择运动项目的时候，应该考虑以下因素，以利于健身锻炼的安全、持久、实效：①经医学检查许可；②运动方式、运动强度、运动量符合本人的体力；③参与本人喜欢的项目并具有运动经验；④场地、器材设备许可；⑤有同伴参与指导。

学生可以根据个人身体素质需要，在体育教师的指导下选择适合自己的运动项目或者有针对性地增加其他运动项目。

3. 运动强度

运动强度是运动对人体生理刺激的程度，是衡量运动量的重要指标之一，是运动处方定量化与科学性的核心问题。人体只有在适应一定的运动强度后，逐渐加大运动强度，即完成一个从适应到不适应再到适应的循环往复锻炼的渐进过程，身体素质水平才能逐步提高。

人们通常用心率来确定和控制运动强度。

（1）测量运动强度的简单办法：运动后10秒的脉搏数乘以6，即为1分钟的运动强度。

（2）常用靶心率来控制适宜运动强度范围：靶心率指能获得最佳效果并能确保安全的心率，也称为运动中的最适宜心率。

靶心率是反映个人最适宜的运动强度范围的客观指标。研究表明，当人体在靶心率范围内进行运动时，能收到最佳的锻炼效果，并保证锻炼的安全性，这一点对有心血管疾病的患者尤为重要。其测算方法包括两步计算：先计算最大心率，然后再计算靶心率。

最大心率是指达到最大运动强度时的心率，此时，心脏功能的发挥已经达到了极限。最大心率的计算方法是用 220 减去年龄，就是运动时所允许的最大心率值。一般来说，我们把人体完成最大做功的 65%～85% 时的心率称为靶心率或运动中的最适宜心率，目前国际上流行采用公式来推算靶心率。对于大多数没有明显疾病的人来说，可以把最大心率的 65%～85% 确定为靶心率范围，即

靶心率＝（220－年龄）×（65%～85%）

假设学生甲是 20 岁的健康人，其最大心率为"220－20＝200 次/分钟"，适宜运动心率下限为"200×65%＝130 次/分钟"，上限为"200×85%＝170 次/分钟"。

4．运动时间

运动时间是指每次运动的持续时间，是组成运动量的重要因素。按运动强度及身体条件决定必要的运动时间，是运动处方的要点。青少年多选择以健身和提高身体素质为目标的运动，短时间的激烈运动和反复多次的运动处方，对健康有很好的促进作用。每次运动持续时间和运动强度的配合，可明显地作用于运动量，使运动量发生改变。

5．运动频率

运动频率是指每日或每周锻炼的次数。运动锻炼所获得的效果应遵循生理学"刺激－反应－适应"原理。从运动刺激到身体适应是一个由量变到质变的过程，过高或过低的运动频率都难取得良好的锻炼效果。研究发现：当每周锻炼多于 3 次时，最大吸氧量的增加逐渐趋于平坦；当锻炼次数增加到 5 次以上时，最大吸氧量的提高显得很小；当每周锻炼少于 2 次时，通常不会引起吸氧量改变。由此可见，一般运动每天只需锻炼 1 次，每周锻炼 3～4 次是最适宜的运动频率。由于运动效应和蓄积作用，两次运动间隔不宜超过 3 天。

（五）实施锻炼

实施运动处方即按照运动处方方案的要求实施锻炼计划。经过锻炼一个时期后，再进行身体状况和健康检查，以检测和评定锻炼者身体机能对运动负荷的承受能力。这一方面可以评价运动处方锻炼的效果，另一方面还可以用以提供反馈信息，修改和制定出新的运动处方，调节锻炼过程，从而保证整个锻炼过程与自身身体状况相适应。另外，在每次锻炼的过程中，必须遵循科学锻炼原则和原理，积极做好热身活动和整理活动，减少运动损伤和运动性疾病的发生。

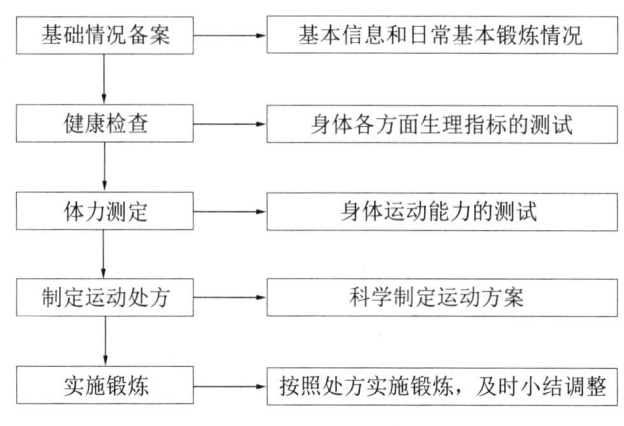

图 2-1 运动处方制定流程

四、运动处方设计示例

姓名：张××

性别：男

年龄：20 岁

职业：学生

既往病史：无

体育爱好：篮球

健康检查：身体健康无疾病，身高为 180 厘米，体重为 90 千克，体脂轻度超重。安静时脉搏为 82 次/分钟，血压为 85/140mmHg，肺活量为 2 600 毫升。

体能测定：仰卧起坐为 18 个/分钟，50 米跑为 8.5 秒，1 000 米跑为 6.10 秒。

体质评定：体重轻度肥胖，心肺功能较差，速度水平较低。

锻炼目的：适当减肥、健身，发展速度和耐力素质。

锻炼项目：篮球、足球、健身、长跑、身体阻力素质训练、跳绳等。采用项目组合形式设计运动处方。

运动强度：心率控制在 140~170 次/分钟。

运动时间：1 学期 18 周左右（降低体重 2.5~5 千克），每次 30~60 分钟（根据项目组合确定）。

运动频率：每周为 3~5 次。

营养平衡：适当控制饮食，减少糖和脂类食品的摄入，多吃水果和蔬菜等。

第三章 运动损伤的防护

第一节 常见运动性病症及其处理

运动性病症一般是指因机体对运动应激因子不适应或训练安排不当而造成体内紊乱所出现的一类疾病、综合症或机能异常，包括人体生理活动过程的有序性由于运动造成的暂时性破坏所导致的某种生理反应。

一、延迟性肌肉酸痛

延迟性肌肉酸痛是指机体进行大运动量训练后，特别是大强度的离心训练或进行新的不习惯的练习之后一段时间，参与运动的肌肉所出现的酸痛现象。

1. 临床表现

一般在运动后 24 小时之内出现肌肉僵硬、酸痛和自觉酸痛部位肿胀，有压痛，多发生于双下肢主要伸、屈肌群，而肌肉远端和肌肉－肌腱移行处常常症状较重，严重者则全身肌肉发生疼痛，且以腹肌为主。24～48 小时内，酸痛达到高峰，之后可自行缓解，5～7 天消失。

2. 处理

（1）热敷。
（2）伸展状态下的静力牵张。即患部关节伸直，慢慢拉长受伤肌肉，牵拉 2 分钟后休息 1 分钟，重复进行几次。
（3）按摩。主要采用揉捏法，即将掌心及各指紧紧贴于酸痛部位皮肤，拇指与其余四指相对用力，开始时动作要轻，适应后逐渐加重，结束前放松。
（4）口服维生素 C。
（5）理疗。

3. 预防

（1）循序渐进，把握运动强度及运动量的递进性原则。
（2）降低训练环境的温度，尤其要避免在炎热的气温条件下进行大强度的肌肉离心性工作练习。
（3）大强度力量练习后，对主要工作肌肉进行推拿按摩。

二、极点和第二次呼吸

1. 极点

剧烈运动时，由于运动开始阶段内脏器官的活动满足不了运动器官的需要，氧债不断积累，大量乳酸性代谢产物堆积在血液中，而引起呼吸循环系统暂时失调，机能下降，出现呼吸困难、肌肉酸痛、动作迟缓、胸闷难忍、下肢沉重和不愿再运动下去等现象，这在运动生理学上被称为"极点"。

2．第二次呼吸

"极点"出现后，若适当降低运动速度并有意识地加深呼吸，上述生理反应将逐渐缓解与消失，随后人体植物性机能的惰性被克服，氧供应增加，各器官系统的机能活动开始进入一种稳定状态，此时呼吸变得均匀而加深，动作感到轻快，很多不舒适的感觉会消失。这种现象在运动生理学上被称为"第二次呼吸"。

"极点"和"第二次呼吸"是长跑运动中常见的生理现象，只要坚持经常锻炼，"极点"现象是可以延缓和减轻的，并且，只有在锻炼中不断克服"极点"，人体机能才能逐步得到提高。

三、肌肉痉挛

肌肉痉挛（俗称抽筋），是肌肉不自主的强直性收缩。它是运动中较为常见的一种症状，尤其是在田径、游泳、足球等一些时间长、强度大的运动项目中，发生率较高。

1．临床表现

运动中最易发生痉挛的肌肉是小腿腓肠肌，其次为足底的屈跖肌和屈趾肌。痉挛的肌肉僵硬或隆起，疼痛难忍，痉挛肌肉所涉及关节的伸屈功能有一定障碍；痉挛缓解后，局部仍有酸痛不适感。

2．处理

（1）牵引痉挛肌肉。如腓肠肌痉挛，可伸直膝关节，同时用力将踝关节背伸；如屈跖肌和屈趾肌痉挛，可用力背伸踝关节和足趾。牵引时用力宜均匀、缓慢，切忌暴力。

（2）配合局部按摩，一般几分钟后即可缓解。

3．预防

（1）经常参加体育运动，提高身体素质。
（2）运动前做好充分的准备活动。
（3）根据自身的实际情况，合理安排运动量。
（4）冬季锻炼注意保暖，夏季运动注意加强电解质的补充。
（5）机体饥饿或疲劳时不宜参加体育活动。

四、运动性晕厥

由于脑部一时性血液供给不足或血液中化学物质变化而突然发生的一时性知觉和行动能力丧失的现象，称为运动性晕厥。多发生于大强度训练或激烈比赛中或比赛后。

1．临床表现

在运动中或运动后突然出现一般性知觉丧失及昏倒；发生前可感到全身无力，头昏耳鸣，眼前发黑，面色苍白，恶心，出虚汗等；昏倒后，皮肤苍白，四肢发凉，脉搏细弱，一般经短时间休息后神志迅速恢复。

2．处理

（1）立即平卧，头略低于足部，安静，保暖。

（2）进行由小腿至大腿的重手法推摩或揉捏，同时用手指掐按人中、合谷、百会、涌泉等穴位。

（3）如有呕吐，应将头偏向一侧，以免因舌头后坠或呕吐物堵塞气道而妨碍呼吸。

（4）如呼吸停止，应立即做人工呼吸。如伴有心跳停止，应同时进行胸外心脏按压。

（5）如神志不能迅速恢复，应立即送医院处理。

3．预防

（1）坚持体育锻炼，提高心血管功能。

（2）发生过晕厥者应做全面的检查，并避免剧烈运动。

（3）久蹲后要慢慢地站立；疾跑后应继续慢跑，并做深呼吸。

（4）剧烈运动后，应休息约半小时后再洗澡或淋浴（若立即淋浴有可能造成心肌缺血、心排血量减少）。

（5）若有晕厥先兆时，应立即平卧。

五、运动中腹痛

运动中腹痛是指由于体育运动而引起或诱发的腹部疼痛，它是运动中常见的一种症状，尤其在长跑中发生率较高。运动中腹痛多发生在运动过程中或运动结束时，以右上腹疼痛为常见，男运动员多于女运动员。引起运动中腹痛的原因，大致可分为腹腔内疾患、腹腔外疾患和原因不明但与运动有关的运动性腹痛3大类。

1．处理

（1）一般只要减慢运动速度，加深呼吸，按压疼痛部位或弯腰跑一段距离，疼痛即可减轻，以至消失。

（2）若疼痛仍不减轻，甚至反而加重，就应停止运动，口服解痉止痛药，针刺或用手指点揉内关、足三里、大肠俞等穴位。

（3）若以上措施均不见效，则应请医生诊治。

2．预防

（1）循序渐进，把握运动训练和体育健身活动的运动强度及运动量的递进性原则。

（2）加强全面身体训练，提高生理机能水平。

（3）膳食安排要合理，饭后须经过一定时间（1.5小时左右）以后才可进行剧烈运动；运动前不宜过饱或过饥。

（4）要充分做好准备活动，运动中注意呼吸节律，中长跑时要合理分配速度。

第二节　运动损伤的预防与处理

体育运动过程中所发生的损伤，称为运动损伤。运动损伤的发生与锻炼者的运动基础、体质水平、运动项目的特点、技术难度及运动环境等因素有关。在预防、诊断和治疗过程中要根据不同运动项目的特点，寻找损伤的原因、种类和损伤的程度，采用不同的处理方法，因时因地、简便易行、实际有效地进行急救和治疗。

一、运动损伤的分类

运动损伤根据损伤的时间分为新伤和旧伤，根据损伤的病程分为急性和慢性，根据损伤的程度分为轻伤、中度伤和重伤，根据损伤的性质分为开放损伤和闭合损伤。运动损伤的分类是处理伤病的前提，也是诊断和治疗伤病的依据。

二、运动损伤发生的原因

运动损伤发生的原因包含内在主观因素和外在客观因素两个方面。

（一）内在主观因素

（1）思想认识不足。参加体育运动时，在思想上未做好充分的准备，对运动创伤的预防方法、重要性和可能性，以及运动创伤的急救方法缺乏一定的认识，对自我保护等安全措施未予重视。

（2）体质弱。缺乏锻炼、体质差的人，身体素质也差，肌肉活动所表现出来的力量、速度、耐力和灵敏性等机能活动水平也不高。尤以肌肉力量不足最为明显，关节的稳定性差，容易出现扭伤、拉伤和韧带损伤。

（3）技术水平低，动作不熟练。技术动作的熟练程度与运动技术水平的高低有关。技术水平低，大脑皮层运动中枢的兴奋和抑制扩散，造成肌肉紧张，动作僵硬、不熟练，产生多余动作，就容易引起伤害事故。

（4）准备活动不足。准备活动不仅能活动肢体，而且能使身体各器官组织都由原来的抑制状态转入适合体育活动的兴奋状态。如踝关节、韧带、肌肉没有充分做好准备活动，就容易引起运动损伤。

（5）心情不好，体力下降。体育活动要求精神高度兴奋，这样才能完成动作。如果身体机能欠佳，有病在身或并未痊愈，精神上的气、怨、愁，都会使体力下降。肌力不足，动作灵活性差，也是导致运动损伤的原因。

（二）外在客观因素

（1）组织教法不合理，锻炼和比赛安排不当。体育锻炼应根据参与者的年龄、性别、参加体育活动的情况来安排、组织活动，否则易产生运动损伤。

（2）缺乏保护和帮助。做器械练习，必须加强保护和帮助。若保护不当，帮助不及时，一旦失手就可能产生伤害事故。

（3）场地器材不完善，器材设备不符合要求。场地不平、光线不好、器材不符合要求、器械不牢固等都可能引起伤害事故。

（4）违反规则的粗野行为。各项活动都有规则的约束，活动时的粗野行为是造成创伤的一个因素。

（5）气候因素。气温过高、过低，风雨、冰雪天气，都是易产生伤害事故的原因。

三、运动损伤的预防

（1）加强思想教育。加强对体育目的、任务和安全思想的教育，加强组织纪律性和道德品质的教育，加强体育竞赛规则的教育，能有效地预防和避免运动损伤的发生。

（2）合理安排教学、训练和比赛。遵循教学、训练和比赛的规律，改进教学方法，合理安排运动量和动作难度，循序渐进，全面发展，才不致引起运动损伤。

（3）做好准备活动。依据气候、活动内容、时间以及运动量，充分做好准备活动，是保证完成教学和预防伤害事故的有效方法。

（4）加强体质锻炼，提高身体素质。体质的强弱是可以改变的。通过各项体育活动多样化的练习，可促进身体的全面发展，从而使身体更加健壮。身体素质逐步提高，发生运动损伤的可能性也会随之减少。

（5）加强保护和帮助。器械的练习，造成运动损伤的可能性最大，因此必须加强保护和帮助，防止事故发生。

（6）加强医务监督，注意检查场地设施及器材用具。对有病或病后尚未痊愈的人，要在医生指导下参加体育活动。场地要无石子、平坦、轻柔而无灰尘，器械设施要平稳牢固，器材用具要适合年龄、性别需要，这是预防运动损伤的重要措施。

四、常见运动损伤及处理方法

运动损伤分为开放性损伤和闭合性损伤。对于运动损伤的处理，一般分为前期、中期、后期的处理。下面就针对开放性损伤和闭合性损伤的不同预防和处置方法分别进行介绍。

(一)开放性软组织损伤的预防与处置

常见的开放性软组织损伤有擦伤、切伤、刺伤和撕裂伤,局部皮肤或黏膜破裂,其伤口与外界接触,常见组织液渗出或血液自伤口流出。紧急处理的原则是及时止血和处理伤口,预防感染。

1. 擦伤

擦伤多发生在摔倒时。对于伤口较脏的擦伤,可先用生理盐水洗净伤口,然后再用酒精棉球或碘酒消毒。伤口较浅、面积较小的擦伤无须包扎。

2. 切伤与刺伤

切伤与刺伤的伤口往往较深、较小。如果伤口较脏,除了进行伤口的止血、消炎、包扎处理外,还要注射破伤风抗毒素。

3. 撕裂伤

撕裂伤中,头、面部皮肤伤较多见,例如拳击运动中,眉弓被对方肘部碰撞而引起眉际皮肤撕裂等。若撕裂的伤口较小,经消毒处理后,贴上创可贴即可;若撕裂伤口较大,则须止血,缝合伤口;若伤情和污染较重,应注射破伤风抗毒素。

(二)闭合性运动损伤的预防与处置

闭合性运动损伤主要是由于受钝力作用,肌肉猛烈收缩,关节活动超过正常范围或劳损等引起。常见的闭合性运动损伤有挫伤、肌肉损伤、关节韧带损伤、骨折、关节脱位以及脑震荡等。

1. 挫伤

(1)征象:挫伤多发生在头部、胸部、四肢,因为这些地方暴露在外,常会遇到碰、跌、撞、打、摔等,受伤后局部红肿、疼痛,皮肤破裂的当时就出血,没有破裂的会出现青紫瘀血。

(2)原因:首先是运动前准备活动做得不够,肌肉、关节没有得到充分的伸展;其次是活动时用力过猛,超过了肌肉、关节和韧带的负荷限度。

(3)处理:应根据情况及时处理挫伤。如果皮肤出血应立即停止运动,先用酒精或碘酒将伤口消毒,用净布包扎。如果受伤部位红肿、疼痛,可先用冷水或冰进行局部冷敷,抬高受伤部位,必要时加压包扎,防止继续出血。24小时以后改用热敷,用按摩来活血、消肿、止痛。伤势减轻后再做针对性的活动,使关节、肌肉恢复功能,如做下蹲、弯腰、举腿,可以避免伤后关节不灵活或发生肌肉萎缩。

2. 肌肉损伤

(1)征象:如果是细微的肌肉损伤,则症状较轻;如果是肌纤维完全断裂,则症状较重。一般表现为伤处疼痛,局部肿胀、压痛,肌肉紧张或抽筋,伤后肌肉功能减弱或丧失。

（2）原因：准备活动不充分，肌肉的生理机能尚未达到准备活动充分的状态就参加剧烈活动；体质较弱，运动水平不高，肌肉的弹性、伸展性和力量较差；疲劳过度也可能导致肌肉损伤。

（3）处理：肌肉损伤治疗要根据具体情况而定，少量肌纤维断裂者，应立即采取局部冷敷、加压包扎等措施，并抬高伤肢。对于肌肉大部分或完全断裂者，应在加压包扎后立即送医院进行手术缝合。

3．关节韧带损伤

（1）征象：关节韧带损伤后，一般表现为压痛、自感疼痛，轻者发生韧带部分纤维断裂，重者韧带纤维完全断裂，引起关节半脱位或完全脱位，从而出现关节功能障碍。

（2）原因：上肢关节以肩关节、肘关节、腕关节损伤最为常见，如，掷标枪引枪后的翻肩动作错误造成肩、肘关节扭伤；下肢关节以髋关节、膝关节、踝关节损伤较多，如从高处跳下，平衡、缓冲不够，使膝、踝关节受伤；做"下桥"练习时，过分提腰造成腰椎损伤等。

（3）处理：如发生关节韧带扭伤，应当在24小时内冷敷，必要时加压包扎，24小时后采用理疗、热敷、按摩、针灸治疗，待疼痛减轻后可增加功能性练习。对急性腰部损伤，如果出现剧烈疼痛，切不可轻易处理，应让患者平卧，并用担架送至医院就诊。

4．骨折

（1）征象：骨折分为完全性骨折（骨完全断裂）和不完全性骨折（骨未完全断裂，如裂缝骨折），是运动中一种比较严重的损伤。主要症状表现为肿胀和皮下瘀血、功能障碍，出现畸形和假关节，并有压痛和阵痛感。

（2）原因：因身体某部位受到直接或间接暴力冲击，或肌肉强烈收缩所致。常见的骨折部位有肱骨、尺（桡）骨、手指、胫（腓）骨和肋骨等。

（3）处理：一旦出现骨折，切勿随意移动伤肢，而应先用夹板或其他代用品固定伤肢，动作要轻柔、缓慢，不要乱拉乱拽，以免造成错位，影响恢复。如果是上肢骨折，可用木板托住伤肢，用绷带扎紧骨折处的上、下两端；如果是下肢骨折，先将伤腿轻轻放好，然后用宽布条或褥单将两条腿缠在一起，慢慢抬到硬板担架上，送往医院救治；如果是头部、颈部或脊椎骨发生骨折，运送时就更要小心，以免损伤脑神经和脊神经而造成肢体瘫痪。搬运时头部用枕头或衣服垫住，防止移动，固定好以后，告知患者不要扭动伤肢。送往医院时要注意做到迅速、平稳。

5．关节脱位

（1）征象：因受外力作用，关节面失去正常的连接关系，叫作关节脱位，又称脱臼。关节脱位可分为完全脱位和半脱位（或称错位）两种。关节脱位后常出现畸形，与健肢相比不对称，表现为局部疼痛、压痛和关节肿胀，并失去正常活动功能，甚至发生肌肉痉挛等现象。

（2）原因：运动中发生的关节脱位大都是间接外力撞击所致。如摔倒时用手撑地，引起肘关节或肩关节的脱位。

（3）处理：用长度和宽度相称的夹板固定伤肢。如果没有夹板，可将伤肢固定在伤者自己的躯干或健肢上，防止震动，随后及时送医院治疗。必须指出，没有把握做整复处置的，切不可随意做整复手术，以免出现进一步的伤害。

6. 脑震荡

（1）征象：受伤时表现为神志模糊、脉搏徐缓、肌肉松弛、瞳孔稍大但对称、神经反射减弱或消失；清醒后患者常有头痛、头晕、恶心呕吐感；平时情绪烦躁，注意力不易集中，出现耳鸣、心悸、多汗、失眠、记忆力减退等现象。

（2）原因：脑震荡是指头部受到外力打击后，大脑管理平衡的膜半规管、椭圆囊、球囊等感应器官机能失调，引起意识和机能的暂时性障碍。体育锻炼时，两人头部相撞、撞击硬物或从高处跌下时头部撞地，都可能造成脑震荡。

（3）处理：立即让患者平卧，头部冷敷；若有昏迷情况，就用指压人中、内关、合谷穴；若呼吸发生障碍，立即进行人工呼吸。完成上述处理后，若出现反复昏迷或耳鼻口出血，两瞳孔放大且不对称时，则表明病情严重，应立即送至医院救治。在运送途中，要让伤者平卧，头部固定，避免颠簸。

轻微的脑震荡一般都可自愈，无须住院治疗，但要注意休息，保持情绪稳定，减少脑力劳动。

第三节　运动损伤的急救处理

对体育运动中发生的严重损伤进行及时、正确的临时性处理，可减轻患者痛苦，减少并发症和感染，并为转送医院进一步治疗创造条件，这对保证生命安全具有十分重要的意义。

一、出血初步急救处理

（1）冷敷：用于急性闭合性软组织损伤有内出血者，如踝关节扭伤。用冷水冲淋或用冷毛巾敷于患处。

（2）加压包扎法：用于小静脉和毛细血管出血。先用消毒纱布覆盖伤口，然后用绷带适当加压包扎。

（3）止血带法：用于四肢部位大动脉外出血。在靠近出血部位的近心端缚扎止血带，稍紧即可，上肢每隔半小时、下肢每隔1小时放松止血带一次，以免肢体缺血坏死。止血带可用橡皮管、宽布条、皮带、毛巾等，切忌用绳索代替。

（4）充填法：用于鼻出血或躯干部位出血。用消毒药棉、凡士林油纱条或消毒的卫生纸巾充填于伤口内，以压迫止血。

（5）直接指压法：在大量出血、情况紧急、来不及采用其他止血法时，可用手指直接压迫出血的血管或出血部位，暂时止血，以便进一步采取措施。

（6）间接指压法：用于动脉出血，是一种临时性止血的好方法。用手指压迫身体表浅部位的动脉，最好压在骨面上，使该动脉供血部位的出血暂时停止。常用的方法有7种。

①头顶及额部出血：以拇指压迫耳屏前方的血管搏动处（即颞动脉）（见图3-1）。

②面部出血：以拇指压迫下颌角前1.5厘米切迹处的血管搏动部位（即面动脉，见图3-2）。

③肩部和上臂出血：以拇指用力压迫锁骨上方、胸锁乳突肌外缘的动脉搏动处（即锁骨下动脉），将该动脉向内后下压在第一肋骨上（见图3-3）。

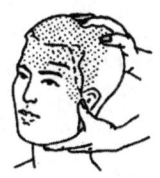 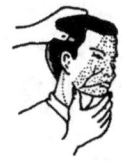 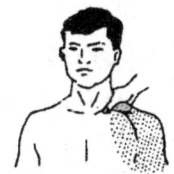

图3-1　颞动脉压迫部位　　图3-2　面动脉压迫部位　　图3-3　锁骨下动脉压迫部位

④肘部和前臂出血：以拇指压迫上臂中段、肱二头肌内缘的动脉搏动处（即肱动脉），将该动脉压迫在肱骨上（见图3-4）。

⑤手指出血：以拇指和食指相对夹压出血手指的第一指节根部两侧（即指动脉）。

⑥大腿及小腿部出血：以双手拇指重叠压迫腹股沟中点稍下方的动脉搏动处（即股动脉），将该动脉压迫在耻骨上（见图3-5）。

⑦足部出血：以双手拇指分别按压踝关节背侧、足背皱纹中点的动脉搏动处（即胫前动脉）和内踝与跟骨之间的动脉搏动处（即胫后动脉，见图3-6）。

  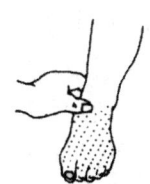

图3-4　肱动脉压迫部位　　图3-5　股动脉压迫部位　　图3-6　胫前、后动脉压迫部位

二、骨折初步急救处理

（1）急救原则：及时固定骨折部位，避免加重骨折端附近的组织、神经、血管等损伤，减轻疼痛，便于搬运。

（2）固定的办法：将长度超过骨折部位上、下两个关节的夹板或树枝、木板、纸板等置于患肢骨折部位一侧或两侧，再用绷带或布带等进行包扎；先固定骨折部位的两个断端，再固定其上、下两个关节。如寻找不到合适的器材，可将受伤的上肢用布类吊在胸前，或将受伤的下肢与健肢捆在一起。经初步急救处理后，须立即送医院作进一步处理。

三、关节脱位初步急救处理

（1）抗休克。

（2）立即用三角巾、夹板、绷带等在脱位所形成的特殊畸形姿势下固定患肢。若没有合适的器材，可将患肢固定在自己的躯干或健肢上。

（3）肩关节脱位的固定：将患肢肘关节屈曲90度，一条三角巾在颈后打结，将前臂悬挂于胸前，另一条三角巾绕过患侧上臂，在健侧腋下打结，将上臂固定于躯干上。

（4）肘关节脱位的固定：将铁丝夹板弯成约135度的托板，置于肘后，用绷带扎好，再用三角巾将前臂悬挂于胸前。若无铁丝夹板，可直接用三角巾将前臂悬挂于胸前。

（5）指间关节脱位：用绷带或布带将患指直接固定于健指上。

（6）经初步急救处理后，应立即送医院作进一步处理，争取早期复位。

四、溺水及其初步抢救措施

1. 溺水的概念

人淹没于水中，由于呼吸道被水、污泥、杂草等堵塞，或因吸水的刺激导致喉头、气管发生反射性痉挛，引起窒息和缺氧，称为溺水。

2. 溺水的初步抢救处理

（1）清除口腔和鼻腔内的分泌物及其他异物。

（2）控水：对上腹鼓胀、腹内有水者，可将溺水者腹部置于抢救者屈膝大腿上，使溺水者头部下垂，然后按压背部，使口腔、咽喉及气管内的水倒出。控水时间不宜过长，切不可因控水而失去心肺复苏的良机。

（3）检查呼吸、心跳情况，如呼吸、心跳停止，立即就地进行人工呼吸和胸外心脏按压（详见下述的"呼吸、心搏骤停及其初步抢救措施"）。

（4）迅速转送医院，应当尽量在运送途中仍然继续进行人工呼吸和心脏按压术。切忌不做任何抢救就将溺水者送往医院，这样会使溺水者脑缺氧时间过长而无法挽救生命。

五、呼吸、心搏骤停及其初步抢救措施

1. 呼吸、心搏骤停的概念

呼吸停止和心跳停止，可单独发生或同时发生。呼吸停止后因全身缺氧，随

第三章 运动损伤的防护

即引起心跳停止。心跳停止后，因延髓血流即停止，可迅速引起延髓缺氧及中枢性呼吸衰竭而导致呼吸停止。电击伤、一氧化碳中毒或药物中毒、溺水和窒息等均可引起呼吸、心搏骤停；在运动损伤中，严重创伤所导致的大量失血，亦可导致呼吸、心搏骤停。

2．呼吸、心搏骤停的初步抢救措施

呼吸、心搏骤停的诊断一经确立，应立即用最简便的方法重新建立有效的循环和呼吸，而人工呼吸和胸外心脏按压是现场复苏急救的重要手段。成功复苏的关键是必须行动迅速，争分夺秒，不可延误时机。

（1）人工呼吸。

1）操作方法：使患者仰卧，解开衣领、裤带和胸腹部衣服，抢救者一手托起患者下颌，掌根轻压环状软骨（喉结的下方），以避免将空气经食管吹入胃内；另一手捏住鼻孔，掌根压住患者前额，深吸一口气后对准患者口吹入，吹完气后松开捏住鼻孔的手。如此反复进行。

2）注意事项：人工呼吸前应清除患者口腔异物，并将其头部置于极度后仰位，以保持呼吸道的通畅。每次吹气量应为800～1 200毫升，吹气按每分钟16～18次的频率进行。

（2）胸外心脏按压。

1）操作方法：使患者仰卧于木板或地上，抢救者以一手的掌根部置于患者胸骨中、下1/3交界处，另一手置于前手之上，肘关节伸直，充分利用上半身之重量和肩、臂部肌肉的力量，带有一定冲击力并有节奏地垂直按压胸骨，使之下陷3～4厘米（儿童相应要轻些），随即迅速抬手，使胸廓复位，以利于心脏舒张。如此反复进行。

2）注意事项：接触胸骨只限于掌根部。用力不可太猛，以免引起肋骨骨折。按压以每分钟60～80次的频率进行，儿童应以单手掌根按压，每分钟100次左右。

（3）对呼吸与心跳都停止的患者，应同时由两人进行口对口人工呼吸与胸外心脏按压。一人口对口人工呼吸，一人做胸外心脏按压，每按压5次，吹气一次，交替进行。若只有一人时，则应每按压心脏15次，进行口对口人工呼吸2次，反复交替进行。

（4）抢救时应沉着、冷静、迅速，抢救一经开始，就要连续进行，不能间断，一直做到患者恢复自主呼吸及心跳或确定死亡为止。

（5）在就地进行抢救的同时，要迅速请医生来处理或迅速转送医院，在运送途中仍然要不间断地进行人工呼吸和心脏按压术。

六、休克及其初步急救处理

1．休克的概念

休克，是人体遭受体内外各种强烈刺激后发生的一种因毛细血管的血流灌注量急剧减少所引起的组织代谢障碍和细胞受损的综合征，若不及时抢救，可导致患者的死亡。有效循环血量的绝对减少或相对减少，导致组织器官的缺氧和代谢率紊乱，同时，神经系统和内分泌系统也发生不同程度的功能紊乱，并互为因果而造成恶性循环。

2．休克的初步急救处理

（1）应立即让患者平卧休息，一般应采取头和躯干部抬高20～30度，下肢抬高15～20度的体位。

（2）神志清醒又无消化道损伤的患者，可饮适量的盐水或姜糖水、热茶等。

（3）保暖，但不宜过度，以免皮肤血管扩张，影响器官的血液灌注量和增加氧气的消耗。在炎热的夏天，要注意降温，防止中暑。

（4）保持呼吸道畅通，对昏迷病人要及时清除口腔分泌物及血块，松解衣领，必要时可将舌头牵出口外。

（5）剧烈疼痛时，可口服或注射止痛剂、镇静剂。

（6）可针刺或指压人中、百会、涌泉、内关、合谷等穴位，宜用强刺激手法。

（7）对有骨折或脱位者应进行必要的急救固定，对有出血者应及时采用适当的方法止血，对疑有内脏出血者应迅速送医院抢救。

（8）在进行以上现场急救的同时，应迅速请医生处理，或尽快将患者送医院治疗。

第四节　体育锻炼与大学女生卫生保健

经常从事体育锻炼，可以促进女子的身体发育和增进健康。但在进行体育锻炼、运动训练及体育竞赛过程中，又必须要遵循女子诸多的先天身体机能形态和生理解剖特点，选择适宜的运动项目，安排适当的运动量，注意相应的卫生保健要求，尤其要注意女子月经期的运动卫生。了解与掌握这些特点以及女子在体育活动中的特殊性，对科学安排女子的体育锻炼或运动训练，不断增强体质，提高运动技术水平，具有重要意义。

一、女子生理特点

1．运动系统特点

女子的身高和体重一般低于男子。女子一般胸廓较小，四肢较短，躯干较长，脂肪比重大，肌肉比重小（女子32%～35%、男子40%～45%）。相对男子而言，女子在力量、速度素质上明显不及男子，但女子的关节韧带富有弹性，因此，柔韧素质较好。

2．呼吸系统特点

女子胸廓和肺的容积都较男子小，加上女子呼吸肌力量较弱，耐力差，有氧和无氧能力均低于男子。

3. 心血管系统

女子心脏体积较小，重量较男子轻10%~15%，所以女子的心输出量小，安静时脉搏比男子高，血压一般较男子偏低。

另外，女子还有月经、妊娠、分娩及哺乳等生理过程和特点。

二、大学女生运动卫生要求

（1）大学女生进入青春期以后，身体形态、机能、素质以及心理等方面均发生了变化，尤其是生殖系统变化更大。大学男女生合班的体育教学时需要注意安全。

（2）女生运动系统、心血管系统以及呼吸系统等机能先天低于男生，因此，教师安排运动内容、负荷及练习方法手段时要符合女生特点。

（3）女生的有氧和无氧能力都较男生差，在进行速度或耐力练习时，注意合理安排练习时间和运动强度。

三、大学女生月经期间的体育锻炼与卫生保健

女子月经属于正常的生理现象，人体机能一般不会出现明显异常变化。月经期间教师应鼓励大学女生适当进行轻微体育活动或力所能及的体育锻炼，像广播操、羽毛球、散步、郊游等。这不仅可调节大脑皮质的兴奋与抑制过程，改善盆腔的血液循环，还可以使腹肌和盆底肌轻度收缩与放松，有利于月经排出，减轻身体不适感。但是，由于月经期间子宫内膜脱落、出血，加之生殖器官抗菌力弱而容易导致感染，因此应注意以下一些卫生保健要求。

（1）适当减少运动量和运动时间，特别是月经第1~2天内应主动减少运动量和运动时间，循序渐进，逐步养成月经期体育锻炼的习惯。

（2）月经期一般不宜进行游泳运动，防止和避免病菌侵入内生殖器而引起炎症，或因冷水刺激引起子宫痉挛，造成腹痛。

（3）月经期一般不宜进行剧烈运动，尤其是震动强烈，腹压过大的跑、跳、举重运动及静力性力量练习等，以免子宫异位和经血过多。

（4）有痛经和月经紊乱的女生，月经期不宜进行体育活动，应积极治疗。

（5）月经期间参加体育锻炼应主动加强医务监督，随时注意自身生理反应，以便及时发现问题。

第四章 终身体育

第一节 终身体育概述

体育锻炼以它特有的功能和魅力,对维持健康、增强体质、延缓衰老、提高生活质量起着重要的作用。正因如此,它吸引了成千上万人的参加,已成为现代人的一种生活方式和生活态度。

一、终身体育理念的内涵及特点

(一)内涵

终身体育,是指一个人终身进行身体锻炼和接受体育指导及教育。终身体育的含义应包括两个方面的内容:一是指人一生中,学习与参加体育锻炼活动始终有明确的目的性,使体育真正成为人一生中不可缺少的重要内容;二是在终身体育思想的指导下,以体育的体系化、整体化为目标,为人在不同时期、不同生活领域中提供参加体育活动机会的实践过程。终身体育理念的核心思想是引导个体实现终身体育锻炼,这对于提高我国国民身体素质具有积极意义,亦能助推国民生活质量的提高。

在体育教学中,终身体育理念是基于我国国民体育需求而提出的体育教学指导思想,有助于推动教学改革,实现普通高校体育的健康稳定发展。在终身体育理念指导下,我国很多高校体育教学将侧重点放在传授运动技能,并培养当代青少年养成良好的体育锻炼习惯,使其在脱离学校教育后,仍然能够有意识地开展体育锻炼活动。终身体育理念强调的是终身经济型体育锻炼,所以学生的自主性和积极性是影响终身体育锻炼的关键性因素。总而言之,在终身体育理念指导下推动我国体育教学改革,有助于学生掌握更加多样化的运动技能,并形成坚持体育锻炼的意识和习惯,使其在一生中都能够坚持不懈地开展体育锻炼活动,不断提高自身身体素质。

(二)特点

1. 终身性

终身性是终身体育理念最为显著的特征,指的是时间上的终身性,强调个体终身自觉进行体育锻炼活动。

2. 多元性

终身体育的锻炼内容覆盖面较为广泛,且十分尊重个体差异性,人们可以结合自身的体育爱好来选取运动项目,并且在人生成长的不同阶段,根据自身体育能力的变化而选取适合的运动项目。

3. 全民性

我国提出的终身体育理念倡导全民参与，因此呈现出十分鲜明的全民性特点。终身体育理念呼吁的并非仅仅是体育运动爱好者，而是整个社会的公民。

4. 明确性

终身体育理念对于锻炼的根本目的具有十分鲜明的界定，倡导公民终身参与体育锻炼，不断提高身体健康水平，始终保持健康的生活状态，以此来提升生活质量。

二、终身体育的形成

在 20 世纪 60 年代，终身体育还只是一种体育思潮。它的出现直接受到终身教育思想的影响。终身教育是法国人保罗·郎格郎在 1965 年召开的联合国教科文成人教育会议上提出来的，是指"人们的一生中所受到的各种培养的总和"。它包括人从出生到死亡所受到教育的总和。实际上，人的一生中所获取的知识、技能、能力，大部分都是在离开学校后的社会生产实践中得到的。

终身教育思想认为，教育和训练的过程不应随着学校学习的结束而终止，而应该贯穿人的生命的全过程。长期以来，传统的观念认为，人的生活分为 3 个阶段：学习阶段、工作阶段和老年阶段。在学校学习的知识可以终身受用，学校的学习成绩可以决定人生的未来。但是，现代科学技术日新月异，生产、管理市场的结构以及人们的社会生活也随之发生了急剧的变化，从而使传统的教育观念在急剧的变化面前显得陈腐和落后，已跟不上社会发展的需要。那种认为取得高学历就一劳永逸的观念，不仅落后于当代世界教育改革的潮流，而且与我国现阶段社会经济的发展需要也不相适应。

终身体育作为 20 世纪出现的一种完整的、现代的体育思想，是在终身教育思想的影响下形成的，它还受到体育本身功能、人体发展变化规律、体育锻炼对身体积极作用的影响以及现代社会发展对人提出的更高要求等方面的影响。

1. 体育锻炼对人体发展各阶段具有积极作用

人的一生要经历 3 个时期，即生长发育期、成熟期和衰老期。体育锻炼如能遵循人体发展的规律，控制、协调好人体的发展，就可起到增进健康、增强体质的积极作用。体育锻炼应根据人体发展各个时期的特点，提出不同的要求。在生长发育期，应提出促进正常生长发育的要求；在成熟期，应提出保持旺盛精力和充沛体力的要求；而在衰老期，则应提出延缓衰老、延长工作年限和延年益寿的要求（见图 4-1 和图 4-2）。

综上所述，人体发展的不同时期，对身体锻炼提出了不同的要求，体育锻炼的目标、内容和方法也随之有所不同。为了保持身体健康，体育锻炼应伴随人的一生。

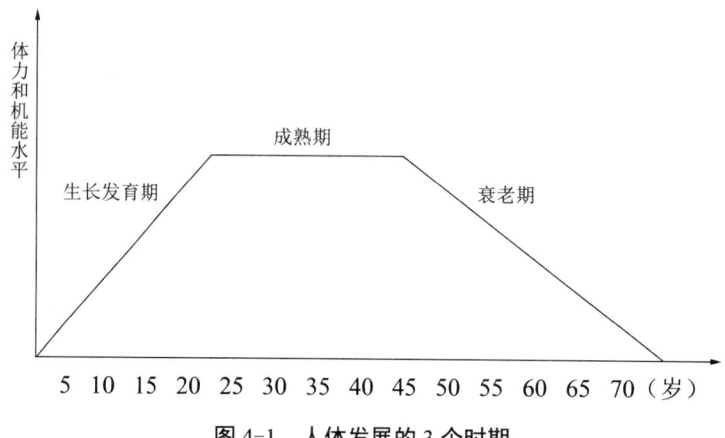

图 4-1 人体发展的 3 个时期

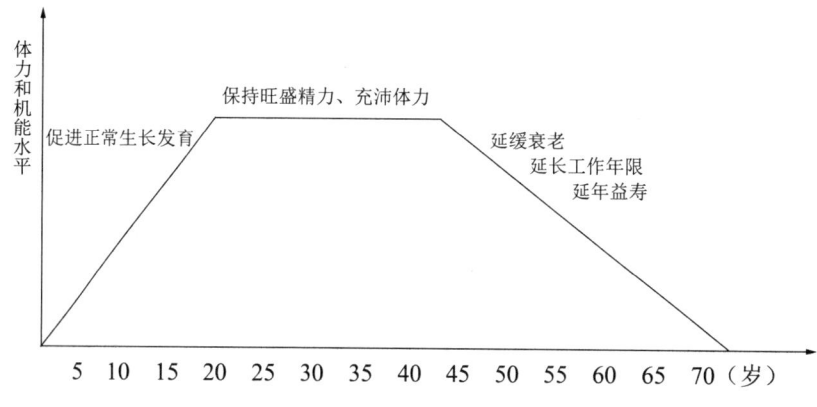

图 4-2 人体发展 3 个时期的体育锻炼要求

2．终身体育是现代社会发展的需要

目前，世界上经济发达的国家普遍采取了积极的体育手段，把参加体育锻炼、开展各种有益于健康的运动，作为现代生活的重要内容，以防止各种"文明病"的发生。现如今，我国经济飞速发展，人民的物质文明和精神文明水平不断提高，体育锻炼也越来越成为社会发展和人们日常生活的重要内容。大学生是祖国现代化建设的未来，担负着中华民族在 21 世纪伟大复兴的历史重任。只有体魄强健，才能精力充沛地从事学习和工作，为祖国做出自己的贡献。为了适应社会发展的需要，要保持身体经常处在最佳状态。这种伴随人的一生发展的体育——终身体育，既是现代生活方式的一个重要内容，又是人类文明发展的必然。

3．发展终身体育对社会进步的实践意义

世界卫生组织曾指出，健康是基本人权，尽可能达到健康水平，是世界范围内的一项重要的社会目标。终身体育，标志着社会的发展与进步，对社会进步与发展具有实践意义。

在人的一生中，从生到死，始终坚持体育锻炼，是满足社会发展对自身要求的重要手段。如果全民族都能做到经常自觉地坚持体育锻炼，养成体育锻炼的习

惯和自我意识，那么全民族的体质就能进一步提高，人人都能更加适应社会工作，提高劳动生产率，使一个国家的物质和精神文明程度得到提高，从而促进社会的进步与发展。

第二节　大学体育与终身体育

一、我国大学生终身体育教育情况

（一）大学生终身体育教育的成就

在当前大学体育教学中，为了实现素质教育目标，课程向着丰富多样的方向发展，促进了学生的兴趣和个性发展，如设置了常见的运动项目（羽毛球、篮球、长跑、乒乓球等），还增加了健美操、武术、网球等一些新兴项目。班级设置也采用新方法，成立了体育运动兴趣小组，将兴趣相同的学生组织在一起，组成一个活动小组，激发了学生的学习兴趣，提高了其学习效率，从而得到了广大师生的认可。各个高校还在大学生中建立体育爱好社团，出现了跆拳道社团、拳击社团、滑板社团、街舞社团等。通过参与各种各样的体育社团活动，学生可以利用课余时间参与体育锻炼，提高体育技能。

（二）大学生终身体育教育存在的不足

虽然大学生终身体育教学起到了一定的效果，但也存在一些问题。

1. 学生的终身体育意识尚需提高

很多学生在学习中只重视一些体育运动技巧以备考试之需，却没有良好的终身体育意识，不能主动参与到体育锻炼当中，甚至有人认为体育锻炼没有意义，思想上轻视体育锻炼。

2. 体育设施不完善

很多高校因为缺少体育运动资金，不能及时购置先进的体育设施与设备，广大师生不能顺利开展体育锻炼，导致终身体育教育成为一句空话。

二、大学体育对培养大学生终身体育理念的作用

终身体育意味着体育锻炼伴随着人的一生，从出生的婴儿时期一直到老年时期，它包括了家庭体育（婴幼儿）、幼儿园体育（幼儿）、学校体育（儿童、少年、青年）和社会体育（成年至老年）这几个组成部分（见图4-3）。其中，学校体育阶段人处在6~22岁，是一生中的黄金时期，因而更是人的发展的关键时期。

学校是培养人的场所，现代人一般都要经历学校教育阶段，学校体育对于形成终身体育理念具有非常重要的作用。在这一时期，通过有目的、有计划、科学系统地接受体育教育，全面地锻炼身体，增强体质，促进身心健康，掌握体育锻

炼的知识、技术和技能，培养对体育锻炼的爱好和兴趣，养成自我锻炼的习惯，对每个人都是非常重要的。

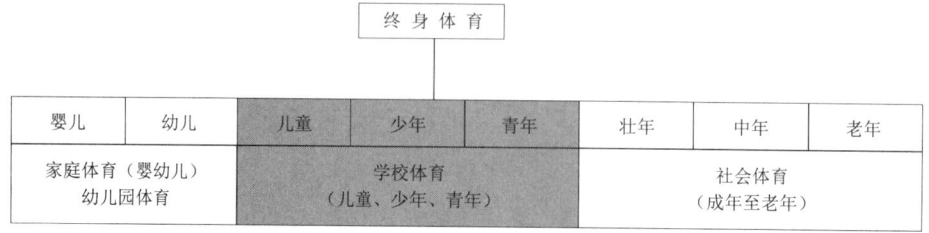

图4-3 终身体育的不同阶段

大学时期，学生的身体形态、机能、代谢功能等日趋成熟，整个机体具有旺盛的机能、蓬勃的朝气，在这个关键的阶段如果辅以科学的锻炼方法，就能促进他们的身体素质向着更好的方向发展，为学生良好的身体素质打下基础。与此同时，大学体育是从学校体育走向社会体育的过渡阶段，在终身体育的体系中起着承上启下的重要作用。在大学时期养成的自我体育意识也将影响到一个人离开学校后的行为，很大程度上决定了他能否终身从事体育锻炼。因此，大学体育是奠定终身体育的关键的基础时期。

三、大学生终身体育理念的培养

（一）学校方面

1. 体育教师的积极引导

在当前大学生体育教学中，体育教师还需认识到学生终身体育理念培养的重要性，在体育教学中真正将学生作为学习活动的主体。学生只有认识到终身体育对自身身心健康具有重大影响，才能积极参加体育锻炼，才能不断提高自己的身体素质。为了进一步培养学生终身体育的理念，教师还需放手让学生独立开展锻炼，保证学生独立完成各种体育学习任务，帮助学生树立自信心，调动学生的学习兴趣，使学生积极参与体育活动，不断提高大学生的体育综合素质与能力。

2. 体育课堂教学与课外教学的融合

在当前大学生体育教学中，教师不但要充分利用课上时间，而且要发挥课外体育活动的作用，引导学生加强体育锻炼，达到终身体育的目的。利用丰富多样的课外体育活动调动学生的学习积极性，使其全身心地参加体育锻炼。

3. 校园体育文化建设

在大学终身体育教育过程中，学校和教师还需为学生创建一种浓厚的体育文化环境，可以使大学生在不知不觉中树立终身体育的意识，为大学生身心健康发展创造条件。当前，面对着繁重的学习任务，很多大学生参加体育锻炼的意识不强，有的人的身心健康令人担忧。为了解决这一问题，学校和体育教师要意识到自身的职责，采取行之有效的措施，积极为大学生营造良好的校园环境与浓厚的体育文化氛围。比如，高校可以在校园文化建设中融入体育文化内容，大力建设校园体育文化，定期宣传体育文化与体育精神，使体育教育文化发挥更大的作用，使大学生认识到当前体育文化的丰富内涵与作用。

（二）学生方面

1. 培养正确的终身体育理念

终身体育不仅是社会发展的需要，也是个人生存、享受、发展的需要。终身体育理念是现代社会发展到一定阶段才产生的一种理念，我们必须抛弃体育只存在于人一生中某个阶段或某一时期的观点。体育贯穿人的一生，尤其在成年后合理地选用运动方法和手段锻炼身体，是提高人体健康水平、延缓衰老的最佳方法。

2. 注重体育基本知识的了解和储备

终身体育能力不仅仅是跑得快、跳得高、投得远，更主要的是了解和掌握体育基本知识、科学锻炼身体的原理和方法，如掌握人体解剖学、运动生理学、运动医学和卫生常识、体育的社会价值、运动技术原理以及合理而有效地完成动作的方法等。

3. 培养对体育运动的兴趣和爱好

大学生要正确认识和理解体育运动，体验进行体育运动的乐趣，培养自己对体育运动的兴趣和爱好。通过学生时代的体育运动和良好的运动体验，养成经常进行体育锻炼的习惯。学生进入社会后，在读书时期养成的良好习惯、兴趣和科学锻炼身体的知识、方式、方法，潜移默化地形成了终身体育的思想，使人自觉地用新的锻炼方式去适应变化了的社会环境，以达到终身体育的目的。

4. 自觉坚持终身体育能力的培养

现代高校体育不再是单纯地传授体育知识、技术、技能，而是更注重学生各方面能力的培养。因此，在大学阶段，学生要把掌握体育知识、运动技术与技能和发展自身的能力结合起来，在体育锻炼中、在运动中、在竞争中、在对抗中发掘自己的潜能，发挥自己的力量，找寻体育的美感，培养兴趣，养成习惯，从而自觉、积极地学习与实践。因此，大学生应着重培养以下几方面的体育能力：

（1）自我参加体育锻炼的耐力和科学锻炼的能力。

（2）自我设计、检查、评价体育锻炼的能力。

（3）适应社会环境发展与变化的能力。

（4）再学习、再创造的能力。

第五章 田径运动

第一节 田径运动概述

一、田径运动简介

公元前776年,第一届古奥运会在古希腊奥林匹克村举行,从那时起,田径运动成为正式比赛项目之一。1894年,现代奥运会组织在法国巴黎成立。1896年,第一届现代奥运会在希腊举行,在这届奥运会上,田径的走、跑、跳跃、投掷等项目被列为大会的主要项目。至今已举行的各届奥运会上,田径运动都是主要比赛项目之一。

田径运动包括跳、投类以有效成绩距离大者名次列前的田赛和跑、走、跨(含3 000米障碍)类完成全程时间短者名次列前的径赛,以及由田、径两类项目组成的全能项目和短跑团体接力项目,是比速度、比高度、比远度和比耐力的体能项目,或要求在很短的时间内表现出最大的速度和力量,或要求在很长的时间内表现出最大的耐力,是最能体现奥林匹克"更快、更高、更强"的比赛项目。

二、田径运动的功能

(一)健身功能

随着现代社会经济、科学技术的迅速发展,人们生活水平的不断提高,锻炼身体、增强体质已成为广大人民群众的迫切要求。田径运动是增强人民体质的重要手段之一。经常从事田径运动,能促进机体的新陈代谢,改善与提高内脏器官的机能,全面发展人的身体素质。田径运动的项目较多,锻炼形式多样,场地、设备和器材比较简单,练习时不受性别、人数、时间和季节等条件的限制,便于广泛开展。

(二)竞技功能

田径运动项目是奥运会中奖牌数量第一大户,田径运动奖牌的数量直接影响一个国家奥运会的整体成绩。随着奥运会的升国旗、奏国歌仪式通过电视向全世界转播,现在人们已把获得奖牌和一个国家与民族的政治、经济地位连在一起。田径运动既能提高全民体质又能显示国民的体育实力,所以政治、经济与体育强国都十分重视。世界各国优秀运动员参与的竞技田径运动以追求达到人类体能、技能极限为目的,探求人类究竟能够跳多高、投多远、跑多快,并以他们高超的

第五章 田径运动

运动技艺吸引人们欣赏和观看,成为人们精神文化生活的一部分。

(三)基础功能

田径运动能全面地、有效地发展人的身体素质和运动技能,对其他各项运动技术的发展和成绩的提高都有很好的作用。因此,各项体育运动都把田径运动作为提高身体素质的训练手段。实践证明,许多优秀运动员,特别是球类运动员,都有较高的田径运动能力和素质水平。

(四)教育功能

通过田径运动教学、锻炼、训练和竞赛,能对学生和运动员进行爱国主义、集体主义等方面教育,并能培养竞争意识和勇敢顽强、吃苦耐劳的优良品质。

第二节 田径竞赛规则

一、田径比赛通则

(1)参加比赛的运动员必须佩戴号码,否则不得参加比赛。

(2)径赛项目运动员必须沿跑道逆时针方向跑进。

(3)径赛运动员挤撞或阻挡他人走或跑进时,应取消其该项比赛资格。

(4)如果一名运动员参加一个径赛项目,又参加一个田赛项目,或者参加一个以上的田赛项目,而这些项目又同时举行比赛时,有关主裁判可以允许运动员只在某一轮次(高度项目以一个高度为一个轮次,一个高度有3次试跳机会;远度项目以所有运动员按顺序试跳或试跳完一次为一个轮次)的比赛中以不同于赛前抽签确定的顺序先进行试跳(试掷)一次,已错过试跳(试掷)顺序的一律不补。

(5)判定名次方法。径赛项目中,判定运动员到达终点的名次顺序,是以运动员躯干的任何部位到达终点线内沿的垂直面的先后为准。以决赛的成绩作为个人的最高成绩,而不以预赛、次赛、复赛的成绩判定最后名次。

田赛项目中,远度项目以比赛的6次试跳或试掷中最好的一次成绩作为个人的最好成绩,包括第一名成绩相等决定名次赛时的成绩,然后以各运动员的最高成绩排列名次;高度项目以每名运动员最好的一次试跳成绩(包括第一名成绩相等决定名次赛时的成绩)为最后成绩。

二、径赛主要规则

(1)400米及400米以下包括4×100米接力的项目,运动员应采用蹲踞式起跑。

(2)在分道跑项目中,运动员跑出自己的分道,如果没有获得利益,也未阻挡他人，一般不应取消比赛资格；否则应取消比赛资格。

（3）在中长跑时，运动员擅自离开跑道后不得继续比赛。

（4）跨栏跑时，运动员手脚低于栏顶面、跨越他人栏架、有意用手或脚碰倒栏架，均属犯规。

（5）接力跑时，在接力区外完成接棒、捡棒时阻挡他人或空手跑过终点，均属犯规。

（6）如果3只秒表计成绩，应以2只表所示成绩为准；如果各不相同，则以中间成绩为准。2只表，应以成绩较差者为准。

三、田赛主要规则

（1）跳高比赛时，应抽签排定运动员的试跳顺序。运动员必须用单脚起跳。比赛开始前，主裁判应向运动员宣布起跳高度和每轮结束后横杆的提升高度，直至比赛中只剩下1名运动员。一旦比赛开始，运动员不得使用助跑道或起跳区进行练习。

如果有下列情况之一者，则判为试跳失败：①试跳后，运动员的试跳动作致使横杆未能留在横杆托上；②在越过横杆前，运动员身体的任何部位触及立柱以外的地面或落地区。

（2）所有田赛远度项目比赛，参加比赛的运动员如超过8人，成绩较好的前8名运动员进入决赛；如果第8名成绩相等，成绩相等的运动员均可再试跳或试掷3次。如果不足8人，则每人均可试跳或试掷6次。一旦比赛开始，运动员不得使用比赛助跑道进行练习。

如果有下列情况之一，则判为试跳失败：①在未做起跳的助跑中或在跳跃中，运动员以身体任何部位触及起跳线以外地面；②从起跳板两端之外的起跳线的延长线前面或后面起跳；③在落地过程中触及落地区以外地面，而落地区外触地点较区内最近触地点更靠近起跳线；④完成试跳后，向后走出落地区；⑤采用任何空翻姿势。

（3）推铅球比赛应抽签决定运动员试掷顺序。运动员超过8人，应允许每人试掷3次，有效成绩最好的前8名运动员可以再试掷3次，试掷顺序与前3次试掷后的排名相反。当比赛人数只有8人或少于8人时，每人均可试掷6次。运动员必须从静止姿势开始试掷。允许运动员触及铁圈和抵趾板的内侧，应用单手从肩部将球推出。铅球必须完全落在落地区角度线内沿以内，试掷方为有效。每次有效试掷后，应立即测量成绩。运动员在器械落地后方可离开投掷圈。离开投掷圈时首先触及的铁圈上沿或圈外地面必须完全在圈外白线的后面，白线后沿的延长线应能通过投掷圈圆心。应以每名运动员最好的一次投掷成绩，包括因第一名成绩相等而进行的决名次赛的试掷成绩，作为其最后的决赛成绩。

第三节 跑

一、短跑

短跑是径赛中距离最短、速度最快、强度最大的周期性项目，是人体大量缺氧状况下持续高速度的极限强度运动。短跑项目包括 60 米、100 米、200 米、400 米。

（一）短跑技术

短跑技术一般分为起跑、起跑后的加速跑、途中跑和终点跑。

1. 起跑

起跑是获得向前的最大冲力，使身体摆脱静止状态，尽可能产生较大的启动初速度，为起跑后的加速跑创造有利条件。

（1）起跑器的安装：短跑的起跑采用起跑器的蹲踞式起跑，安装起跑器的目的是使两脚有牢固的支撑，形成良好的预备姿势，为加速跑创造有利条件。

起跑器的安装方法有普通式、拉长式、接近式 3 种。

（2）起跑的技术：起跑的全过程包括"各就位""预备"、跑（鸣枪）3 个阶段（见图 5-1）。

图 5-1 起跑的过程

2. 起跑后的加速跑

起跑后的加速跑是起跑的延续，它的任务是充分利用向前的冲力，在最短时间内，尽可能发挥最大的速度。起跑时，前脚蹬离起跑器即转入加速跑阶段，躯干向前倾，两臂用力前后摆动，摆动腿迅速向前摆出，支撑腿积极蹬伸，前脚掌积极扒地、蹬地（见图 5-2）。

图 5-2 起跑后的加速跑

起跑后的最初几步，两脚的着地点是沿着两条相距不宽的直线前进的，随着跑速的加快，两脚的着地点逐渐合拢到假设的一条直线两侧。随着步幅的增加，上体逐渐抬起，速度逐渐加快。加速跑的距离一般为 25～30 米，用 15～17 步跑完，在 30 米左右处可达到最高速度，转入途中跑。

3. 途中跑

脚蹬离起跑器后，身体处于较大的前倾姿势，为了不使身体向前摔倒，积极加快腿与臂的摆动和蹬地动作，保持身体平衡。应尽量靠近身体重心投影点，脚着地后迅速转入后蹬（见图 5-3）。身体的前倾随着步长和跑速的增加逐渐缩小，最后接近途中跑的姿势。

图 5-3　途中跑动作

途中跑是短跑全程中距离最长、速度最快的一段。其任务是继续发挥和保持高速度跑。

4. 终点跑

终点跑是全程跑的最后一段。任务是保持途中跑的跑速并完成撞线动作。终点跑技术与途中跑技术相似，要求在离终点线 11～20 米处，尽力保持上体前倾，加快两臂摆动的速度和力量，在跑到终点线 1～2 步时，上体急速前倾，用胸部或肩部撞终点线，跑过终点线后逐渐减速。

5. 弯道起跑和弯道跑技术

（1）弯道起跑技术：短跑中的 200 米、400 米跑，起跑于弯道，有一半的距离是在弯道上跑过的。为了便于起跑和加速，起跑器就安装在跑道的右侧外延正对弯道切点方向的地方。"各就位"时，左手置于起跑线后 9～10 厘米处，身体正对切点（见图 5-4）。

加速跑时，要沿着切线跑进，跑至切点前，身体逐渐向左倾斜，并快速进入弯道跑。

（2）弯道跑技术：弯道跑时，为了克服惯性离心力的作用，右臂摆动幅度应大于左臂，右肩稍高于左肩，右肘稍向外。右脚前脚掌内侧着地，左脚用外侧着地，整个身体保持向左倾斜，身体倾斜度与跑速呈正比。直道进入弯道要冲破惯性，弯道进入直道要利用惯性，应在弯道的最后几米身体逐渐减小内倾程度，做顺惯性跑 2～3 步（见图 5-5）

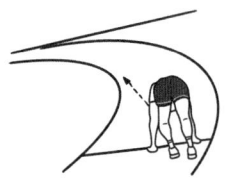

图 5-4　弯道跑起跑

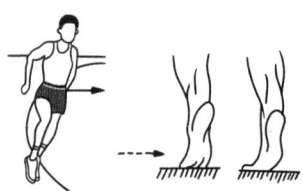

图 5-5　弯道跑

二、接力跑

（一）接力跑技术

接力跑是由短跑和传棒、接棒组成集体配合的径赛项目。接力跑的基本技术与短跑相同，但必须在规定的接力区（20米）内传接棒（接力棒所处的位置）。因此，能否保证在快速跑进中完成传接棒，队员之间的配合技巧就成了接力跑中的关键。

1. 起跑

第一棒队员必须持棒采用蹲踞式起跑，按规则要求接力棒前端不得接触起跑线和起跑线前面的地面。持棒起跑的技术和短跑相同，持棒方法一般用中指、无名指和小指握住棒的末端，用拇指和食指分开撑地，但接力棒前段不得接触地面（见图5-6）。

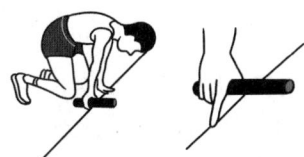

图5-6　第一棒起跑

2. 接棒人的起跑

第二、三、四棒的起跑采用站立式或蹲踞式起跑均可，接棒人站在接力区后端或预跑线内，选定起跑位置，两脚前后开立，两膝弯曲，上体前倾。

3. 传接棒的方法

传接棒的方法有上挑式和下压式两种（见图5-7）。

图5-7　上挑式和下压式传接棒

（1）上挑式：接棒人向后自然伸臂，手心向后，虎口向下。传棒人自下而上将棒送入接棒人手中。此种方法动作自然，但第二个人的手已握住棒的中间，再向下传棒困难，容易掉棒。

（2）下压式：接棒人向后自然伸臂，掌心向上，虎口朝后，传棒人自上而下将棒放入接棒人手中。此种方法可保持每个接棒人都握在棒的一端，但接棒人手腕动作紧张、不自然。

4. 传棒、接棒的位置和起跑标志线的确定

传棒、接棒的时机和标志线的位置是保证在接力区内快速完成传接棒的重要条件。

（1）传棒、接棒的位置：接棒人站在预跑线内或接力区的后端，待传棒人

到达标志线时便迅速起跑,传棒人跑进接力区后,在最合适的位置将接力棒迅速无误地传给接棒人。

(2)标志线的确定:接力跑各棒次的标志线是接棒人起跑的标志,它是根据传棒人和接棒人的跑速和传接棒技术熟练程度确定的。标志线设置的位置一般是在预跑线的后面,也可以设置在预跑线前面。

5. 各棒运动员的安排

接力跑是由4人配合,各跑一段距离完成全程跑,因此,在安排各棒运动员时,必须根据每个人的特长。一般第一棒应安排起跑好、善于跑弯道的运动员;第二棒应是专项耐力好、善于传接棒的运动员;第三棒的运动员除要具备第二棒的条件外,还要善于跑弯道;把成绩最好、冲刺能力最强的运动员安排在第四棒。

三、中长跑

(一)中长跑技术

所谓中长跑就是中距离跑和长距离跑的合称。正式比赛项目有800米、1 500米、3 000米、5 000米、10 000米、3 000米障碍等。中长跑的项目较多,但跑的技术基本相同,只是由于跑的距离长短和强度不同,跑的技术略有差别。

中长跑要求运动员在全程跑时能维持一定的跑速,尽可能减少体力的消耗,合理地分配体力。技术上要求跑得轻松协调,身体重心平稳,有良好的节奏。其完整技术包括起跑、起跑后的加速跑、中途跑和终点跑。

1. 起跑和起跑后的加速跑

中距离跑(800米、1 500米)采用半蹲踞式或站立式起跑。长距离跑采用站立式起跑。

(1)半蹲踞式起跑:两臂一前一后。一手的拇指与其他四指呈"八"字形撑于起跑线后,另一臂在体侧。身体重心主要落在前腿和支撑臂上。起跑动作近似蹲踞式起跑。

(2)站立式起跑:中长跑起跑的口令为"各就位"、跑(枪响)。听到"各就位"口令后,从起跑集合线的地方走或慢跑到起跑线后,两脚前后站立,有力腿在前,前脚掌着地,重心放在前支撑腿上,半蹲,后脚距离前脚约一脚长,上体前倾,一臂在前,另一臂在后,集中注意力听枪声。听到枪声时,两腿用力蹬地,后腿蹬地后迅速摆前,使身体快速地向前冲出(见图5-8)。

图5-8 站立式起跑

(3)起跑后的加速跑:上体应保持一定前倾,摆臂蹬腿的蹬与摆都应快速有力，逐渐加速，上体逐渐抬起，跑向便于发挥自己战术的有利位置。

2．途中跑

中长跑的途中跑与短跑的途中跑稍有差异。中长跑的上肢摆臂幅度要小一些，腿部的后蹬与前摆用力程度也小一些；腾空时间与支撑时间的比值也小一些；脚着地可用脚掌外侧着地过渡到全脚掌着地，也可用全脚掌着地；中长跑的呼吸采用半张口与鼻同时呼吸。途中跑有一半以上的距离是在弯道上跑的。弯道跑技术与短跑基本相同，只是动作幅度和用力程度较小。

3．终点跑

终点跑的距离由运动员的训练水平和战术所决定。这一阶段比赛者处于疲劳状态，要取得优秀成绩和最佳名次需要顽强意志和奋勇拼搏。在技术上需要加速摆臂，加速步频。一般情况下，800 米跑可在最后 300～200 米、1 500 米跑在最后 400～300 米、3 000 米以上在最后 400 米或更长一些距离开始加速跑。终点撞线技术与短跑撞线技术相同。

第四节　跳　　高

田径运动中的跳高、跳远、三级跳远、撑竿跳高等跳跃项目，是运用人体自身的能力（借助一定的器材），通过一定的运动形式，越过尽可能高的高度和跳过尽可能远的距离。

跳高是田径运动中克服地心引力、越过垂直障碍的跳跃项目。完整的跳高技术是由助跑、起跳、过杆和落地 4 部分组成。跳高的姿势经历了跨越式、剪式、滚式、俯卧式和背越式的演变过程。其中，背越式跳高是目前较先进的跳高技术。比赛中，多数运动员都采用背越式技术。这里主要介绍跨越式跳高和背越式跳高。

一、跨越式跳高

（1）助跑：采用直线助跑，助跑线与横杆的角度为 35～45 度。

（2）起跳：用远离横杆的脚侧对横杆踏跳，起跳点距横杆投影点 60～80 厘米，起跳腾空后上体开始前倾，摆动腿摆过横杆后向杆下内转下压，两臂下垂。

（3）过杆与落地：过杆时，躯干向横杆方向侧倒并向起跳腿方向扭转，两臂举起，同时起跳腿迅速向上高抬，完成跨越过杆运动。过杆后，身体侧对横杆，摆动腿先落地。

二、背越式跳高

1．助跑

背越式跳高助跑采用弧线助跑。其特点是可以通过发挥快速助跑的优势，达到较高的水平速度,为快速起跳创造良好的条件。初学者助跑一般跑 8~10 步(4~6 步直线助跑和 4 步弧线助跑)。助跑时要求身体重心高、有弹性、有一定的节奏和快速跳动。

背越式跳高助跑可采用走步丈量法(见图 5-9)。

2. 起跳

起跳技术包括起跳脚、摆动腿和手臂摆动的技术。起跳时,起跳脚向前放脚,以脚跟和脚掌外侧先着地,迅速滚动至前脚掌,摆动腿以膝盖领先,屈膝折叠,向跳高架远端支柱上方用力上摆。为了加快起跳速度,应控制摆动腿屈膝程度(屈膝折叠越紧越好)和尽量减少起跳腿屈膝幅度(一般为 140~150 度)。手臂的摆动可采取双臂平行摆动或异侧交叉摆动。前者双臂的摆动与摆动腿的摆动同时进行,后者是放脚起跳时,摆动腿的同侧臂随起跳动作快速上摆。

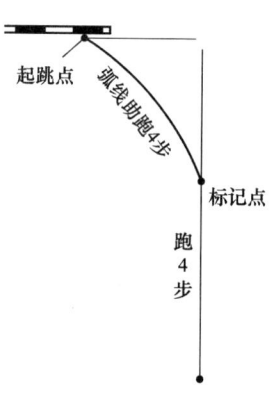

图 5-9　走步丈量法

3. 过杆与落地

起跳腾空后,臂和头积极向杆上运动,随着背部转向横杆,头和双肩开始过杆;同时摆腿下放,双腿屈膝,小腿下垂。头和双肩过杆后开始仰头下沉,挺胸、髋、腹,使人体在杆上呈背弓姿势,随后小腿上踢,过杆后肩膀着垫(见图 5-10)。

图 5-10　背越式跳高技术

第五节　铅　　球

一、侧向滑步推铅球技术

推铅球技术可分为握(或持)球、预备姿势、滑步、最后用力、维持身体平衡 5 部分。

第五章 田 径 运 动

1. 握球（以右手为例）

握球时，五指自然分开，将球放在食指、中指、无名指的指根上，拇指和小指自然扶球的两侧。握好球后，手臂放松弯曲，把球放在右侧锁骨窝处，并贴着颈部和下颌，掌心向前，指根顶紧球，持球臂肘关节自然下垂（见图 5-11）。

图 5-11　握球的方法

2. 滑步前的预备姿势

预备姿势是滑步的准备动作，为平稳地进入滑步创造条件。预备姿势有高姿势和低姿势。

（1）高姿势：持球后背对投掷方向，站在圈内靠近后沿处。两脚前后站立，相距 20～30 厘米，右脚尖靠近投掷圈内沿（脚可稍向内转），左腿在后并自然弯曲，以前脚掌或脚尖着地，上体保持正直、放松，左臂自然上举，体重落在伸直的右腿上。

高姿势比较自然，全身肌肉也比较放松，能协调地转入滑步动作，有利于提高滑步速度。但是，采用这种姿势在滑步前的摆腿和屈膝团身的过程中，身体重心升降的幅度较大，对身体平衡能力的要求较高。

（2）低姿势：持球后背对投掷方向，站在圈内靠近后沿处，两脚前后站立，相距 50～60 厘米（根据身高和下蹲的程度而定）。左脚在后，前脚掌或脚尖着地，右脚尖贴近圆圈指向投掷相反方向（脚也可稍向内转）。左臂自然下垂，左肩稍向内扣。两腿弯曲（右腿弯曲的程度根据力量而定）。上体前曲。低姿势比较简单，容易维持身体平衡，初学者容易掌握。但是肌肉紧张会造成右腿的负担大。

无论采用高姿势还是低姿势，头部动作都很重要。因为头、方向、位置直接影响身体的控制能力。在高姿势和低姿势中，头部保持与躯干正直。在低姿势中，两眼视前下方 1～2 米处（见图 5-12）。

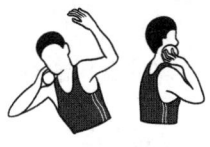

图 5-12　球的位置

3. 滑步

预备姿势做好后，左腿向投掷方向预摆 1～2 次，待身体平衡后，左脚迅速、有力地向投掷方向摆动，带动身体，同时右脚用力蹬地，迅速向前滑步，使身体重心向投掷方向移动。当滑到投掷圈附近时，左脚迅速落地，完成滑步动作，为最后用力创造条件（见图 5-13）。

图 5-13　侧向滑步推铅球

4．最后用力

最后用力是推铅球技术的重要环节，动作是否正确直接影响出手的角度、投掷的角度和出手点的高度。当滑步结束后，左脚一着地，就开始进入最后用力阶段。推球时右脚用力蹬地，脚跟提起，膝盖向内转，同时髋部也边转边向前送出，上体逐渐抬起并向投掷方向移动，右髋先于右肩，当身体左侧接近与地面垂直的一瞬间，以左肩为轴，右腿迅速伸直，身体转向投掷方向。

5．维持身体平衡

推铅球时向前上方用力，铅球出手后身体仍然有向前的惯性冲力，可能使身体接触圈外而造成犯规。因此，当球推出后应迅速做右、左脚交换动作，使右脚在前左脚在后并下压，左臂带动左肩（左侧）往后摆，右腿屈膝降低中心，减缓前冲，使身体维持平衡。

二、侧向滑步推铅球的练习方法

（1）两脚前后开立呈半蹲，双手持球于胸前，肘部抬起稍低于肩，将球向前上方推出。推出时，手指用力拨球。要求：推球时用力蹬地，上体伸展，上、下肢体配合要协调。

（2）两脚左右开立，双膝微屈，右手持球于肩上，左手扶球，两腿蹬伸将球向前上方推出。做此练习时主要体会下肢用力的动作。

（3）模仿性练习。不持球做侧向滑步、背向滑步推铅球练习，体会左摆腿和右蹬腿协调配合的动作。

（4）在模仿性练习的基础上做左小腿的练习。做此练习时，注意收拉后用前脚掌着地。

（5）未持球连续做滑步练习，体会重心落在右腿，左腿摆动后快速下压，以及明显超越机械的动作；持球做滑步练习。

（6）侧向滑步推铅球的完整技术练习。

（7）用原地侧向推铅球的方法推实心球。

（8）正面双手头上抛掷实心球或铅球。

正面双手头上抛掷实心球或铅球（实心球重量为 2 千克）。

预备：两脚前后或左右开立，身体面对投掷方向，双手举球至头顶上方，向后仰。

动作：用力把球投向前方，抛球时两脚用力蹬伸，上体抬起后仰；同时两臂伸直，挥臂。当两脚前后开立，球出手的同时，后脚可向前迈一步，但脚不能踩线。

（9）两脚前后开立，身体重心落在后脚上，膝微屈，两手持球举至头后，上体尽量后仰，然后用力将球由头顶后向前上方抛出。

第六章 篮球运动

第一节 篮球运动概述

一、篮球运动的起源与发展

篮球是用球向悬在高处的目标进行投篮比赛的一项球类运动。由于最初是用装水果的篮筐作投掷目标，故名"篮球"。

篮球运动是 1891 年由美国马萨诸塞州斯普林菲尔德市基督教青年会训练学校体育教师詹姆士·奈史密斯（James Naismith）博士创造的。篮球运动经过 100 多年的发展，从最初的"游戏"逐步发展成一项雅俗共赏、老少皆宜的体育运动项目，并形成了一套独特的包含专项身体素质、专项技术、战术和规则、裁判法等内容的完整体系。1932 年 6 月 18 日，国际业余篮球联合会在瑞士日内瓦成立，篮球运动进入推广时期，并出版了第一本国际比赛规则。1949 年以后，篮球运动在世界各地广泛普及，世界篮球运动开始形成以美国队为代表的高度与技巧结合的美洲型打法，以前苏联队为代表的高度和力量结合的欧洲型打法和以中国队、韩国队为代表的快、灵、准结合的亚洲型打法。1960 年后，世界篮球运动进入全面发展与提高的新时期，篮球运动技术、战术朝着高度、高技巧、高速度、高强度、多变化、高比分的方向发展，特别是高空技术的进一步发展，显示出当代篮球运动发展的新趋势和新特点。通过对进攻时间、规则罚则、增加三分球等条款的调整促使攻守平衡，使篮球运动向既重进攻又重防守、既重高度又重速度、既重力量又重速度的方向发展。目前，篮球运动进入融竞技化、智谋化、技艺化于一体的新时期，正朝着"高、快、全、准、变"和技战术运用技艺化的方向发展。

篮球运动于 1896 年前后传入我国。1901 年后，国内一些大城市的教会学校把篮球活动作为课外活动的锻炼项目，1913 年被列为国内比赛项目。新中国成立后，我国的篮球运动又有了很大的发展。篮球运动广泛普及，水平稳步提高。1959－1966 年，我国男女篮水平曾接近世界先进水平。1984 年，我国获得第 23 届奥运会女篮比赛铜牌，1993 年获得世界大学生运动会女篮比赛冠军。2001 年，我国男篮队员王治郅成为中国进入美国职业男篮第一人。2003 年，我国篮球运动员姚明和巴特尔相继加入美国职业篮球联赛。2004 年雅典奥运会，中国男篮历史上第二次进入奥运八强。2005 年第 23 届亚锦赛，中国男篮夺冠实现卫冕。2008 年北京奥运会，继 96 年和 04 年两届奥运会之后历史上第三次杀进八强。2015 年亚锦赛，中国男篮获得的第 16 个亚锦赛冠军。2018 年亚运会，中国男篮红队取胜，夺得亚运金牌。

二、篮球运动的特点和作用

1. 篮球运动的特点

篮球运动激烈、对抗、复杂、多变的特点决定了比赛是瞬息万变的。在比赛中，队员要根据场上不断变化的情况采取正确、果断的行动，才能取得"攻必克、守必固"的效果，如果缺乏战术意识，就只会蛮干、硬攻，既消耗体力，又事倍功半。同时，篮球运动作为集体运动项目，不仅要使队员融入整个队伍当中，而且要使每个队员成为有独特个性的个体（见图6-1）。

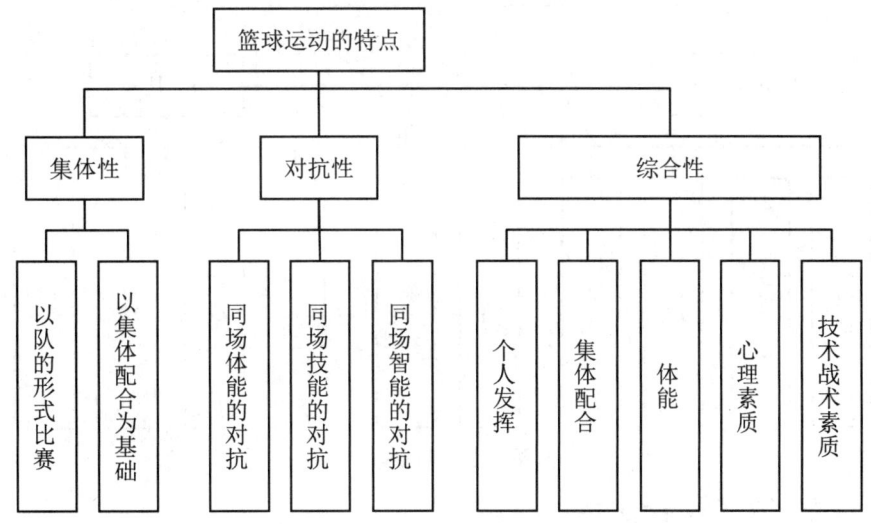

图6-1 篮球运动的特点

2. 篮球运动的作用

（1）篮球运动的集体性，能培养团队精神和集体荣誉感，增强球员的组织纪律性，这种团队精神无论对个人的发展还是社会的进步都具有积极的意义。

（2）增进身心健康。篮球运动对力量、速度、耐力、灵敏度等素质的全面发展，分配和集中注意能力的提高，神经系统中枢的灵活性、协调支配各器官能力的提高，内脏器官的生理机能的改善，良好的心理素质、坚强的意志品质的形成具有十分积极的作用。

（3）促进人际关系。通过篮球运动，广大青少年不仅可以相互切磋技艺，也可以相互了解、增进友谊，对正确认识和处理人与人之间的关系、更好地融入社会、促进健康人格的发展具有积极的作用。

第二节 篮球基本技术

篮球技术是在篮球比赛中所运用的各种专门动作方法的总称，它是篮球比赛的基础，分为进攻与防守两大部分（见图6-2）。

一、投篮

投篮是在篮球比赛中，持球队员将球从篮圈上面投进球篮所采用的专门技术动作方法的总称。篮球比赛的胜负是由得分多少来决定的，而投篮是唯一的得分手段。篮球比赛双方一切技战术的目的都是为了投篮和防守投篮，因此投篮是篮球运动的核心技术。

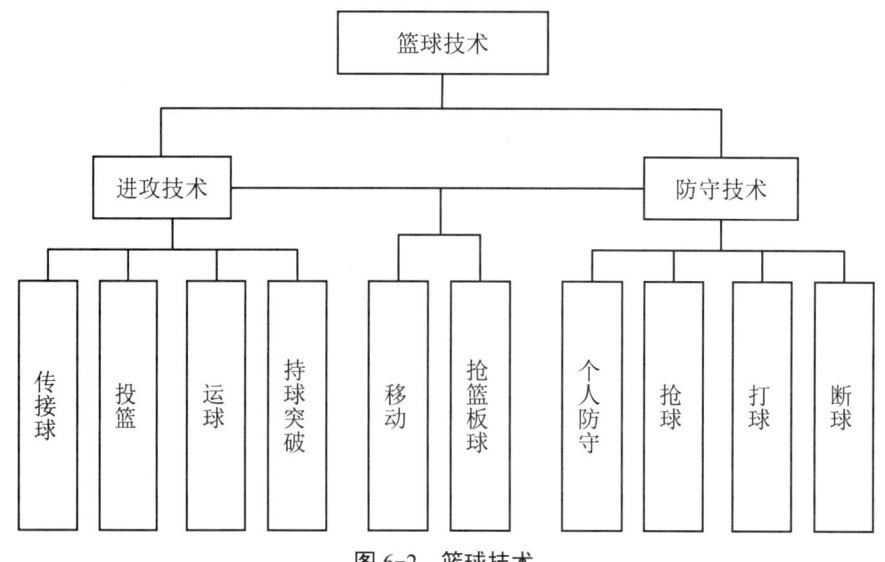

图 6-2　篮球技术

1. 投篮的基本技术分类

投篮技术较多，按照投篮手法分为单手投篮和双手投篮两大类，可以在原地、行进间和跳起在空中完成。

2. 投篮技术分析

一个完整的投篮过程应由投篮的准备动作、投篮动作和结束动作构成，包括持球、瞄准、出手、球的空中飞行和旋转几个基本要素（见图6-3）。

图 6-3　投篮过程

（1）投篮的持球方法。持球是投篮前的准备工作，是完成投篮的前提，正确的持球方法有利于投篮动作的完成。持球分单手和双手两种，都要求五指自然分开，增加触球面积，指根以上部位触球，掌心空出。

（2）投篮的瞄准点。瞄准点是投篮注视的目标。根据目标测定投篮出手角度、用力大小等因素。在球场任何地方空心投篮，一般要瞄准篮圈前沿正中点；

碰板投篮则根据入射角等于反射角的基本原理，以篮板某一点为瞄准点。

（3）投篮的出手方法。投篮的出手方法是投篮时球最后离开手的动作，是投篮技术的关键。出手动作包括出手手法和全身协调用力，其发力顺序为下肢蹬地、身体伸展、手臂伸出、手腕前屈和手指拨球。

（4）投篮的抛物线。抛物线是球出手后在空中飞行的路线。应根据不同的投篮距离选用高、中、低不同的弧度。一般来说，中弧线是较适宜的投篮弧线。

（5）球的旋转。球的旋转会影响投篮的准确性，适宜的旋转可排除空气阻力的干扰，使球平稳飞行。一般的投篮，球应沿横轴向后旋转；低手投篮时，球向前旋转；侧面碰板投篮时，应使球适当侧旋。

完整的投篮技术是在上述各要素的相互作用下完成的。只有将各要素相互协调，才能取得较好的投篮效果。

二、运球

持球队员在原地或移动中，用手连续按拍使球借助地面反弹起来的动作叫运球。运球是篮球比赛中个人进攻的重要技术，是控制球、支配球、组织战术配合及突破防守的重要手段。

1. 运球的基本技术分类

运球包括原地运球和行进间运球两类。原地运球包括高运球、低运球。行进间运球包括高低运球、运球急停急起、体前变向换手运球和体前变向不换手运球等。

2. 运球技术分析

运球技术动作由身体姿势、手按拍球的动作、脚步动作的合理运用3个环节组成。运球技术的关键就是运球队员对球的控制能力、支配能力、脚步动作的熟练程度以及手、脚、躯干的协调配合。运球主要靠手指、手腕对球进行控制与支配。运球时，五指自然张开，掌心空出。用手指和指根以上部位控制球，以肩为轴，上臂带动小臂，最后作用于手腕，手指用力向下按拍球，并随球有迎送球动作。运球方向和速度的不同，要求按拍球的部位和力量也不同。运球时球的落点要有利于自己控制球和保护球。另外，要注意控制身体重心，保持运球手臂和脚步动作的协调（见图6-4）。

图6-4 运球

三、传接球

传接球是篮球比赛中进攻队员有目的地转移球的方法，是进攻队员之间相互联系和组织进攻的纽带,是实现战术配合的桥梁。传接球技术质量的好坏,决定着战术配合的效果和进攻质量。

1. 传接球基本技术分类

传球技术分双手传球和单手传球两类。双手传球包括胸前传球、头上传球、低手传球和反手传球。单手传球包括肩上传球、胸前传球、体侧传球、低手传球、勾手传球和反弹传球等。接球技术也分为单手接球和双手接球两类。

2. 传接球技术分析

(1) 传球技术分析。传球前的技术动作和传球时的手法是传球技术的关键。持球分单手持球和双手持球两种。单手持球时,五指分开,翻腕,指根以上部位接触球。双手持球时,双手手指自然分开,拇指相对呈"八"字形,用指根以上部位持球侧后方,掌心空出。两肘自然弯曲于体侧,将球置于胸腹之间,身体成基本站立姿势,传球时,前臂在后腿蹬地、身体重心前移的同时迅速向传球方向伸出,拇指用力下压,手腕前屈,食、中指用力拨指传出(见图6-5)。

图 6-5 双手传球

所有的传球都是用手指完成,而不是用手掌。为控制球的速度、方向,手指应该尽可能地张开(但不能太僵硬),手腕要有弹性。传球时,根据球飞行的方向、速度和落点要求,确定用力大小和触球部位。

(2) 接球技术分析。接球时,应根据来球的路线、力量、速度和落点,肩背放松,手指分开,积极伸臂迎球;触球瞬间,手臂向后引球,缓冲来球力量;双手握球,身体护球。

四、个人防守

个人防守技术是防守队员为阻挠和破坏对手的进攻,合理运用脚步移动、手臂动作和身体姿势,积极抢占有利位置以达到控球目的而采用的各种专门动作。个人防守技术包括防守无球队员和防守有球队员两类。防守无球队员包括防原地摆脱、防横切、防纵切和防溜底线。防守有球队员包括防投篮、防突破、防运球和防传球。

防守技术主要由脚步动作和手臂动作等构成。脚步动作是个人防守技术的基础,一般情况下,多采用滑步配合其他脚步移动法。手臂动作主要表现在抢、打、断、封、拦截等动作。快速的脚步移动和合理的手臂动作是运用防守技术的关键。

五、其他技术

1. 持球突破

持球突破是持球队员合理运用脚步动作和运球技术快速超越防守队员的一项攻击性技术。根据其动作结构，持球突破又分为交叉步突破和顺步突破两种。

2. 移动

移动是各种攻防技术的基础，包括走、跑、跳、急停、转身、跨步和滑步等各种脚步动作。

3. 抢篮板球

抢篮板球是攻守双方争抢投篮未中的球，分为进攻篮板球和防守篮板球两种，包含观察判断、抢占位置、起跳和空中抢球 4 个技术环节。

第三节　篮球竞赛规则

一、篮球竞赛规则的含义

篮球竞赛规则是篮球竞赛的"法"。在竞赛规则约束下的"公正""公平"和"公开"竞争是组织和进行篮球竞赛活动的基本保证。篮球竞赛规则是促进篮球技战术不断创新的"指挥棒"，对保护篮球正确、合理的技战术和保持、控制篮球竞赛的攻守平衡，使篮球竞赛更加精彩起着重要的保证和促进作用。

高等学校的群众性篮球竞赛可根据参加竞赛的不同对象、不同水平和不同形式，采用被参赛各方所接受的简约规则、特殊规则等方法，使比赛更符合学生实际，更为精彩有趣，同时也更具吸引力。

二、篮球竞赛的基本规则

（一）违例部分

违例是违犯规则。罚则是将球判给对方队员在最靠近违例的地点从界外掷球入界，从而实现比赛的继续进行。

1. 队员出界和球出界

（1）队员出界。当队员身体的任何部分接触界线上或界线外的地面，或接触界线上、界线上方或界线外的除队员以外的任何物体时，即是队员出界。

（2）球出界。当球触及在界外的队员或任何其他人员，界线上、界线外的地面或界线上、界线上方或界线外的任何物体，如球触及篮架、篮板背面或篮板上方和篮板后面的任何物体，即为球出界。

2．带球走

当持活球的队员用同一脚向任何方向踏出一次或数次，另一脚保持着与地面的接触点旋转，这一脚称为中枢脚。带球走是持球队员的中枢脚不合法地移动而出现的持球移动违例。

3．非法运球

队员控制球后将球掷、拍或滚在地面上，在球触及另一队员之前再触及球为运球开始。队员用双手同时触及球或使球在单手或双手中停留的瞬间运球即结束，运球结束后不得再次运球。

4．拳击球和脚踢球违例

凡是用拳击球或故意用腿、膝以下的任何部位去击球或拦截球为违例。球偶然地接触到脚或腿，或脚或腿偶然地触及球都不是违例。故意踢或用腿的任何部分阻挡球，或用拳击球是违例。

5．球回后场违例

中线之后属于后场。一方队员在前场控制活球，该队的队员不得使球回后场。下列情况属于球进入某队的后场：球触及后场；球触及有部分身体接触后场的队员或裁判员。

6．掷界外球违例

掷界外球时，队员发生下列情况为违例：球离手后触及场内其他队员之前，在场内再次触及球；球离手前或离手时步入场地；球未离手的持球时间超过5秒；在端线掷界外球时，越过篮板掷球进场；从前场掷球给位于后场的同队队员；掷界外球，球离手后，在接触场上队员前触及界外，停留在篮圈、篮架上或进入球篮；掷界外球队员在球离手前从裁判员指定的地点横向移动超过1米，并向不止一个方向移动。

7．罚球违例

罚球队员不得做假动作罚球或在球触及篮圈前进入限制区，其他任何队员在球触及篮圈之前均不得进入限制区。发生违例后，如是罚球队员违例，罚中无效，其他任何队员违例则罚中有效。罚不中时，如对方队员违例，重罚1次；本方队员违例，即失去一次机会，由对方掷界外球继续比赛。

8．有关时间规则的违例

（1）3秒违例。某队在场上控制活球并且比赛计时钟正在运行时，该队队员不得在对方的限制区内停留超过持续的3秒钟。

（2）5秒违例。一名被严密防守的队员必须在5秒内传、投或运球。

（3）8秒违例。当队员在他的后场获得控制活球时，其所在的队伍必须在8秒钟内使球进入自己的前场。

（4）24秒违例。队员在场上获得控制活球时，其所在球队必须在24秒钟内尝试投篮。

（二）犯规部分

犯规是对规则的违反，含有与对方队员的身体接触或违反体育道德的举止。对犯规的队员要进行登记并随后按规则处罚。

1．技术犯规

任何故意的或一再的不合作，或不遵守规则精神，应被认为是技术犯规并相应地给予处罚。

（1）队员的技术犯规，是指所有不包含与对方队员身体接触的队员犯规。罚则是判给对方队1次罚球，以及随后在中场的球权。

（2）教练员、助理教练员、替补队员或随队人员不应无礼貌地与裁判员、技术代表、记录台人员或对方队员讲话或接触，一般情况下，他们仅被允许在球队席区域内。罚则是登记教练员一次技术犯规，判给对方队两次罚球，以及随后在中场的球权。

2．侵人犯规

在一场篮球比赛中，10名队员快速移动在一个有限的空间内，身体接触不可避免。队员不应通过伸展其手、臂、肘、肩、髋、腿、膝、脚或将其身体弯曲成"反常"的姿势（超出其圆柱体）来拉、挡、推、撞、绊对方队员以阻碍其行进，也不准做出任何粗野或猛烈的动作。

发生侵人犯规后，如被侵犯队员未做投篮动作，应由其本人或同队队员掷界外球继续比赛（犯规的队处于全队犯规处罚状态时，则判给两次罚球）。如果被侵犯的队员正在做投篮动作，如投中，得分有效，再判给1次罚球；如未中，则视其投篮地点判给2次或3次罚球。

3．违反体育道德的犯规

队员不是在规则的精神和意图的范围内合法地试图去直接抢球，发生的侵人犯规是违反体育道德的犯规。罚则是判给对方队2次或3次罚球以及随后中场的球权。

4．取消比赛资格的犯规

队员、替补队员、教练员、助理教练员或随队人员的任何恶劣的违反体育道德的行为是取消比赛资格的犯规。罚则是与违反体育道德的犯规判罚相同并判犯规者回到休息室或离开体育馆。

5．队员5次犯规

一名队员如果侵人犯规5次或技术犯规2次，应立即得到通知并必须离开比赛，在30秒内被替换。

6．全队犯规

在一节比赛中，某队任何队员的侵人犯规或技术犯规达4次时，该队处于全队犯规处罚状态，随后发生的对未做投篮动作队员的侵人犯规应被判2次罚球。

（三）半场3人篮球赛基本规则

半场3人篮球比赛除遵守国际篮球规则的精神，还应按照以下规则和裁判法操作：

（1）每队由4名队员组成，上场比赛队员3名，替补队员和教练各1名。

（2）每场比赛分上下半时，每半时10分钟，两半时中间休息5分钟，最后得分多者获胜或先达到规定得分的队获胜（规定得分可在22~30分）。

（3）在2×10分钟的比赛中，上下半时可各暂停1次（在规定得分的比赛中，每队只可以暂停1次）。

（4）比赛开始在罚球线两侧跳球，获球的队必须将球传（运）出三分投篮线以外再进攻。比赛中出现的所有跳球均在罚球线两侧进行。

（5）比赛中防守队员抢得篮板球或抢断球成功都必须将球传（运）出三分线外再进攻。

（6）投篮得分（含罚球得分）后，由原来进攻队的队员继续在中场圆弧线内掷球比赛，也可以交给对方队员掷球。

（7）球从端线出界，必须在限制区的端线两侧以外掷界外球。

（8）当比赛终了，双方最后得分相等时，采用足球罚点球的形式，谁先罚球应由两队抛硬币决定。

（9）队员全场犯规累计达4次者，裁判员应该取消其本场比赛资格。

（10）因为两队是在同一半场比赛，裁判员的判罚结果必须用口语表达清楚，如"白队3秒违例，红队掷球"。

（11）一般情况下，比赛可由1名裁判员担任。这时，裁判员的观察应做到全面、准确，裁判员的位置选择应以球为主，随球移动。

（12）重要的比赛也可采用两名裁判员执法，裁判员的分工配合基本同正式的篮球比赛。

三、篮球裁判员的基本要求

篮球裁判员是篮球竞赛场上的"执法官"。裁判员通过公正、公平地执行竞赛规则保护双方的合法权益，保护篮球运动倡导的合理的技术和战术，反对并处罚不合理的、不符合篮球运动发展方向的技术、战术和行为，以保证篮球运动向健康的方向发展。篮球裁判员又是篮球竞赛活动的组织者，他们组织竞赛双方按照规则的要求（基层裁判员在必要时可以组织竞赛双方制定特定规则）进行篮球竞赛活动。

（一）了解篮球运动

篮球运动是游戏，是竞赛，又是一种锻炼身体的方法。了解篮球运动的起源、发展、特点、作用、现状和发展趋势以及篮球运动与篮球竞赛规则之间的关系，不仅能帮助裁判员对这项运动有一个较全面的认识和理解，也能使裁判员真正理解裁判工作的意义所在。

第六章 篮球运动

（二）了解规则精神

篮球竞赛规则随着篮球运动的发展而发展，已形成较完整的规则体系，其文字精练详细，了解每一条规则的理论内容并与赛场上的实际结合起来非常重要。

篮球竞赛规则的演变与篮球运动发展的阶段有关，裁判员应了解篮球规则对篮球运动发展的影响。篮球裁判员不仅要熟悉规则，更要理解规则、研究和掌握规则的精神和意图。

（三）掌握裁判的原则和方法

（1）篮球裁判工作的基本原则。

1）贯彻规则精神和意图。如宣判队员 8 秒违例是倡导和要求一种较快的进攻速度。

2）运用有利或无利原则。有时不宣判某防守队员的犯规反而有利于被侵犯队员进攻或得分。

3）保证控制比赛和比赛流畅。在保证控制比赛的基础上，应使比赛流畅进行，不至于因为宣判过多而干扰比赛。

4）保证尺度的一致性。不管比赛进行到什么阶段，或者外界压力有多大，努力以相同的尺度宣判同一场比赛。

（2）篮球裁判方法。掌握一定的篮球竞赛裁判方法是裁判员临场执法的必备条件。篮球裁判根据竞赛特点可按时间分为比赛前、比赛中和比赛结束等几部分工作；按工作内容分为对投篮情况、球出界情况、违例和犯规情况、罚球情况、暂停和替换情况等进行处理等工作；按裁判员的分工与协作又分为裁判员的责任与移动、手势与宣判程序等。

一个初学者要想比较快地获得裁判工作的基本能力，首先，应对裁判员的责任、分工、移动有明确的认识。其次，对比赛中常见的违例和犯规有一定的鉴别能力并敢于做出宣判。再次，具有协作精神并能虚心地向同伴学习。

具有一定水平的篮球裁判员（如等级裁判）应该具备一定的职业化风度，这体现在以下几方面：对规则比较全面和深刻的认识；裁判方法娴熟；了解并能处理好各个工作细节；协作能力强；对工作严肃、认真、公正、准确；具备控制各种局面的能力。

（四）其他要求

（1）品德。"公正与公平"是对篮球裁判员最基本的要求，对此要求，裁判员必须是坚定、明确和不动摇的。

（2）心理状态与调节能力。裁判员的心理状态应该比较稳定并具有在各种复杂局面下的心理调节能力，以准备应付各种不测事件和控制比赛。

（3）身体。具有良好的身体状态，以保证裁判员在工作中较快地抢占到有利位置，进行准确的宣判。

第七章 足球运动

第一节 足球运动概述

足球是以脚为主支配球的一项球类运动,两个队攻守对抗,争夺激烈,是富于战斗性的一项体育项目。现代足球是世界上开展最广泛、影响最大的运动项目之一,被誉为"世界第一运动""运动之王"。

1863年10月26日,英国11个足球俱乐部的代表在伦敦举行会议,成立了第一个足球运动组织——英格兰足球协会。当天也被世界公认为现代足球运动的诞生日。1904年5月21日,法国、比利时、西班牙、荷兰、丹麦、瑞典、瑞士7国的足球协会的代表在巴黎举行会议,成立了国际性的足球组织——国际足球协会联合会,简称国际足联(Fédération Internationale de Football Association,FIFA)。

由于历史、文化等多种因素的共同作用,足球运功产生了不同的流派。目前国际足联公认的流派有:欧洲派,代表国家有德国、英格兰;南美派,代表国家有巴西、阿根廷;欧洲拉丁派,代表国家有法国、意大利。

国际重要足球赛事主要是指具有一定影响力的国际足球赛事和影响力较大的各国足球联赛。国际足球赛事,通常指由国际足联或各大洲足联举办或认可的不同国家代表队参赛的足球赛事,国家队层面的国际足球赛事主要有国际足联世界杯、欧洲足球锦标赛、欧洲国家联赛、美洲杯、亚洲杯、非洲国家杯、中北美洲及加勒比海地区金杯赛、大洋洲国家杯、国际足球友谊赛、奥运会足球赛等。而具有代表性的国家足球联赛,主要有英超联赛、西甲联赛、德甲联赛、意甲联赛及法甲联赛。

第二节 足球基本技术

一、颠球

颠球是学习足球运动的一把金钥匙,是初学者熟悉球性、提高兴趣、发展身体的协调性、提高对球的反应能力、学习和掌握其他基本技术的基础。在健身运动中,颠球也是一种很好的娱乐和锻炼方法。

(一)颠球的部位与技术要领

颠球一般有正脚背颠球、脚内侧颠球、脚外侧颠球、大腿颠球、头部颠球、肩部颠球、胸部颠球,约触及身体12个部位。本节重点介绍前4种。

第七章 足球运动

1．正脚背颠球

从挑球开始，球放在脚前 30 厘米处，用脚向后轻拉球，当球的中心部位滚过脚趾时，立即向上挑起，颠球就开始了。颠球时必须触及球的底部。当颠球的高度在膝关节以下时，膝、踝关节要适当放松，并柔和地向前上方甩动小腿，脚尖稍翘起，将球颠起（见图 7-1）。

图 7-1　正脚背颠球

2．脚内侧颠球

支撑腿膝关节微屈，身体重心在支撑脚上。当球落至膝关节高度时，颠球腿屈膝盘腿，脚内侧向上摆，脚内翻，轻击球的底部将球颠起，全身放松（见图 7-2）。

图 7-2　脚内侧颠球

3．脚外侧颠球

支撑腿膝关节微屈，身体重心在支撑脚上。当球落至膝关节高度时，颠球腿屈膝内扣，腿外侧向上摆，脚外翻，轻击球的底部，将球颠起，全身放松（见图 7-3）。

图 7-3　脚外侧颠球

4．大腿颠球

支撑腿膝关节微屈，身体重心在支撑脚上。当球落至髋关节高度时，颠球的大腿屈膝上摆，摆至水平状态时，轻击球的底部，将球颠起，全身放松（见图 7-4）。

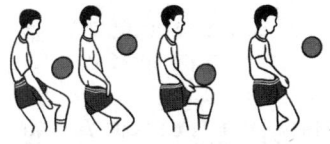

图 7-4　大腿颠球

初学者应以正脚背颠球练习为主。选项课的学生，以正脚背和大腿交替颠球练习为主。专项课的学生，以多部位交替颠球练习为主，逐渐发展到 12 个部位颠球。颠球练习，不要单纯追求数量，应注意提高对球的方向、高度、旋转的控制能力的培养。

二、踢球

踢球是足球基本技术中最主要的技术之一。根据脚与球接触部位不同而分为脚内侧、正脚背、脚背内侧、脚背外侧踢球，另外还有足尖、脚跟踢球等。不管哪种踢球都是由助跑、支持脚的位置、踢球腿的摆动、脚与球接触的部位、踢球后维持身体的平衡5个方面组成的。脚与球的接触部位是决定踢球质量的关键因素。

（一）踢球技术动作

1. 脚内侧踢球

脚内侧接触面积大，出球平稳准确。常用于短传和射门，以及二过一的战术配合。

动作要领：踢球时，支持脚踏在球的侧后方15厘米左右，膝部微屈，踢球脚稍向后提起，膝关节外转，脚尖稍翘起，前摆时小腿加速，脚掌与地面平行，脚腕用力，用脚内侧（踝骨下面，跟骨前面）的部位踢球的后中部（见图7-5）。

向左传球时（以右脚为传球脚，下同），传球脚内侧正对出球方向，由右向左侧摆，用推送或敲击的动作将球传出。向右传球时，以支持脚前脚掌为轴，上体向右扭转，使脚内侧正对出球方向推送球。空中球直接传球时，大腿在踢球前先抬起，小腿拖在后面，脚内侧正对出球方向，利用小腿摆动平敲球的中部。如要踢出低球或高球，可踢球的中上部或中下部。

易犯错误：

（1）踢球脚的膝盖外转不够，脚尖没翘起，脚太放松，触球部位不准。

（2）动作紧张，直腿扫踢球，没用小腿加速前摆踢球。

图7-5 脚内侧踢球

2. 正脚背踢球

（1）正脚背踢球。因腿的摆动与髋、膝关节的结构相适应，便于加大摆幅和摆动速度，动作自然顺畅，脚与球接触面积也大，踢出的球准确有力。常用于中、远距离传球、射门等。

动作要领：正面助跑，最后一步稍大并要积极着地，支撑脚踏在球侧10~15

厘米处，脚尖对准出球方向。踢球腿后摆放松，前摆时大腿带动小腿，当膝盖摆正至接近球的正上方的刹那，小腿加速前摆，脚面绷直，脚趾扣紧，用脚背击球的后中部，踢球腿提膝随球前摆（见图7-6）。

图7-6　正脚背踢球

易犯错误：踢球腿前摆时，小腿过早加速用力，容易造成脚尖踢地；踢球时脚背没有绷直，膝盖没在球的上方，上体后仰，将球踢高；踢球时怕脚触地，不敢绷脚面，造成不能用脚面击球，击球无力。

（2）正脚背踢反弹球。正脚背踢反弹球是足球运动的基本技术动作之一，在比赛中具有较强的实用价值。

动作要领：判断好来球落点，支撑脚踏在落球点的侧面，当球将要落地时，踢球脚小腿急速前摆，在球刚反弹离地时，踢球的后中部（见图7-7）。

易犯错误：判断球的落点不准确，支撑脚位置不当；踢球时，踢球脚的膝盖没有在球的上方；不是在刚刚反弹时踢球，击球时间过晚。

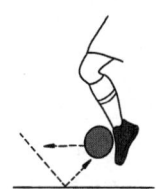

图7-7　正脚背踢反弹球

3．内脚背踢球

内脚背踢球腿的摆幅较大，出球有力，由于脚与球接触的面积大，适合于中长距离的传球与射门。

动作要领：斜线助跑，身体与球成45度，支持脚落在球的侧后方（踢平直球要踏在球的侧方）距球约25~30厘米处，足尖指向出球方向。在支持脚着地的同时，踢球脚以膝关节为轴，大腿带动小腿由后向前摆。当身体转向出球方向，膝关节摆至接近球的内侧上方的刹那，小腿加速前摆，脚面绷直，脚跟提起，用脚背内侧击球的后中部。出球后，踢球腿顺势前摆，两臂自然摆动（见图7-8）。

图7-8　内脚背踢球

易犯错误：助跑方向与球角度不当，支持脚足尖没有指向出球方向，出球不准；支撑脚膝关节过于弯曲，踢球脚前摆时划弧，成扫球动作。

4．外脚背踢球

外脚背踢球能充分利用脚腕的动作和力量，隐蔽性强，对方不易判断出球方向。常用于中、近距离传球，射门和二过一战术配合。

动作要领：基本上与正脚背踢球相同，只是踢球脚的膝关节和脚尖内转，脚面绷直，脚趾扣紧，以脚背外侧触球。踢弧线旋转球时，支撑脚踏在球侧约20厘米处，身体稍向支撑脚一侧倾斜，踢球的侧后方，踝关节紧绷，用力切削球。踢球后，腿向侧上方摆出，以加大旋转力量（见图7-9）。

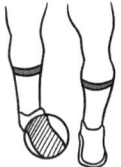

图7-9 外脚背踢球

易犯错误：踢球时脚尖没有内收，造成不能用脚背外侧踢球；踢球时脚背绷得不直，脚腕无力，造成出球无力；向侧面摆腿，触球部位偏侧，面积小，造成球旋转而出球无力。

（二）踢球教与学提示

重点加强支撑脚、摆腿、触球部位、脚的练习。要循序渐进。首先要求动作准确，然后再逐步要求增加力量和距离的练习。正脚背踢球，可采用"逆式教学"，即先学踢半空球、反弹球、迎面滚来的球，最后学定位球。

（三）踢球的练习方法

1．个人练习

（1）颠球。用正脚背、脚内侧、脚背外侧颠球，能够有效地提高"脚感"（脚的部位感觉和触球部位的感觉），有利于踢球技术的掌握。

（2）模仿踢球动作练习。体会动作要领，重点是支撑脚取位、摆动腿和身体协调动作。

（3）对板墙，距离3~5米，做各种踢球练习。

2．集体练习

（1）2人1组，1人用脚掌着球，1人做轻踢球练习。体会动作及触球部位。

（2）2人或2队1组，相距10~15米，对踢定位球。进一步体会动作要领和触球部位。

（3）2人或2队1组，相距10~15米，踢迎面轻滚过来或抛来的球。

（4）3人1组，三角传球，先做停球后再传球，再做不停球直接传球；先做原地的,再做跑动中的。

(5) 2 人 1 组 6~8 米跑动中的传球练习。

(6) 3 人 1 组 20 米左右跑动中传球练习。

(7) "斗牛"游戏:几个人围成圈传球。1 人或 2 人在中间抢球,只要触到球或传接球失误,双方即换位置。游戏中可规定某种踢球动作和触球次数。

(8) 2~3 人 1 组的传球练习都可以结合射门进行练习。

三、停球

停球就是利用身体的合理部位把运行中的球停在所需要的控制范围的动作,是泄力原理的应用。准确地判断来球、触球的部位和触球瞬间的泄力动作(后撤或下撤)是停球技术的关键。

(一)停球技术动作

1. 脚内侧停球

动作要领:脚内侧停球触球的面积大,易停稳,便于改变方向和衔接下一个动作。

(1)停地滚球时,支撑脚膝关节微屈,停球脚正对来球,小腿放松。当球滚到身体下方时,触球的中部;若来球力量较大时,停球脚随球后撤,把球停好(见图 7-10)。

图 7-10 脚内侧停球

(2)停反弹球时,支撑脚踏在球落点的侧前方。接触球时,停球脚小腿与地面成 45 度,小腿放松,当球刚落地反弹离地时,用脚内侧压推球的后上部,把球停在身前。需要注意判断来球的落点,调整好支撑腿的位置,注意停球脚小腿与地面的角度,避免漏球。

(3)停空中球时,停球腿大腿高抬,膝关节外转,停球脚前迎以脚内侧对准来球,脚触球刹那,小腿放松,顺势向后下撤,将球停好。

易犯错误:停球脚离地面过高,造成漏球;后撤动作过早或过晚,使球碰脚弹出。

2. 正脚背停球

正脚背便于在快速奔跑中停球,同时也便于连接下一个动作,在停高空下落球时多采用。

动作要领:面对来球,支撑脚立于停球点侧后方,膝关节微屈。停球脚小腿前伸,以脚背对准正在下落即将触地的球,使球砸在放松的脚面上,即可将球停住（见图7-11）。

图7-11　正脚背停球

易犯错误：

（1）球的落点判断不准，球落不到脚面上。

（2）停球脚紧张，放松不够。

3．脚外侧停球

脚外侧停球常与假动作结合起来做，具有隐蔽性，但重心移动较大。

动作要领：停正面来的地滚球，停球脚稍提起，膝关节和脚内转，以脚外侧正对来球，在支撑脚的前侧接触球的侧后方部位，触球时向停球脚一侧轻拨，把球停在侧方或侧后方。

易犯错误：

（1）身体重心移动慢，造成不能以脚外侧正对来球。

（2）停球脚压在球的上方。

4．大腿停球

大腿停球是用大腿的股四头肌的部位触球，面积大，停球稳、准，动作较为简单，容易掌握，停空中下落的球时多采用这种方法。

动作要领：判断好球的落点，支撑脚立在停球点的侧后方。停球时，大腿高抬，小腿自然下垂，以大腿停球的部位对准来球，触球一刹那，大腿肌肉放松，并顺势向后下撤，把球停在体前（见图7-12）。

图7-12　大腿停球

易犯错误：大腿提起迎球动作不够，做下撤动作时肌肉紧张。

5．胸部停球

胸部停球是用胸大肌之间的部位触球。触球面积大，位置高，停球稳，用途广。一般停空中下落球时多用挺胸方法。

动作要领：正对来球，两腿微屈，上体稍后仰，身体重心放在后脚或两脚之间。当球与胸接触一刹那，吸气，两脚蹬地，胸部迎球上挺，触球的后中下部，使球微微弹起,把球停在体前(见图 7-13)。

易犯错误:身体后仰不够,挺胸动作与脚蹬地动作不协调。

图 7-13 胸部停球

(二)停球教与学提示

以停球动作、触球部位和泄力动作为重点;培养学生迎球、停球和停球前观察场上情况的习惯。

(三)停球的练习方法

(1)个人练习颠球,最后一下颠过头顶,做停球练习。

(2)自己慢跑中,向前上方抛球,做停球练习;做组合停球练习,如大腿停球,再接着做一只脚内侧停反弹球练习。

(3)2人1组,相距6~8米。原地稍作移动,停对面抛来的地滚球、平球、高球、反弹球。

(4)2人1组传接球,停迎面地滚球、平球、高球、反弹球。距离由近到远逐步增加。

(5)结合各种踢球练习做停球练习。

四、运球

运球是运动员在跑动中,有目的地连续用脚推拨球的动作,使球处于自己的控制之下,寻找传球、突破、射门的机会。一般常用外脚背和脚内侧运球。

(一)运球的技术动作

1. 脚外侧运球

用脚外侧运球,便于快速奔跑和改变方向,十分灵活。

动作要领:运球时,身体放松自然,跑动中运球脚提起,脚尖稍向内转,踝关节放松,在向前迈步将要落地前,用外脚背推拨球的后中部(见图 7-14)。在做改变方向的运球时,如向右运球时,支撑脚在球的左侧后方,身体向右侧倾转,以运球脚去推拨球的左侧。

图 7-14 脚外侧运球

易犯错误：

（1）身体重心高，做变向运球时，身体倾转不够。

（2）运球脚不能正确地推拨球，而是踢，使球离身体太远，失去控制。

2．脚内侧运球

当接近防守队员、要用身体掩护球时，多采用脚内侧运球。

动作要领：右（左）脚运球时，左（右）脚向前跨出一步，在球的前侧方落地，膝微屈，身体重心随着向前移动，上体前倾并稍向右转（见图7-15）。

在变向运球时，常用两种办法，即用右脚内侧做直线运球时需要左侧运球，用右脚背内侧扣拨球的前侧方；用左脚外脚背向左拨球，使球改向左侧，接着再用左脚脚内侧运球。

易犯错误：脚踝太紧张，触球时不是用推拨的动作而是踢，造成追球。

图 7-15　脚内侧运球

（二）运球教与学提示

运球教学的重点，应放在运控球上，提高对球的控制能力，以满足大学生们日常小场地比赛的需要，激发他们学习的欲望。例如，学习运球过人以及战术配合等。

（三）运控球的练习方法

（1）慢跑中，交替用两脚的内侧做直线运球，主要体会推拨球的动作。

（2）原地用脚内侧连续做横拨球，加转身180度，做连续横拨球练习。

（3）用两脚的内侧，做1步节拍的（一左一右）向斜前方运球。做2步节拍的向斜前方运球。注意身体重心的移动。

（4）动作同练习（1），但要做出一侧慢、一侧快的节奏来。做2步节拍快动作时，第1节拍推拨球后，运球脚不要落地，立即完成第2节拍的推拨球动作。

（5）用两脚的脚背外侧，做1步节拍的向斜前方运球。注意换脚时，运球脚先向外侧跨一步再换脚。做2步节拍时向斜前方运球。注意身体重心的快速移动。

（6）动作同练习（5），但要做出一侧慢、一侧快的节奏来。做2步节拍快动作时，第1节拍推拨球后，运球脚不要落地，立即完成第2节拍的推拨球动作。

（7）用一只脚的脚内侧、脚背外侧，连续做向里推、向外拨球的动作。再做出一侧慢、一侧快的节奏来。

（8）同练习（1）～（7），增加1名消极防守者进行练习。结合射门进行练习。

（9）在较小的区域内，多人进行随意运球。要抬头看人，人球兼顾，注意观察。

（10）结合运球、传球，做3对3或5对5的控制球练习。

第三节 足球竞赛规则

《足球竞赛规则》是为进行足球比赛而制定的统一规范和准则，是关于比赛办法及运动员行为的规范，也是教练员指导比赛的依据、裁判员执法的准则。

一、竞赛通则

（一）比赛场地

（1）场地面积：比赛场地应为长方形，其长度不得多于120米或少于90米，宽度不得多于90米或少于45米（国际比赛的场地长度不得多于110米或少于100米，宽度不得多于75米或少于64米）。在任何情况下，长度必须超过宽度。

（2）球门区：在比赛场地两端距球门柱内侧5.50米处的球门线上，向场内各画一条长5.50米与球门线垂直的线，一端与球门线相接，另一端画一条连接线与球门线平行，这3条线与球门线范围内的区域叫球门区。

（3）罚球区：在比赛场地两端距球门柱内侧16.50米处的球门线上，向场内各画一条长16.50米与球门线垂直的线，一端与球门线相接，另一端画一条连接线与球门线平行，这3条线与球门线范围内的区域叫罚球区。在两球门线中点垂直向场内量11米处各做一个清晰的标记，叫罚球点。以罚球点为圆心，以9.15米为半径，在罚球区外画一段弧线，叫罚球弧。

（4）角球区：以边线和球门线交叉点为圆心，以1米为半径，向场内各画一段四分之一的圆弧，这个弧内区域叫角球区。

（5）球门：球门应设在每条球门线的中央，由两根相距7.32米、与两面角旗点相等距离的直立门柱与一根下沿离地面2.44米的横梁组成。

（二）队员人数

（1）一场比赛应有两队参加，每队应为7~11人，其中1人必须为守门员。

（2）正式比赛的提名替补队员为7人，但最多可以替换3人，位置不限。被替换下场的队员不可以在本场比赛中重新参赛。

（3）场上队员与守门员互换位置前要通知裁判员，在死球时互换，服装颜色必须符合规定；场下替补队员替换时，也应通知裁判员，在死球时从中线处，先下后上进行替换。

（4）开赛前被罚令出场的队员，可以由替补队员替补，且不算一次换人，但不得再增加替补队员名额。比赛开始后（包括死球时或中场休息）被罚令出场的队员，不得被替补。凡被提名的替补队员无论何时被罚令出场，均不得替换。

（5）罚球点球决胜负时，除守门员受伤可以由未使用过的替补队员替补外，一律不得替换。

（三）队员装备

（1）同队队员的服装（包括上衣、短裤和护袜）颜色必须一致，并与对方队有明显区别，上场队员必须戴有护腿板。守门员的服装颜色必须与双方其他队员和裁判员有明显区别。队员服装穿戴应整齐，上衣放入短裤内。遇天气寒冷时，守门员可穿长裤，裤管须塞在护袜内。

（2）如发现队员戴有可能伤害其他队员的物品时，应令其摘掉，否则不得参加比赛。

（3）正式比赛应穿足球鞋。比赛中，裁判员不允许个别队员脱掉足球鞋，以防队员受伤。

（4）裁判员在比赛前必须检查队员装备（尤其鞋钉）。

（5）比赛开始前，裁判员指令个别队员整理装备时，不能因此而延误开球时间。出场整理装备的队员，须待死球时，经裁判员检查许可后方能入场。若该队员擅自入场，并因此而暂停比赛，则应警告该队员，并由对方在比赛暂停时球的所在地点罚间接任意球恢复比赛。

（6）队员上衣背后、前胸和短裤前方（含守门员长裤前方）均应有号码，并须符合规程规定。号码颜色应与上衣、短裤颜色有显著区别。队长须戴袖标。

（四）比赛时间

比赛时间应分为两个相等的半场，每半场 45 分钟。特殊情况双方同意另定除外，并按下列规定执行。

（1）在每半场中由于替补、处理伤员、延误时间及其他原因损失的时间均应补足，这段时间的多少由裁判员决定。

（2）在每半场时间终了时或全场比赛结束后，如执行罚球点球，则应延长时间至罚完为止。

除经裁判员同意外，上、下半场之间的休息时间不得超过 5 分钟。

（五）比赛开始

（1）比赛开始前，应用投币方式选定开球或场地，先挑的一方应有开球或场地的选择权。比赛应在裁判员发出信号后，由开球队的一名队员将球踢入（即踢动放在比赛场地中央的球）对方半场开始。在球被踢出前，每个队员都应在本方半场内，开球队的对方队员还应当保持距球不少于 9.15 米。球被踢出后，须滚动到它自己的圆周距离时，才认为比赛开始，开球队员在球经其他队员触或踢及前不得再次触球。

（2）在进 1 球后，应由负方一名队员以同样方式，重新开球继续比赛。

（3）下半场开始时，两队应互换场地，并由上半场开球队的对方开球。

（六）比赛进行及死球

（1）比赛进行。球从球门柱、横木或角旗杆弹回场内，球从场上的裁判员或巡边员身上弹落于场内，场上队员犯规而裁判员并未判罚，均视为比赛进行。

（2）死球。当球不论在地面或空中全部越过球门线或边线时、当比赛已被裁判员停止时均为死球。

（七）计胜方法

除规则另有规定外，凡球的整体从门柱间及横木下越过球门线，而并非攻方队员用手掷入、带入，故意用手或臂推入球门（守门员在本方罚球区内除外），均为攻方胜一球。在比赛中，胜球较多的一队为得胜队，如双方均未胜球或胜球数目相等，则这场比赛应为"平局"。

二、犯规及判罚

（一）犯规与不正当行为

（1）踢或企图踢对方队员。

（2）绊摔对方队员，即在对方身后或身前，伸腿或屈体绊摔或企图绊摔对方。

（3）跳向对方队员。

（4）猛烈地或带有危险性地冲撞对方队员。

（5）除对方正在阻挡外，从背后冲撞对方队员。

（6）企图打对方队员或向对方吐唾沫。

（7）拉扯对方队员。

（8）推对方队员。

（9）用手触球，例如：用手或臂部携带、推击球（守门员在本方罚球区内除外）。

以上情况都应判由对方在犯规地点踢直接任意球。如犯规地点在对方球门区内，该任意球可以在球门区内任何地点执行。

如果守方队员在本方罚球区内故意违反上述9项中的任何一项者，应判罚球点球。

在比赛进行中，如守方队员在本方罚球区内故意违反上述9项中任何一项时，则不论当时球在什么位置，都应判罚球点球。

（二）越位

（1）凡进攻队员较球更接近于对方球门线者，即为处于越位位置。下列情况除外：该队员在本方半场内；至少有对方队员两人比该队员更接近于对方的球门线。

（2）当队员踢或触及球的一瞬间，同队队员处于越位位置时，裁判员认为该队员有下列行为，则应判为越位：正在干扰比赛或干扰对方；企图从越位位置获得利益。

（3）下列情况，队员不应被判为越位：队员仅仅处在越位位置；队员直接接得球门球、角球或界外掷球。

（4）队员被判罚越位，裁判员应判由对方队员在越位地点踢间接任意球。如果该队员在对方球门区内越位，那么这个任意球可以在越位时所在球门区内任何地点执行。

（三）任意球

任意球分两种：直接任意球（这个球可以直接射入犯规队球门得分）及间接任意球（踢球队员不得直接射门得分，除非球在进入球门以前曾被其他队员踢或触及）。

队员在本方罚球区内踢直接或间接任意球时，在球被踢出罚球区前，所有对方队员都应站在该罚球区外，并须至少距球9.15米。当球滚至球的圆周距离，并滚出罚球区后比赛即为恢复。守门员不得将球接入手中后再踢出进入比赛，如球未被直接踢出罚球区，则应令重踢。

队员在本方罚球区外踢直接或间接任意球时，所有对方队员在球被踢出前应至少距球9.15米，除非他们已站在自己的球门线上。当球滚动至球的圆周距离时，比赛即为恢复。

如果对方队员在任意球踢出前，进入罚球区或距球少于9.15米，裁判员应令其退到规定的位置后，方可执行罚球。

踢任意球时，须将球放定。踢任意球的队员将球踢出后，在球经其他队员踢或触及前，不得再次触球。

（四）罚球点球

罚球点球应从罚球点上踢出，必须明确主罚队员。踢球时除主罚队员和对方守门员外，其他队员均应在该罚球区外及比赛场内，并至少距罚球点9.15米。对方守门员在球被踢出前，必须站在两门柱间的球门线上（两脚不能动）。主罚队员必须将球向前踢出，在其他队员踢或触及前不得再次触球。当球滚动至球的圆周距离时，比赛即为恢复。罚球点球可直接射门得分。当比赛进行中执行罚球点球，以及在上半场准全场比赛终了而延长时间执行或重踢罚球点球时，如踢出的球触及任何一个门柱或两个门柱，或触及横木，或触及守门员，或连续触及门柱、横木或守门员而进入球门，只要没有犯规现象发生，均应判为胜1球。

（五）掷界外球

当球的整体在地面或空中越出边线时，应由出界前最后触球队员的对方队员，在球出界处掷向场内任何方向。掷球时，掷球队员必须面向球场，两脚均应有一部分站立在边线上或边线外，不得全部离地，用双手将球从头后经头顶掷入场内。球一进场内比赛立即恢复。掷球队员在球被其他队员踢或触及前，不得再次触球。所有对方队员距掷球者所在边线的掷球点不得少于2米。掷界外球不得直接掷入球门得分。

第八章 排球运动

第一节 排球运动概述

排球运动是由两队在长18米、宽9米，中间用网隔开的场地上，运用发球、垫球、传球、扣球、拦网等攻防技术，将球击入对方场区而不使球落在本方场区的一种球类运动。

1895年，美国马萨诸塞州霍利奥克城基督教青年会的干事威廉·摩根发明了一种新的游戏。他在室内网球场上，把参加游戏的人分成两队，用篮球内"胆"当球隔着球网拍来拍去，力争不使球落在自己的场区内，这种游戏经过不断发展，最终演变成了现代排球运动。后来，斯普林菲尔德市立学校的艾·特哈尔斯戴博士将这种游戏命名为volleyball，意即"空中飞球"。排球运动于1900年传入亚洲，先后经历了16人制、12人制和9人制，最后统一为国际上通行的6人制。1917年，排球运动传入欧洲，并形成一项竞赛运动，多采用6人制，它在前苏联、法国等国家开展十分广泛。排球运动采用16人制时，人们根据双方排成队进行较量的阵型，形象地称它为"排球""队球"，1930年才统一称作"排球"，并沿用至今。

1947年4月，国际排球联合会（简称"国际排联"）在法国巴黎正式成立。国际排联举办的世界排球锦标赛和世界杯排球赛，以及奥运会排球赛是当今世界排坛最重要的三大赛事，每4年举行一次。这使排球运动在世界上广泛开展，其技术、水平得到飞速发展。排球比赛的激烈角逐和高水平竞争，得到人们的广泛关注和喜爱。

1905年，排球运动传入我国，开始时采用16人制，1919年改为12人制，1927年改为9人制，1950年后逐渐形成为6人制。

当今，世界排球运动正向着职业化、商业化方向发展，技术和战术也向全面、高度、快速、多变方向发展，规则则向有利于攻防平衡方向发展，排球教学、训练向多学科综合运用和科学化方向发展。

排球运动是便于开展、易于锻炼的运动项目，不受年龄、性别的限制，既可竞技，又可娱乐身心、丰富业余文化生活。它是"弹跳运动"和"速度运动"的组合，经常参加，可以增强人的呼吸、血液循环等系统的机能，提高人体的力量、速度、灵敏度、耐力、弹跳、柔韧性，有利于培养机智果断、勇敢顽强的拼搏精神和团结协作、密切配合的集体主义思想。

20世纪90年代以来，竞技排球朝着职业化、商业化和大众化的方向发展。职业化是排球运动的发展趋势，高额奖金使比赛更加精彩，而紧张激烈的对抗更能吸引观众，能创造更大的经济效益。职业化和俱乐部制度吸引了大批优秀选手投身于竞技排球，大大提高了排球比赛的激烈精彩程度，提高了排球运动的吸引力。传播媒体的介入,促使排球运动商业化趋势日益加强。娱乐排球的盛行,使排球运动发展成为世界上最主要的运动项目之一。排球运动的竞赛形式越来越多样化,大众化趋势日益明显。

第二节 排球基本技术

一、准备姿势和移动

（一）准备姿势

为了便于完成各种技术动作而采取合理的身体姿势称为准备姿势。合理的准备姿势是指要使身体重心处于相对稳定的状态,又要便于移动和完成各种击球动作,为迅速起动、快速移动及击球创造最好的条件。按照身体重心的高低,准备姿势可分为半蹲准备姿势、稍蹲准备姿势和低蹲准备姿势3种。

（1）半蹲准备姿势。两脚左右开立略比肩宽,一脚前,一脚后,两脚尖稍内扣,脚跟提起离地。膝关节保持一定的弯曲,膝关节的投影在脚尖前面,上体前倾,重心靠前。两臂放松自然弯曲,双手置于胸腹之间。全身肌肉放松,两眼注视来球,两腿始终保持微动（见图8-1）。半蹲准备姿势多用于接发球、拦网和各种传球。

图8-1 半蹲准备姿势

（2）稍蹲准备姿势。稍蹲准备姿势比半蹲准备姿势重心略高,动作方法相同。一般用于扣球助跑之前和本方正在组织进攻不需要快速反应起动的时候。

（3）低蹲准备姿势。低蹲准备姿势比半蹲准备姿势的身体重心更低,更靠前,两脚左右、前后的距离更宽一些,膝关节弯曲程度更大一些,肩部投影过膝,膝部投影过脚尖,手置于胸腹之间。主要用于防守接拦回球等。

（二）移动

从起动到制动的过程为移动。移动是为了及时接近球,保持好人与球的位置关系,以便击球。迅速地移动可以占据场上有利位置,争取时间和空间。队员能否及时移动到位,直接影响着技战术的质量。由于排球场上来球的方向千变万化,来球的速度、弧度和落点都不固定,因此,排球场上的移动是向各个方向的移动。

二、发球技术

发球时必须注意:抛球稳,每次发球时,应平稳地将球向上抛起,抛球的高度离身体远近应基本固定;击球准,击球部位和用力方向要准,手法要正确,手

第八章 排球运动

法不同,出球性能也不同。

发球方法(以右手为例)有如下几种:正面上手发球、勾手大力发球、正面上手飘球、勾手飘球、正面下手发球、侧面下手发球、高吊发球和跳发球等。

1. 正面上手发球

面对网站立,将球平托上抛于右肩前上方,高度适中。在左手抛球的同时,右臂抬起屈肘后引,肘与肩平,上体稍向右转。击球时,利用蹬地、转体和收腹带动手臂挥动,在右肩前上方伸直手臂的最高点,以全手掌击球的中下部。击球时,手指自然张开,手腕要迅速做推压动作,使球上旋飞行(见图 8-2)。

图 8-2 正面上手发球

2. 勾手大力发球

左肩对网站立,左手将球垂直抛至头的前上方高度 1 米左右。利用蹬地、挺胸及转体动作,带动手臂由右后侧伸直向上挥击球(见图 8-3)。

图 8-3 勾手大力发球

3. 正面下手发球

面对网站立,球由腹前抛起 20~30 厘米,伸直的右臂以肩为轴由后向前摆动,以虎口、掌根或手掌击球的后下部(见图 8-4)。

图 8-4 正面下手发球

三、垫球技术

垫球技术包括正面双手垫球、体侧垫球、跨步垫球、正面低姿势垫球、背垫球、单手垫球、前扑垫球、鱼跃垫球、侧卧垫球、滚翻垫球、挡球和救人网球等。

1. 正面双手垫球

正面双手垫球是各种垫球技术的基础，适合接速度快、弧度平、力量大、落点低的各种来球。常用于接发球和后排防守，组织进攻。其动作要领是：正面对准来球，两脚开立稍宽于肩，一脚在前，一脚在后。脚跟提起，前脚掌着地，两膝弯曲微内收，膝部垂直而超出脚尖。上体前倾，重心降低，并置于前脚掌的拇趾根部，两肩的垂直面超出膝部。两臂微屈紧靠，自然下垂，两手置于腹前。两眼注视来球，两脚微动，随时准备转移。准备姿势做好后，手臂迅速插入球下。击球时，蹬腿提腰，重心随之前移，同时靠两臂相夹、含胸收肩、压腕提臂等动作的密切配合，将球准确地垫在小臂上（切勿用拳头）。在垫击的一瞬间，两臂要保持平稳固定。击球时，身体和两臂要做自然的随球伴送动作，下腰要积极协调配合，以便控制球的落点和方向。击球手型有两种：一种是叠掌式，掌根紧靠，合掌互握，两拇指朝前；另一种是抱拳式，两拇指平行朝前，两臂自然伸直，小臂稍外展靠拢，手腕下压，手腕关节以上的前臂形成一个垫击平面。正面双手垫球点一般保持在腰腹前的一臂距离，用前臂腕关节以上 10 厘米左右桡骨内侧平面触球的后下部。击球部位过高，既不便于控制球，而且易造成"持球""连击"违例；击球部位过低，垫在虎口上，球易乱飞。垫球的用力大小与来球的力量成反比，与垫出球的距离成正比（见图 8-5）。

图 8-5　正面双手垫球

2. 鱼跃垫球

鱼跃垫球难度较大，要想掌握这项技术，必须有勇敢的精神、较好的臂力和较好的腰背力量，还要有较高的灵活性。当来球较低而且距离较远时，可采用鱼跃垫球。在跃出之前，身体采取较低的姿势，上体前倾，以前脚用力蹬地，使身体向远处腾空跃出。在空中要注意身体平衡，先用击球臂插到球下，用手背或虎口将球垫起。落地时，两手先着地支撑，两肘缓慢弯曲，以缓冲下落力量，同时抬头、挺胸、挺腹，向后屈腿，身体成反弓形。随着两臂的支撑，胸、腹、大腿依次着地。如在地板上也可在胸部着地时，两手经支撑后立即做推撑动作，使身体顺势向前滑行（见图 8-6）。

3. 侧面双手垫球

在身体两侧用双臂垫球的动作称为侧面双手垫球。以右侧垫球为例，左脚前脚掌内侧蹬地，右脚向右跨出一步，右膝弯曲，两臂夹紧向右伸出，使两臂击球面截住球，垫击球的后下部。击球时要保持直臂击球，避免手臂动作影响击球效果。

第八章 排 球 运 动

图 8-6　鱼跃垫球

4．滚翻垫球

接球时，迅速向来球方向移动，跨出一大步，重心下降，完全落在跨出的脚上，上体前倾，胸部贴近大腿，两臂伸向来球方向。同时两脚用力蹬地，使身体向来球方向腾出，前臂直插球下，用双手或单手击球的后下部。击球后，脚尖内转、大腿外侧、臀部侧面、背部、肩部依次着地。然后顺势低头、收腹、团身，向异侧方向做滚翻动作再迅速起立（见图8-7）。

图 8-7　滚翻垫球

5．挡球

来球高于肩，且力量大，来不及后退，不宜用传、垫球时，可用挡球。挡球可分双、单手挡球。

双手挡球的手形有并掌法和包拳法两种。并掌法的动作是两肘弯曲，两虎口交叉，两掌外侧朝前，合掌成勺形。包拳法的动作是两肘弯曲，一手半握拳，另一手外包，两拳外侧朝前。挡球时，小臂放松，两肘朝前，手腕后仰，以掌根或外侧组成平面，挡击球后部或下部。击球点在额前或两侧肩上。挡球瞬间，手腕要紧张，用一定力量，把球向上挡起。

单手挡球适用于挡头以上或侧上方的高球。开始挡球时，手腕放松，击球瞬间要突然后仰并保持紧张，用掌根部位击球的中下部或底部。有时对飞到身后的高球也可以跳起用单手挡球。

6．救入网球

救入网球时，必须了解入网的部位与反弹力的关系。球飞入网的下沿，球反弹落点则离网较远。接这种球时，可取好位置，保持低姿势，从容不迫地等待球反弹离网。当球降到最低点时，再用双手或单手将球垫起。

救飞入网中部的球时，如果球网接得紧，弹性好，落点也可能远，方法同接下沿反弹球。如果球网松、反弹性差，球落点就离网近，要迅速伸臂插到球下，低姿势击球的底部。球飞入网的上沿，球将顺网滑下，落点会靠近中线，接这种球时，要迅速移到中线网下准备，等球降落到最低点时再垫击。

四、传球技术

传球是排球运动中的一项最基本的技术，是进行比赛和组织战术的基础。

传球技术主要有正面上手传球、背传球、跳传球、侧传球、调整二传球5种。此处着重介绍正面上手传球技术（见图8-8）：

图8-8　正面上手传球

1. 传球前的准备姿势

正面对准来球方向，两脚左右开立，约同肩宽，左脚稍前，后脚脚跟稍提起，两膝半屈，重心落在两脚之间，上体稍前倾。两肩放松，两臂弯曲置于胸前，两肘自然下垂，两手成传球手形，眼睛注视来球方向，全身放松，准备传球。

2. 击球点

击球点在额前上方一球距离处，当来球接近额前时，开始蹬地、伸膝、伸臂，两手微张经脸前向前上方迎球。

3. 传球手形

当手触球时，其手形应该是手腕稍后仰，两手张开，手指稍微屈成半球状，小指在前，拇指相对成接近一字形。如果传低球或作背传时则拇指相对成反"八"字形。两手间有一定距离，用拇指内侧、食指全部、中指的二、三指节触球的后下部，无名指和小指控制球的方向，两肘适当张开，两前臂之间约成90度。

4. 击球的用力

传球前，手指、手腕稍放松不要过早用力。传球时，要利用蹬地伸膝向上展体和伸臂动作，用协调力量迎击球，并以拇指、食指、中指负担球的压力，无名指和小指帮助控制球。

触手的瞬间，手指和手腕应保持一定的紧张程度，用手指的弹力和手腕、手臂与身体协调的力量将球传出，用力一定要协调一致。传球距离较远时，要多使用蹬地展体的力量，方能控好球。

双手上手传球主要用于二传。二传的技术动作细腻精确，运用时变化多。按传球的姿势可分为站立传、半蹲传、全蹲传、跳传；按球出手的方向可分为正面传、背传和侧传；按出球距离和高度又可分为集中传、拉中传、快传和小弧度传。

五、扣球技术

扣球的主要方法有正面扣球、勾手扣球、快球（近体快球、远网调整快球、短平快球、平拉开快球、时间差快球和错位快球等）、单脚起跳扣球等。扣球技术比较复杂，从技术结构来讲，扣球技术包括准备姿势、判断、助跑、起跳、空中击球和落地几个互相衔接的部分，整个扣球动作必须协调连贯而有节制（见图8-9）。

图 8-9　扣球

1．准备姿势

两脚左右自然开立，两膝稍屈，上体自然前倾，眼睛观察来球，注意力高度集中，随时可向各种方向起动助跑。

2．判断

首先是对一传的判断，然后转移到二传的判断，根据二传的方向、落点、弧度、速度来选择起跳的地点和决定起跳时间，判断贯穿在整个助跑与起跳扣球全过程。

3．助跑

助跑是为了增加弹跳高度、选择起跳地点和起跳时间。助跑的方向、速度和步数是根据来球的方向、速度和弧度来决定的，因此助跑的步法应力求灵活和适应性强，能做到速度可快可慢、步幅可大可小、步数可多可少，能向不同方向变步起跳。

助跑的步法有多种，一般以两三步运用较多。以两步助跑为例（右手扣球）：左脚先放松而自然地迈出第一步，紧接着跨出右脚（步幅要大），支撑点落在身体重心之前，并以脚跟先着地；两臂由体前经体侧摆至体后下方，上体前倾；接着重心前移，着地的左脚迅速由脚跟过渡到前脚掌，随即在右脚稍前的地方着地，身体重心降低，两膝弯曲并内扣，上体稍向左转，两眼注视球，准备起跳。第一步是决定助跑的方向，第二步起到调整作用，使起跳的位置正确、起跳后保持正确的击球点。应做到助跑先慢后快、步幅先小后大。

4. 起跳

起跳的目的在于跃起后达到一定的高度，保证在正确的击球点击球。只有判断准确、跳得高、跳得及时，而且位置恰当，方能扣得准、扣得有力。

起跳时，两膝弯曲并内扣，上体前倾，两脚迅速而有力地蹬地踏跳，两臂由体后下方继续向体前上方挥摆，同时快速展腹，带动全身腾空而起。

比赛中常用的起跳方法有两种：一是并步法，即一脚跨出后，另一脚迅速向前并步，落于该脚之前，随即蹬地起跳；二是跨跳法，即一脚跨出去的同时，另一脚也跨跳出去，两脚几乎同时着地和蹬地。前者便于稳定重心，适应性强，后者蹬地力量大，可增加反作用力，有利于增加弹跳高度。

起跳一定要用最快速度（即爆发力），方能获得最大的弹跳高度。起跳时，两臂由胸前经体侧划一弧形后向上摆动，与展腹团体同时配合，借助于两臂摆动带动身体上升，有助于跳得更高，但是踏跳、展腹、摆臂这3个动作的用力必须协调、及时，才能发挥最大的蹬地力量，增加弹跳高度。

5. 空中击球

击球是扣球技术的关键环节。起跳后，上体稍后仰，并稍向左侧扭转，胸腹自然展出，左手自然置于体前。右臂屈肘举起，肘关节向侧方，并高于肩部，手置于头的右侧方，前臂、手腕、手指放松，五指微张，手掌成勺形。击球时，利用迅速转体收腹动作来带动手臂猛烈地挥击。前臂挥动的速度更快，有如挥鞭子的抽击动作。击球时，手臂要伸直。用全掌击球的中上部，手腕迅速下甩。

击球时应注意3点：一是打得准，用全掌击球，使全掌与球吻合得比较好，手指、手腕尽力控制住球，使之按预定的路线飞行；二是在最高点击球，手臂向前上方挥击应有提肩动作，在击球的一刹那，手臂要充分伸直；三是发挥前臂的加速度，前臂应有明显的鞭打动作，并在手掌触球后仍继续加速，借以加大对球的作用力。

6. 落地

由于击球时左肩抬得较高，所以下落时往往是左脚先着地。为了避免左脚负担过重，损伤膝关节，应力争双脚同时落地。落地时，应由前脚掌过渡到全脚掌，同时顺势屈膝收腹，以缓冲下落的力量，并立即准备下一个动作。

六、拦网技术

拦网技术分单人拦网和集体拦网两种。两者对个人的技术要求是相同的，只是集体拦网要注意相互间的协调和配合。

1. 单人拦网

拦网的技术动作由准备姿势、移动、起跳、空中拦击和落地5个部分组成。这5个部分是相互衔接的。拦网时，除应掌握上述技术外，还应具备准确的判断能力，以便准确地选择起跳地点、拦网时间和空间（见图8-10）。

第八章 排球运动

图 8-10 拦网

（1）准备姿势和站立。准备姿势是为了迅速起跳和较快地移到起跳点起跳。当球进入对方场区后，本方前排队员就应做好准备，密切注视着对方的行动。一般情况下，2、4 号位队员站在离边线 1.5 米处，3 号位队员站在两人等距的中间。准备拦网时，可站在离中线约 20～30 厘米处，两脚左右开立，与肩同宽，两膝弯曲，上体自然微前倾，两臂自然弯曲置于胸前，做起跳或移动的准备。

（2）移动。比赛时，在大多数情况下，拦网队员在网前平行于网移动，但根据需要，也有向前助跑起跳拦网的情况。拦网移动有并步、交叉步、跳步和向前移动。

（3）起跳。从拦网的准备姿势开始，两脚用力蹬地，两臂在体侧前方划小弧用力上摆，带动身体垂直向上跳起。起跳后，应稍收腹，以便控制平衡和延长腾空时间。起跳时，腿的弯曲程度要因人而异，一般腿部力量差的队员可以蹲浅些，腿部力量强的队员蹲深些。起跳的时间要根据球的高低远近而定。一般拦高球或远网球，起跳时间要晚于扣球，拦平快球起跳就早些。

（4）空中击球。在身体腾空后，两手从胸前向头上方伸出，两臂向上伸直并有提肩动作，以提高手的高度，增加阻拦可能性。身体要贴近球网，两臂之间距离要小于球体，手指张开弯曲成勺形，并保持一定的紧张程度，以便阻拦来球和削弱来球的力量。

拦近网球时，两手应尽量伸到对方上空接近球，以扩大阻拦面。手臂伸过球网拦球时，两手要成弧形去"包"球，尤其靠外侧的手更应注意"包"球，以防打手出界。当对方扣球时，拦网的手腕应迅速下压"盖帽"，以增加拦死、拦回的可能性。对方扣远球和超手扣球或者拦网高度不够时，一般情况下将对方拦死、拦回的可能性比较小，应尽量高跳和伸直双臂，采用拦网手后仰的方法进行拦网。

拦网队员的弹跳高度和腾空时间对拦网的效果有重要的影响。两手在网上空停留的时间越长，拦到球的可能性就越大。拦网队员不宜在起跳后就把臂完全伸直，这样会暴露拦网的意图，使对方易于改变扣球路线避开拦网的手，或打手出界。跳起腾空时，两手应放在头部前上方，待判准对方扣球进攻的意图时，再突然伸手进行阻挠，这样可使对方来不及变线，从而达到拦网的效果。

（5）落地。拦网后身体要自然下落，以脚前掌先着地，随之屈膝缓冲身体落地的力量，同时迅速做好下一个动作的准备。

2. 集体拦网

集体拦网可分为双人拦网和三人拦网。除上述个人拦网技术要求外，集体拦网应着重注意互相配合。配合时应注意：集体拦网要明确以谁为主，密切协同配合，防止各行其是。起跳时应避免相互冲撞或干扰。起跳后，手臂在空中既不要相互重叠，造成拦击面缩小，又不要间隔太大而造成中间漏球。身体高大的要与小个子加强配合。

为了发挥个人特长，可把身体高、弹跳力强或拦网好的队员摆到对拦网负有重要责任的3号区域，对准对方的主攻手，以加强本方的拦网。

第三节 排球竞赛规则

排球竞赛是高校排球教学和训练的重要组成部分，也是宣传普及和提高排球运动水平最有效的措施。只有严格遵守竞赛规则，大学生才能在排球竞赛中更好地体验排球运动的乐趣，为终身体育打下坚实的基础，从而推动群众性体育运动的发展。

一、球场概况

球场面积：18米×9米的长方形。其四周至少有3~5米宽的无障碍区，比赛场区上空的无障碍空间从地面量起至少高7~12米，其间不得有任何障碍物。排球场线宽5厘米。

球场界线：中线、进攻线、边线、端线（底线）。

球网高度：男子2.43米，女子2.24米。

比赛方法：采用五局三胜制（每球得分制）。

二、比赛规则

（1）发球：发球队员必须在裁判员鸣哨后8秒之内，在发球区内将球抛起，在球落地前用一只手或手臂的任何部位将球击出。击球时不能踏及端线或踏出指定发球区，击球后才能进入场内（身体腾空越过例外）。

（2）持球和连击：队员没有将球清晰地击出，或与球接触有较长时间的停留，球被接住或抛出，而不是被弹击出（如捞捧、推掷、携带），则为持球。连击则是一名队员连续击球两次，或球连续触及其身体的不同部位。

（3）触网：比赛进行中，队员触及9米以内的球网和标志杆、标志带为触网犯规。但队员未试图进行击球的轻微触网和被动触网除外。

（4）打手出界：是指球触及拦网队员的手后，飞出拦网一方的界外。

（5）过中线：比赛进行中，队员的一只（两只）手、脚部分超过中线触及对方场区，身体的任何部位越过中线接触对方场区，影响到对方队员击球，为过中线犯规。

（6）界内球：球触及比赛场区的地面包括界线为界内球。

（7）界外球：

1）球接触地面的部分完全在界线以外。

2）球触及场外物体、天花板或非场上比赛队员。

3）球触及标志杆、网绳、网柱或球网标志带以外部分。

4）球的整体或部分从过网区以外过网。

5）球的整体从网下空间穿过。

（8）过网击球：球没有超过网上的垂直面，如果在对方场区上空击球，则造成过网击球。

（9）后排违例：后排队员可以在进攻线后对任何高度的球完成进攻性击球，但是起跳时脚不得踏及或超过进攻线。在前场区完成进攻性击球时，触球时球的一部分必须低于球网上沿。

三、防守队员

1. 后排自由防守队员的服装

各队可以在确定的 12 名队员中，确定 1 名队员为后排自由防守队员。比赛前，必须将后排自由防守队员登记在记分表的专栏中。后排自由防守队员不能担任队长和场上队长。

后排自由防守队员必须穿着区别于其他同队队员颜色的上衣（或后排自由防守队员的专门服装），样式可以不同，但必须有与全队一样的号码。

2. 后排自由防守队员的比赛行为

（1）可以替换在后排的任何一名队员。

（2）作为特殊的后排队员，不可在任何的位置上（包括场区和无障碍区）对整个球体高于球网的球完成进攻性击球。

（3）不可以发球、拦网和有拦网试图。

（4）如果在本队的前场区（或延长区）运用了上手传球，则不允许其同伴在高于球网处完成对该球的进攻性击球，但在其他区的传球无碍。

3. 后排自由防守队员的替换

（1）后排自由防守队员的替换不记在该队的换人次数之内，而且没有次数限制，但两次替换之间必须经过比赛过程。替换自由防守队员的队员必须是由其替换出场的队员。

（2）替换必须在比赛成死球后，第一裁判员鸣哨允许发球前进行。比赛开始前，第二裁判员核查完位置后，允许后排自由防守队员进行替换。

（3）裁判员鸣哨发球后，发球队员击球前，替换不被拒绝，但死球后必须给予口头告诫。如果再次发生，应按延误犯规判处。

（4）替换只能在进攻线与端线之间球队席前的边线处进行。

四、国际排球比赛规则

1. 奥运会排球赛

奥运会排球赛男女项目始于1964年第18届奥运会，是世界最高水平比赛，每4年举行1次。

（1）参赛队伍：男女各12个队。

（2）参赛资格：

1）主办国1个队。

2）上届世界杯赛前3名，3个队。

3）五大洲奥运会预选赛产生的5个队。

4）由国际排联在奥运会前直辖举办的奥运落选赛中产生的3个队。

（3）竞赛方法：先分组循环，获得前两名的队进行交叉赛，但竞赛方法也根据场地、时间等情况而有所变动，每次比赛事先由国际排联研究决定。

2. 世界锦标赛

世界锦标赛是由世界排联主办的国际排球比赛，是排球最早的、规模最大的世界性比赛，每4年举行1届，受到各国普遍重视。原与奥运会同年举行，1962年起改奥运会后第2年举行（女子第5届除外）。冠军获得者可直接参加下届奥运会。

第1届世界锦标赛始于1949年，最初只有男子比赛，女子比赛始于1952年。最开始比赛不受洲际人数的限制，提出参赛申请的队都可获得参赛资格。从1986年（男第11届，女第10届）开始，国际排联规定只允许16个队参加世锦赛，因为排球运动已逐渐成为一项世界性的热门运动，希望获得参赛资格的国家越来越多。具体参赛资格为上一届比赛获得第1名到第7名的7支球队、举办国1个队、五大洲锦标赛5个冠军队、最后资格预赛（巡回优胜杯）的前3名。

1994年，国际排联对世锦赛的参赛资格作了修改。对国际排联直辖举办的最后资格预选赛，从原来的取前3名增加至前9名有资格参加比赛，取消世锦赛上届比赛2~7名有当然参赛资格的规定。

竞赛方法：比赛分预赛、复赛、决赛3个阶段进行。预赛分4个组进行循环赛，每个组第1名参加决赛，每个组第2名在复赛中再抽签决定对每组的第3名，胜者4个队参加决赛，负者4个队经淘汰决出9~12名。预赛中分组的第4名抽签进行循环赛决出13~16名。决赛阶段，分组第1名的4个队再抽签分两组赛1场以排定名次，再与复赛中的两个队（也抽签排位）进行4场对抗，胜者采用淘汰制决出前4名，负者采用淘汰制决出5~8名。

这种新的竞赛方法，使竞赛更加激烈。

第八章 排　球　运　动

3. 世界杯

世界杯是由全球高水平的男女球队参加的国际性的排球比赛，每 4 年举办 1 次。从 1991 年开始，世界杯赛被改为在奥运会的前一年举行，相当于是奥运会的资格赛。获得前 3 名的队伍则有资格进入奥运会。

世界杯的历史并不久远。1965 年，世界杯第一次在华沙举行，当时只允许男队参加。这个赛事被规定每 4 年举办 1 次（除了 1973 年没有举行）。女子世界杯赛从 1973 年开始。1991 年起，世界杯的举办日期被重新修改，改为奥运会的前一年举行。

（1）参赛队伍：男女各 12 个队。

（2）参赛资格：

1）举办国 1 个队。

2）五大洲锦标赛冠军队，5 个队。

3）五大洲锦标赛亚军队，5 个队。

4）锦标赛紧接着的奥运会主办国 1 个队。

（3）竞赛方法：采取单循环制。

第九章 羽毛球运动

第一节 羽毛球运动概述

一、羽毛球运动的传播与发展

据有关资料记载，现代羽毛球运动起源于英国，由印度的"浦那游戏"逐步演变而成。1877年，第1本羽毛球比赛规则在英国出版。1893年，英国成立了第1个羽毛球协会。1899年，该协会举办了第1届"全英羽毛球锦标赛"，此后每年举办1次，延续至今。

羽毛球运动从大不列颠诸岛流传到斯堪的纳维亚和英联邦各国，20世纪初流传到亚洲、美洲、大洋洲，最后传到非洲。随着这项运动在世界上开展国家的越来越多，国际羽毛球联合会（简称"国际羽联"）于1934年成立，总部设在伦敦。1939年，国际羽联通过了各会员国共同遵守的《羽毛球竞赛规则》。

从20世纪20年代到40年代，欧美国家的羽毛球运动发展很快，特别是英国和丹麦，历届重大国际比赛的桂冠几乎都被他们所垄断，美国和加拿大也具有相当高的水平。1948年至1949年，首届世界男子羽毛球团体赛（"汤姆斯杯"赛）举办，马来西亚队击败了美国队、英国队和丹麦队等强队荣登榜首，从此开始了亚洲国家称雄国际羽坛的时代。

20世纪50年代，亚洲羽毛球运动发展较快，马来西亚涌现出不少优秀选手，蝉联了1951年和1955年的两届"汤姆斯杯"赛冠军，同时在全英锦标赛中再获男子单、双打冠军。

20世纪60年代和70年代，印度尼西亚队的技术水平在国际羽坛上（除中国以外）一直处于遥遥领先的地位，从第4届到第11届的汤姆斯杯赛冠军，除第7届被马来西亚获得外，其余全被印度尼西亚队所囊括，印度尼西亚队几乎垄断了在此期间举行的全英锦标赛的男子单、双打的冠军。

女子方面，20世纪50年代中期至60年代初，美国队占据世界优势，连续3届获得女子团体赛（"尤伯杯"赛）的冠军，20世纪60年代后期至70年代，世界羽坛的优势转向日本队。

1981年5月，国际羽联重新恢复了中国在国际羽联的合法席位，从此国际羽坛揭开历史上新的一页，进入了中国羽毛球选手称雄国际羽坛的辉煌时期。

在1988年汉城奥运会上，羽毛球被列为表演项目，1992年巴塞罗那奥运会上被列为正式比赛项目，从此羽毛球运动进入了一个新的发展时期。

二、我国羽毛球运动发展史

（一）五十年代起步

新中国成立前，沿海少数城市虽有羽毛球活动和小型比赛，但范围小、水平低。1956年，第1次全国羽毛球赛在天津举行，参加的有11个城市，运动员男49人、女29人。以王文教、陈福寿为代表的华侨羽毛球好手归国，给我国羽毛球运动带来了当时世界上的先进技、战术。第1届全运会上，羽毛球即列入正式比赛项目，共有21个省市、自治区参加了比赛。

（二）六七十年代世界羽坛的"无冕之王"

第1届全运会后，汤仙虎、侯加昌、陈玉娘等优秀羽毛球青年选手相继回国。1964年，全国第1次羽毛球训练工作会议在北京召开，，明确提出了我国羽毛球运动"快、狠、准、活"的技术风格和"以我为主、以快为主、以攻为主"的发展方向。

1965年，中国羽毛球球队出访欧洲羽毛球王国丹麦和羽毛球强国瑞典，中国运动员以其先进的技术、快速的打法和灵活多变的战术取得34场比赛全胜的辉煌战绩。此时，虽然中国羽毛球队没有参加"汤姆斯杯"等世界羽毛球比赛，但是，亚洲和欧洲的世界冠军都败在中国羽毛球运动员的拍下。在此情况下，欧洲报纸舆论评论中国羽毛球队是世界羽坛的"无冕之王"。

（三）八十年代独领风骚

1981年7月，在美国圣克拉拉举行的第1届世界运动会羽毛球比赛的5个项目中，中国运动员一举夺得男、女单、双打共4枚金牌，这是我国羽毛球运动员首次在世界性羽毛球比赛中亮相。1982年，中国运动员首次参加"汤姆斯杯"赛，即从印尼队的手中夺得世界羽毛球男子团体冠军。1984年，中国女子羽毛球队把世界女子羽毛球团体赛的奖杯"尤伯杯"捧在怀中。1986年，中国的男、女羽毛球队在印尼首都雅加达把"汤姆斯杯"和"尤伯杯"双双举起。1987年，在中国北京举行的第5届世界羽毛球锦标赛的5个单项比赛中，中国羽毛球运动员囊括了全部冠军。至此，中国羽毛球队创造了一个国家同时获得并保持了世界羽毛球比赛男、女团体赛和5个单项个人赛的全部7项冠军这一国际羽坛史无前例的纪录。

（四）九十年代后期再度辉煌

1996年亚特兰大奥运会，女子双打葛菲、顾俊摘取了金牌，董炯也取得了男子单打银牌的好成绩。1998年，中国女子羽毛球队夺回"尤伯杯"，而在代表男女羽毛球整体实力的"苏迪曼杯"比赛中实现了1995年、1997年、1999年三连冠，2000年，中国女子羽毛球队蝉联"尤伯杯"冠军，男子队获得亚军。

三、世界重大羽毛球赛事

（一）"汤姆斯杯"赛——世界男子羽毛球团体锦标赛

"汤姆斯杯"是由英国著名羽毛球选手乔治·汤姆斯先生捐赠的。从1903年至1928近30年的时间里，汤姆斯先生曾先后多次在全英羽毛球比赛中获得男子单打、双打、混合双打比赛的"三栖"冠军。退役后参加国际羽毛球联合会工作，任国际羽联第一副主席。他在1939年召开的国际羽联理事会上提出了一项推动羽毛球运动在全世界范围内广泛开展的建议，即设立世界男子羽毛球团体比赛，并表示愿意为此项比赛捐赠一座金杯，他的这一建议立即得到了国际羽联的赞同。但是由于第二次世界大战的原因，汤姆斯先生的这一良好愿望延迟了10年才得以实现。1948年，国际羽联成功地在英国的普雷斯顿举办了首届代表世界男子最高水平的"汤姆斯杯"男子团体锦标赛，马来西亚队获得冠军。

"汤姆斯杯"高28英寸，用白金铸成，耗资巨大，底部刻有"汤姆斯"字样。"汤姆斯杯"是流动杯，每次比赛的冠军队将"汤姆斯杯"带回本国，保留至下届"汤姆斯杯"比赛开始。故该比赛又称为"国际羽毛球挑战杯赛"。

迄今为止，"汤姆斯杯"赛共举行了20届。其中1982年以前每3年举行一届，比赛采用九场五胜制，1982年以后每两年（双数年）举办一届。在"汤姆斯杯"比赛的荣誉榜上，印度尼西亚队获得14届冠军，中国队获得10届冠军，马来西亚队获得5届冠军。

（二）"尤伯杯"赛——世界女子羽毛球团体锦标赛

"尤伯杯"是英国20世纪30年代著名女子羽毛球选手尤伯夫人捐赠的。她在1930年至1949年间曾多次夺得全英羽毛球锦标赛的女子单打、女子双打和混合双打比赛的冠军。她退役后仍对羽毛球运动情有独钟，自愿捐赠银杯1座，以推动世界羽毛球运动的发展。1956年，国际羽联正式将世界女子羽毛球团体锦标赛命名为"尤伯杯"赛。同年在英国的兰开夏利瑟姆、圣安民举办了第1届比赛，美国队获得冠军。

"尤伯杯"赛制同"汤姆斯杯"赛一样，在1982年以前是每3年举行一届，比赛采用七场四胜制，自1984年开始改为每两年（双数年）举行一届，采用五场三胜制。迄今为止，"尤伯杯"赛共举办了28届，其中中国队获15届冠军，日本队获6届冠军，美国队获3届冠军，印度尼西亚队获3届冠军。

（三）"苏迪曼杯"赛——世界羽毛球混合团体锦标赛

印度尼西亚是著名的世界"羽毛球王国"。"苏迪曼杯"是该国羽毛球协会代表本国人民向国际羽联捐赠的一座奖杯，也是为了纪念印度尼西亚前羽毛球著名选手、印尼羽毛球协会首任主席苏迪曼先生而铸造的。该杯的杯身由纯银铸成，外表镶有纯金，杯高80厘米、宽50厘米、重12千克，造价为15 000美元，是一座极为珍贵的奖杯。

第九章　羽毛球运动

其他还有如世界羽毛球锦标赛、全英羽毛球锦标赛、奥运会羽毛球比赛、世界羽毛球系列大奖赛等国际羽毛球赛事也较具影响力。

第二节　羽毛球基本技术

一、羽毛球基本技术

羽毛球技术是在规则允许的条件下，所采用的各种合理击球动作方法的总称。它主要由基本手法和基本步法两部分组成。基本手法由握拍、发球和击球3种技术组成；基本步法由基本站位、前场上网、中场左右和后场退步法组成。

（一）握拍方法

1．正手握拍法（以右手握拍为例）

先用左手拿住拍的腰杆，使拍面与地面垂直，然后右手虎口对准拍柄侧面内沿，以握手式握住拍柄，小指、无名指和中指并握，食指稍分开，大拇指与中指接近，拍柄末端与小鱼际肌平齐，使手心与拍柄间留有空隙（见图9-1）。

2．反手握拍法

在正手握拍法基础上，拍柄稍外转，食指收回，拇指第二指节的内侧顶贴在拍柄内侧的宽面上，把柄端靠近小指的根部，使手心留有空隙（见图9-2）。

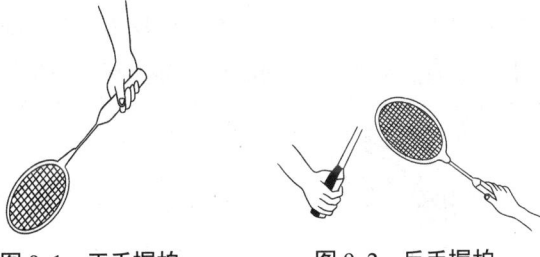

图9-1　正手握拍　　　图9-2　反手握拍

（二）发球与接发球

1．发球

发球是重要的基本技术，也是重要的进攻技术。发球质量直接关系到比赛中能否取得主动权，发球一方赢球便可得分。

发球站位：单打贴中线站立，离前发球线1米左右；双打可稍站前一些。

发球姿势：左肩斜对球网，呈"丁"字步站立，左脚在前，脚尖与网面垂直，右脚在后，与网面保持平行。两脚前后分开，站立的距离与肩同宽，身体重心落在后脚上。准备发球时，右手握拍向右后斜举。肘微屈，左手持球（拇指、食指、中指夹持球托同羽毛的相接处），放在腹部右前方，双眼注视对方的位置和准备接球的情况［见图9-3（a）］。

发球种类：按发出球的飞行弧度分为高远球、平高球、平快球和网前球等［见图 9-3（b）］。

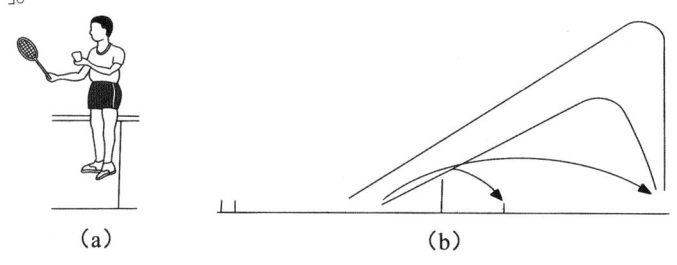

图 9-3　发球

发高远球时，球要发得高而远，球斜上飞行至对方底线上空后几乎垂直下落，落点接近底线。击球点在右侧腰下，拍面的仰角大于 45 度。

平高球的飞行弧线比高远球低，多用前臂带动手腕发力，拍面稍微向前推进，其仰角小于 45 度。

发平快球时，站位应稍后，击球的瞬间，拍面仰角一般小于 30 度。争取击球点在腰部以下的最高处，注意不能超过腰。挥拍时要充分利用前臂带动手腕的爆发力。

发网前球时，挥拍的幅度要小，力量较轻，拍面稍后仰，触球时挥拍不可过紧，可利用腕与手指的力量从右向左横切推送，使球越网而过，落在对方接球区前和发球线附近。

2. 接发球

接发球应站在离发球线 1.5 米处，在右发球区接发球站在靠中线位置，在左发球区接发球站在中间位置。双打时发网前球较多，接发球时可站在离前发球线较近的地方（见图 9-4）。

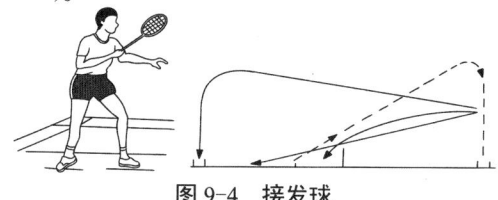

图 9-4　接发球

（三）击球

击球依据其动作特点分为高手击球、网前击球和低手击球。

1. 高手击球

高手击球具有击球点高、速度快、力量大、主动性强、进攻威力大等优点，是快攻打法的最基本技术（见图 9-5）。高手击球包括高远球、吊球、杀球。

高远球：用较高的弧线把球击到对方底线附近叫击高远球。进攻时可迫使对方退离中心位置，削弱对方的进攻威力，消耗对方的体力；防守时，可争取时间，调整步法，回到中心位置，摆脱被动局面。击高远球有正、反手和头顶等击法。

第九章 羽毛球运动

图 9-5　高手击球

吊球：将对方击来的高远球从后场还击到对方的网前区叫吊球。吊球是调动对方、打乱对方阵脚、组织战术配合的一种击球战术。后场进攻时，同高远球、杀球结合运用，并做到3种击球的前期动作一致时，常可造成对方判断发生困难。高手吊球按球的飞行路线和击球动作的不同分为劈吊球和拦截吊球。

扣杀球：把高远球在尽量高的击球点上斜压下去。其击球力量大，球飞行路线直，下落快，扣杀球是主要进攻技术。扣杀球技术分正、反手的头顶扣杀球。运用手腕、手指控制拍面斜倾角度、用力方向和用力大小，可击出长杀球、短杀球、点杀、杀直线、杀斜线等（见图9-6）。

图 9-6　扣杀球

2. 网前击球

这是一项可以调动对方，使战术多变的击球方法。在防守力量加强、步法更加灵活的情况下，网前技术往往成为取胜的"有力武器"。网前击球时，握拍要灵活，充分利用腕、指的力量控制球路和落点。击球点要高，步法要快，搓、推、勾、扑球的动作一致性要强。网前击球分搓球、推球、勾球、扑球、放网前球、挑高球。

搓球：属高难动作的击球技术，是放网前球技术的发展。搓球时击球点较高，利用拍面与球托的摩擦，使球沿横轴翻滚越过网顶，给对方回击造成困难，以创造进攻的机会。搓球分为收搓和展搓两种（见图9-7）。

图 9-7　搓球

推球：在网前将球快速推到对方的底线。球的飞行路线较低、较平，是一项进攻技术。

勾球：在网前回击对角线网前球时，击球的一刹那，拍面斜向对方的网前。

扑球：回击网前球时，球刚越网顶便迅速上网向斜下扑压。扑球时用力有轻有重，球的飞行弧线较短，落地较快，是威胁较大的一项进攻技术。

放网前球：处于被动情况下，刚从后场击过球，对方又吊网前球，欲赶上击球，击球点已经低了。这时，用球拍轻轻将球一托，让球像俯卧式跳高一样，恰好一过网顶就向下坠落，这就是放网前球。如质量好，可扭转被动局面。

挑高球：把对方击来的吊球或网前球挑高，回击到对方后场，叫挑高球。这是在比较被动的情况下，可采用的一种防守性技术。

3．低手击球

没有高手击球的进攻威胁大，属于防守性的技术，难度较大。如发挥得当，可具有防中有攻的效果。

抽球：击球点在肩以下，以躯干为纵轴发力，做半圆式的挥拍击球动作。抽球是应付对方长杀、半场球以及平球对攻的反攻技术。抽球可分为正、反手抽底线和半场球，在双打技术中用得比较多。

接杀球：接对方杀球时的击球动作，属防守性技术，如运用得当，常能转守为攻或反击得利。接杀球有接网前球、推后场球和抽高球等几种回击技术。

（四）步法

快速、准确的步法是正确击球的基础，也是羽毛球运动的灵魂，步法不到位，再好的技术也无法使用。我国运动员的身体特点是中等身材，灵巧、速度快而弹跳力好，为适应快攻打法初步形成了步法体系。基本步法有蹬步、跨步、腾跳步、垫步等，加上原有的蹬转步、交叉步、并步、小碎步和单足跳步等，组成上网、后退、两侧移动和起跳腾空等综合步法。

1．上网步法

根据来球的远近，可采用两步、三步或一步上网。最后一步要求与持拍那只手同侧的脚在前，身体重心落在前脚掌上。上网步法可分跨步上网、垫步上网和蹬步上网等。

2．后退步法

按后退击球方法，后退步法分为正手后退（侧身并步后退和交叉步后退）、交叉步后退和反手后退等。不论哪种后退步法，后退时都要求先迈右脚，最后一步左脚在后，重心在右脚上。

3．两侧移动步法

为了接对方击向身体左右两侧的球，要掌握两侧移动步法。向右侧移动时，左脚掌内侧用力蹬起，右脚同时向右侧转跨步；人距来球较远时，左脚可向右垫一小步再起蹬，右脚同时向右跨大步（右侧蹬跨步、左侧垫步）。向左侧移动时，左脚掌内侧用力蹬地，右脚同时向左侧转跨大步；人距来球较远时，左脚可先向左移半步，上体左转身的同时，右脚向左（前交叉）跨大步（左侧蹬跨步、右侧垫步）。

4．起跳腾空步法

在上网、后退或两侧移动时，为了争取主动或一拍结束战斗，可待步子到位后，用单脚或双脚起跳，争取更高的击球点。向右侧起跳腾空时，用左脚向右侧蹬地，右脚起跳；向左侧起跳腾空时，则右脚向左侧蹬地，左脚起跳。

（五）几种主要打法

1．压后场底线

压后场底线是基本打法之一。特点是通过平高球压对方于后场底线，待对方回球靠前时，则大力扣杀或吊网前空当。这种打法主要是与对方较量后场高吊、杀球技术的高低，以力量取胜。

2．攻四方球控制落点

攻四方球控制落点是以快而准确的落点，攻击对方场区的4个角落，调动对方在前后左右奔跑，打乱对方阵脚，以便伺机进攻。

3．快拉快吊控制网前

快拉快吊控制网前是一种积极主动、快速进攻的打法，它要求技术全面，能攻善守，步法、手法快速灵活，又有较细腻的网前的技术。这种打法常以进攻性的平高球快压对方于后场两底角，而后以空击吊球或劈杀引对方上网，再迅速上网控制网前，以网前搓球结合推后场底线制造对方回球的困难，以便伺机在后场大力扣杀。

4．后场下压，上网搓推

通过后场轻杀或劈杀后，快速上网控制网前，以搓球结合推球制造进攻机会，再用重杀或劈杀结束战斗。欧洲、亚洲的全攻型选手多用这种打法。

5．守中反攻

守中反攻适用于身体不高但较灵活的运动员。在防守中要善于控制落点、球路，调动对方在移动中勉强进攻，使对方急于求成而出现失误，或用以制造反攻的机会。

二、羽毛球的基本战术

（一）单打战术

1．发球抢攻战术

从发球的第一拍起，争取控制对方，以攻杀得分。这种战术，一般为发网前低球结合平快球、平高球，争取第二拍的主动进攻。用这种战术对付应变能力较差的对手，或实施于比赛的关键时刻，效果往往很好。实施这一战术，应有高质量的发球予以保证，否则很难成功。

2. 攻后场战术

攻后场战术是通过击高球，重复压对方的底线两角，造成对方的被动，然后寻找机会进攻。用它来对付初学者，或后场还击能力较差，或后退步子较慢，以及急于上网的对手是很有效的。

3. 攻前场战术

对网前技术较差的对手，可运用攻前场战术先将其吸引到网前，然后再攻击其后场。采用此战术，自己首先要有较好的网前击球技术。

4. 打四方球战术

若对手步子移动较慢、体力较差、技术不全面，可以用快速、准确的落点攻击对方场区的4个角落，寻找机会向空当进攻。此战术主要是通过打落点，逼迫对方前后奔跑、应付，并在其加球质量下降或露出破绽时进行攻击得分。

5. 杀、吊上网战术

对对手打来的后场高球，本方先以杀球配合吊球把球下压，落点选在场区的两条边线附近，致使对手被动回球。若对手回网前球时，本方迅速上网搓球、勾对角球或平推球，创造在中场大力扣杀的机会。这种战术必须能很好地控制杀、吊球的落点，在对方被动回网前球时，主动迅速上网攻击。

6. 打对角线战术

对付身体灵活性差、转体较慢的对手，不论是进攻还是防守，均应以打对角线球为主。这样，对方会因移动困难而陷于被动，为本方进攻创造机会。

（二）双打战术

1. 攻人战术（二打一）

集中攻击对方中有明显弱点的人，并伺机攻击另一人因疏忽而露出的空当，或对此人偷袭。双打比赛中的配对选手的技术，一般总有一人好，另一人稍差些，即便两人水平相差不多，但若能集中力量攻击其中一人，也可给其造成很大的心理压力，从而使其出现失误。

2. 攻中路战术

当对方分边站位防守时，将球攻击到两人的中间；当对方前后站位时，可将球下压或平推两边半场。这样可使对方防守时互相争抢或互让而出现失误。

3. 攻后场战术

若对方后场扣杀能力差，本方可采用平高球、推平球、接杀挑底线，把对方一人紧逼在底线两角移动。当对方回球质量不高时，则抓住机会大力扣杀。如另一对手后退支援时，即可攻网前空当。

4. 后攻前封战术

当本方处于主动进攻地位时，站在后场的队员见高球就杀或吊网前，迫使对方接球挡网前,为本方前场队员创造封网扑杀的机会。前场队员要积极封锁前场,迫使对方被动挑高球。一旦对手挑高球达不到后场,就为本方创造了再进攻的机会。

第三节 羽毛球竞赛规则

一、场地

标准羽毛球场为一长方形场地,长度为13.40米(单、双打相同),双打场地宽为6.10米,单打场地宽为5.18米(见图9-8)。球场上各条线宽均为4厘米,丈量时要从线的外沿算起。球场界限最好用白色、黄色或其他易于识别的颜色画出。球场中央网高1.524米,双打边线处网高1.55米。按国际比赛规定,整个球场上空空间最低为9米,在这个高度以内,不得有任何横梁或其他障碍物,球场四周2米以内不得有任何障碍物。任何并列的两个球场之间,最少应有2米的距离。球场四周的墙壁最好为深色,不能有风。

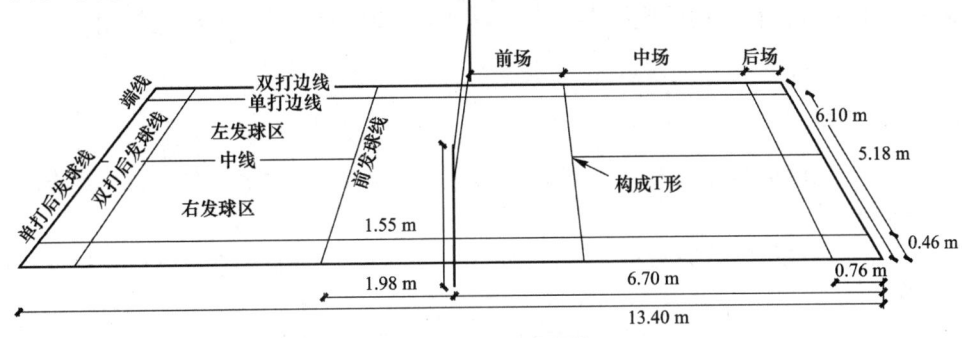

图9-8 羽毛球场地

二、器材

球重4.74~5.5克,由16根羽毛插在半球形软木托上制成,球高68~78毫米,直径58~68毫米,分为1~10号。球拍框总长度不超过68厘米,宽不超过23厘米,拍弦面长不超过28厘米,宽不超过22厘米(见图9-9)。

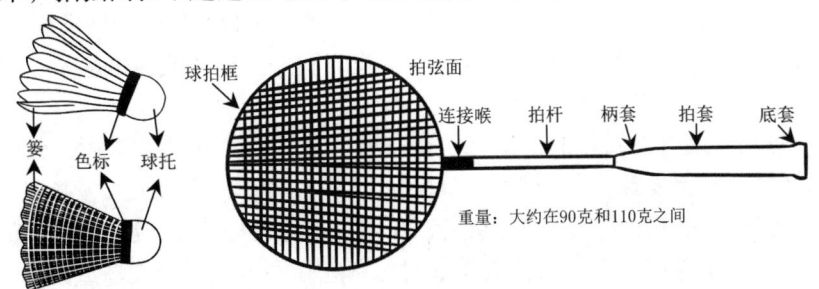

图9-9 羽毛球器材

三、羽毛球竞赛规则与裁判法

（一）项目

羽毛球竞赛项目分男子单打、女子单打、男子双打、女子双打、混合双打、男子团体和女子团体。单打由两名运动员在场地上将一个羽毛球相互交替击打，使球不落地，落地的一方为输方，赢者加分。

（二）计分

（1）类似曾经的乒乓球记分方法，采用21分制，即双方分数先达21分者胜，3局2胜。每局双方打到20平后，一方领先2分即算该局获胜；若双方打成29平后，一方领先1分，即算该局取胜。

（2）新制度中每球得分，并且除特殊情况（如地板湿了、球打坏了），球员不可再提出中断比赛的要求。但是，每局一方以11分领先时，比赛进行1分钟的技术暂停，让比赛双方进行擦汗、喝水等。

（3）得分者方有发球权。得单数分，从左边发球；得双数分，从右边发球。在第3局或只进行1局的比赛中，当一方分数达到11分时，双方交换场区。

（三）站位

1. 单打

（1）发球员的分数为0或双数时，双方运动员均应在各自的右发球区发球或接发球。

（2）发球员的分数为单数时，双方运动员均应在各自的左发球区发球或接发球。

（3）如"再赛"，发球员应以该局的总的分数来确定站位。若总分为15分（单数），双方运动员均应在各自的左发球区发球或接发球；若总分为16分（双数），双方运动员均应在各自的右发球区发球或接发球。

（4）球发出后，双方运动员就不再受发球区的限制，可自由击到对方场区的任何位置，运动员的站位也可以在自己这方场区的界内或界外。

2. 双打

（1）一局比赛开始和获得发球局的一方，都应从右发球区开始发球。

（2）只有接发球员才能接发球；如果他的同伴去接球或被球触及，发球方得1分。

1）每局开始首先发球的运动员，在该局本方得分为0或双数时，都必须在右发球区发球或接发球；得分为单数时，则应在左发球区发球或接发球。

2）每局开始首先接发球的运动员，在该局本方得分为0或双数时，都必须在右发球区接发球或发球；得分为单数时，则应在左发球区接发球或发球。

3）上述两条相反形式的站位适用于自己的同伴。

（3）任何一局的本方发球员失去发球权后，由该局首先发球员发球，然后由首先发球员的同伴发球,接着由他们的对手之一发球,然后再由另一对手发球,如此传递发球权。

(4)运动员不得有发球错误和接发球的错误,或在同一局比赛中有两次发球。

(5)一局胜方的任一运动员可在下一局先发球,负方中任一运动员可先接发球。

(6)球发出后就不再受发球区的限制了。运动员可在本方场区自由站位和将球击到对方场区的任何位置。

(四)比赛

1. 交换场区

以下情况运动员应交换场区:

(1)第1局结束。

(2)第3局开始。

(3)第3局中或只进行一局的比赛进行至一方达到11分时。

运动员未按以上规则交换场区,一经发现立即交换,以前得分数有效。

2. 合法发球

(1)发球时任何一方都不允许延误发球。

(2)发球员和接发球员都必须站在斜对角线发球区内发球和接发球,脚不能触及发球区的界限;两脚必须都有一部分与地面接触,不得移动,直至将球发出。

(3)发球员的球拍必须先击中球托,与此同时,整个球必须低于发球员的腰部。

(4)击球瞬间球杆应指向下方,从而使整个球框明显低于发球员的整个握拍手部。

(5)发球开始后,发球员的球拍必须连续向前挥动,直至将球发出。

(6)发出的球必须向上飞行过网,如果不受拦截,应落入接发球员的发球区。

3. 羽毛球的违例

(1)发球不合法违例。

(2)发球员发球时未击中球。

(3)发球时,球过网后挂在网上或停在网顶。

(4)比赛时:

1)球落在球场边线外。

2)球从网孔或从网下穿过。

3)球不过网。

4)球碰屋顶、天花板或四周墙壁。

5)球碰到运动员的身体或衣服。

6）球碰到场地外其他人或物体（由于建筑物的结构问题，必要时地方羽毛球组织可以制定羽毛球触及建筑物的临时规定，但其组织国有否决权）。

（5）比赛时，球拍或球的最初接触点不在击球者网的这一方（击球者击球后，球拍可以随球过网）。

（6）比赛进行中：

1）运动员球拍、身体或衣服触及网或网的支持物。

2）运动员的球拍或身体，以任何程度侵入对方场区。

3）妨碍对手，如阻挡对方紧靠球网的合法击球。

（7）比赛时，运动员故意分散对方注意力的任何举动，如喊叫、故作姿态等。

（8）比赛时，运动员有下列行为之一的：

1）击球时，球夹在或停滞在拍上紧接着又被拖带。

2）同一运动员两次挥拍连续击中球两次。

3）同一方两名运动员连续各击中球一次。

4）球碰球拍继续向后场飞行。

（9）运动员违反比赛连续性的规定。

（10）运动员的其他不端行为。

4．重发球

（1）有不能预见或意外的情况，应重发球。

（2）除发球外，球挂在网上或停在网顶，应重发球。

（3）发球时，发球员和接发球员同时违例，应重发球。

（4）发球员在接发球员未做好准备时发球，应重发球。

（5）比赛进行中，球托与球的其他部分完全分离，应重发球。

（6）司线员未看清球的落点，裁判员也不能做出决定时，应重发球。

当球为重发球时，最后一次发球无效，由原发球员重新发球。

5．死球

（1）球撞网并挂在网上，或停在网顶上。

（2）球撞网或网柱后开始在击球这一方落向地面。

（3）球触及地面。

（4）违例或重发球。

6．发球区错误

（1）发球顺序错误。

（2）从错误的发球区发球。

（3）在错误的发球区准备接发球，且对方球已发出。

7．发球区错误的裁判方法

（1）如果错误在下一次发球击出前发现，应重发球；只有一方错误并输了这一回合，则错误不予纠正。

（2）如果错误在下一次发球击出前未被发现，则错误不予纠正。

（3）如果因发球区错误而重发球，则该回合无效，纠正错误重发球。

（4）如果发球区错误未被纠正，比赛也应继续进行，并且不改变运动员的新发球区和新发球顺序。

8．比赛中的出界

（1）单打的边线，是在边界的里面一条。

（2）双打的边线就是最外面一条。

（3）单打的前发球线，就是最前面的一条线。

（4）单打后发球线就是底线。发球在这两条线之间才有效。

（5）双打的前发球线和单打一样，都是最前面一条，

（6）双打后发球线就是底线前的那一条线。

第十章 乒乓球运动

第一节 乒乓球运动概述

乒乓球运动是一项以室内为主的球类运动，它不仅动脚、动手，而且更重要的是动脑，既能锻炼身体，又能锻炼意志品质，既有乐趣又能广交朋友。

一、乒乓球运动的起源

乒乓球运动的起源有很多说法，而最为流行的说法是，乒乓球运动于19世纪末起源于英国，是由网球运动派生而来的。乒乓球英文也叫"桌上网球"，19世纪中期包括网球在内的球类运动向两个方向发展，一个是向室外露天场地发展，另一个是向室内场馆发展，于是就出现了"室内网球"。可以说，"室内网球"是乒乓球运动的前身。至于从室内网球过渡到乒乓球，也就是从地板上打球转到在桌子上打球，则是在19世纪末开始出现的。根据资料证实，从1884年所使用的球拍看，球拍全长49.5厘米，类似小的网球拍，初期使用的球是硬而轻的实心球。1900年左右出现用赛璐珞制的球。随着球的变化，球拍也改为木拍，因为木拍击赛璐珞球时发出"乒"的声音，当球落在桌子上时又发出"乓"的声音，所以"乒乓"的名字也就由此产生了。由于长把球拍在桌上打球使用不便，也就改成短把球拍。乒乓球拍的演变促进了乒乓球技术的发展，最初的球拍是面贴羊皮纸的空心球拍，其后改用木板拍。1902年英国人发明了胶皮拍，1950年奥地利人发明了海绵拍，在此间又出现了正胶海绵拍和反胶海绵拍。此后，随着技术的不断发展，各种不同性能的球拍也应运而生。反之，球拍的改革又促进了乒乓球技术的发展。

二、乒乓球运动发展概况

1900年左右，由于轻工业的发展，乒乓球改成用赛璐珞制成的空心球。此后乒乓球运动便逐步发展起来，竞赛活动相应地发展起来，各国之间的交往也日益增多，许多国家相继成立了乒乓球协会。第一次大型乒乓球比赛于1900年12月在英国伦敦举行，参加比赛的有300多人。1926年，国际乒乓球联合会（简称"国际乒联"）正式成立，并决定举行第1届世界乒乓球锦标赛。1926年12月12日，第1次国际乒乓球联合会代表大会在英国伦敦举行，会议正式通过了国际乒联章程和竞赛规则，并选举了国际乒联领导机构。第1届欧洲乒乓球锦标赛因为印度参加而改为世界锦标赛。第2届世界锦标赛于1928年1月在斯德哥尔摩举行，此后每年一次。1940—1946年因二次世界大战中断比赛。1947年在法国巴黎继续举行第14届世界锦标赛，到1957年后改为每两年举行一次。为促进地区间高水平的交流与提高，国际乒联从1980年决定举办"世界杯"赛。1988年，在第24届奥运会上，乒乓球被列为正式比赛项目。至此，国际乒联发展成为一个拥有100多个协会的国际体育组织，在世界体坛中享有很高的声誉。1926年至1951年，国际乒联共举行了18届世界锦标赛，除第13届在埃及举行外，其余17届均在欧洲国家举行。在18届锦标赛117项冠军中，欧洲选手共取得109项冠军，是欧洲的全盛时期。

1952—1959年，日本称雄乒坛。1952年，日本选手在第19届世界锦标赛中，利用海绵拍，采用远台长抽的进攻型打法，一举夺得4项世界冠军。这一时期日本选手成功地运用海绵拍，创造了"长抽攻击型"打法，冲破了欧洲保持20多年的传统削球防线，使乒乓球运动的优势从欧洲转到亚洲。

1961—1966年，中国乒乓球运动崛起。我国运动员容国团以其独特的直拍近台快攻打法，在第25届世界乒乓球锦标赛男子单打比赛中一举夺魁，为我国夺得有史以来的第1个世界冠军，不仅动摇了日本雄踞乒坛的地位，而且出现了从欧亚两洲横直拍争霸，转到亚洲直拍近台快攻和远台长抽之间相互争雄的新局面。中国队的成功，把这项运动在快速和技术的全面发展方面推向一个新阶段。

2000年2月23日，国际乒联特别大会和代表大会在吉隆坡通过40毫米大球改革方案，决定从2000年10月1日起，也就是在悉尼奥运会之后，乒乓球比赛将使用直径40毫米、重量2.7克的大球，以取代38毫米小球。

乒乓球运动在20世纪初传入我国，新中国成立后迅速得到了普及和提高。我国于1952年加入国际乒联，1953年参加第20届世界乒乓球锦标赛，从第25届世界乒乓球锦标赛容国团打开了中国乒乓球运动员通向世界冠军的大门之后，中国运动员就成了世界乒乓球锦标赛冠军的主要得主。在第44届和45届世乒赛和2000年的悉尼奥运会上，中国队成绩辉煌，为长盛不衰40年的中国乒乓球在"小球时代"画上了圆满的句号。2000年10月在扬州举行的第21届男子世界杯比赛上，马琳决赛3∶0击败金泽洙，拿到了改大球后的第一个世界冠军。

我国自1952年加入国际乒联以来，有过领先于世界的荣耀，也有过失去领先的痛楚，但是长期形成的"乒乓球精神"激励着一代又一代运动员不屈不挠、为国争光。

第二节　乒乓球基本技术

一、握拍法

（一）直拍握拍法

1. 快攻型握拍法

拍柄握于虎口，贴于拇指的第二关节和食指的第三关节之间。拇指的第一指节和食指的第二指节自然压住拍肩，食指的第一指节向内自然弯曲，其他三指自然弯曲斜叠于拍后，由中指的第一指节或第一关节顶于拍后，顶点靠近拍柄的延长线（见图10-1）。

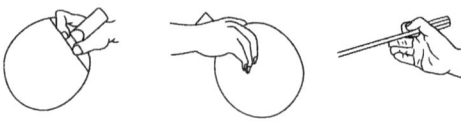

图10-1　快攻型握拍法

2．弧圈球握拍法

拇指的第一指节和食指的第二关节压扣拍肩，食指的第一、第二指节成环状紧扣拍柄，其他二指在拍背面自然叠伸，由中指的第一指节顶于拍柄的延长线上，顶点较远。正手拉弧圈时，拇指、中指和无名指协调用力（见图10-2）。

图10-2　弧圈球握拍法

（二）横拍握拍法

形同握刀，拇指在前，食指在后，其他三指自然握住拍柄（见图10-3）。

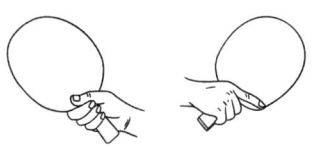

图10-3　横拍握拍法

（1）削攻型握拍法。拇指弯曲自然贴于拍柄，食指在拍后斜伸并自然贴于拍面，拍肩轻靠于虎口和中指的第二关节，其他三指自然握住拍柄。

（2）攻击型握拍法。拇指自然斜伸，贴于拍面，食指伸于拍后，第一指关节顶住球拍，顶点略偏上。这种握拍法为快攻和弧圈型打法所采用，握法稳定，与削攻型握拍法相比，动作的发力较为有利。

二、基本姿势与站立

1．基本姿势

两脚平行开立，略比肩宽，微提踵，脚前内侧用力着地，两膝稍屈，上体略前倾，略收腹，含胸，头颈部平稳自然，两眼注视来球，两肩放松，上臂自然下垂，执拍手的前臂自然弯曲置于身体右侧，肘稍内收，腕自然放松。

2．基本站立

直拍攻击型打法的基本站位在近台中线偏左的位置，左脚稍前。两面攻打法的基本站位在近台中间。削攻结合打法的基本站位在中间靠中台附近。

三、发球与接球

发球是乒乓球技术中的重要技术，它是运动员按照自己的意图不受对方限制地把球击到对方球台的唯一技术。发球按球性可划分为以速度为主、以旋转为主和以落点为主的发球。

（一）正手发球

1. 正手发下旋与不转球

抛球时，持拍手前臂向后上引拍，当球下落接近网高时，挥拍击球；发加转下旋球时，前臂旋外发力，用拍面的左侧下部摩擦球的中下部向前下方用力；发不转球时，腕、指和前臂固定拍形成一体，用球拍的右侧上部向前撞击球的中下部，球出手后，球拍顺势向前下挥动后还原（见图10-4）。

图 10-4 正手发下旋与不转球

2. 正手侧旋发球

抛球时，持拍手随腰后转向后上引拍，当球下落至网高时，收腹转腰，上臂带动前臂向前下弧。

3. 正手高抛发球

抛球手应尽量靠近身体，借助膝关节的屈伸和前臂上摆将球向上用力垂直抛起，使球在身体的右侧前方下落，球开始下落时，持拍手随转腰向后上引拍，当球落到接近网高时，收腹转腰，上臂带动前臂挥拍击球；做出发下旋球或不转球的动作则可以发出正手加转与不转球（见图10-5）。

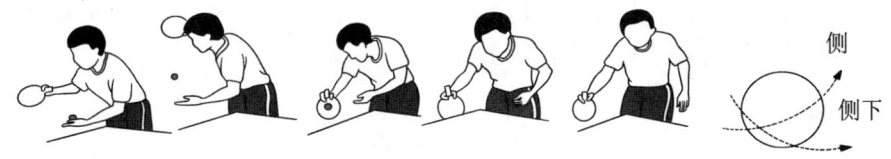

图 10-5 正手高抛发球

（二）反手发球

1. 反手发轻短球

站位近台，两脚开立，右脚偏前，身体略向左转，发球时，将球向上轻轻抛起。持拍手在持球手下向后引拍，上臂自然靠近身体。当球下降到接近网高时，持拍手前臂向前下挥摆，拍面稍后仰，轻微用力，将球送出。

2. 反手发侧旋球

发球动作与发反手轻短球相似，引拍时拍面稍后仰，手腕适当内屈，拍头上抬，当球下落到接近网高时，持拍手在前臂带动下成弧形挥摆。发侧下旋球时，持拍手由后上向前下，球拍触球的右中下部向前下摩擦；发侧上旋球时，球拍触球的右中下部向前上摩擦（见图10-6）。

图 10-6　反手发侧旋球

（三）接发球

1. 接发球站位的选择

通常是根据对方发球的位置来决定自己的位置。如果对方站在球台的右角发球，自己的站位就应该中间偏右些，因为来球到右方的角度比较大，到左方的角度比较小。同样，如果对方站在球台的左角发球，则自己的站位应该中间偏左一些。

2. 接发球的判断

一般情况下，判断来球路线的变化，应该注意对方挥臂的方向。对方发斜线球时，手臂常会向斜前方用力；对方发直线球时，手臂多由后向前方用力；对方发急球时，手臂动作幅度大；对方发轻短球时，手臂动作幅度小。判断来球落点的变化，可以从对方击球的力量轻重来判断：撞击力大，落点较远；也可以根据对方发球时摆臂振幅的大小和手腕用力的不同程度判断来球落点的远近和旋转的强弱。

3. 接发球方法

接发球能力的强弱，往往取决于基本技术水平的高低。只有掌握较全面的击球技术，如点、拨、拉、推、搓、削、摆短、侧旋等，才能回击各种不同的来球。技术不全面，就可能使接发球出现漏洞。因此，接发球要建立在全面熟练掌握技术的基础之上，才能适应比赛的需要。

四、推挡

推挡是直拍快攻打法的基本技术之一，在左推右攻打法中占有极其重要的位置。推挡技术的特点是站位近、动作小、摆速快、变化多。

（一）推挡技术

站位近台偏左，上臂和肘部自然下垂靠近身体，前臂与上臂角度约为100度，肩部放松。握拍的食指稍用力，拇指放松，球拍成半横状，拍面与台面近似垂直（见图10-7）。

图 10-7　推挡

1．挡球

（1）前臂稍前迎，在上升期击球的中部。

（2）以借助对方来球的反弹力为主将球挡回。

2．快推

（1）击球前，上臂或前臂适当后撤引拍（动作要小）。

（2）击球前，手臂迅速迎前，击球上升期。

（3）拍触球时，前臂稍旋外，手腕外展，拍面稍前倾，触球中上部，手臂向前，同时稍向上用力。

3．加力推

（1）击球前，前臂必须提起，上臂后收，肘部贴近身体。

（2）在上升后期或高点期击球。

（3）击球时适当运用伸髋和转腰动作加大手腕发力，并用中指顶住拍背面向前用力。

4．减力推

（1）击球前不用撤臂引拍，稍屈前臂使球拍略微提高，拍面稍前倾。

（2）当球在台面弹起时，手臂轻轻前移，同时身体重心略升高，在上升期触球。

（3）球拍触球瞬间，手臂和手腕稍向后收。

（二）推挡技术易犯错误和纠正方法

（1）推挡时，手腕下垂，使球拍与小臂呈垂直状。纠正时，手腕向外展，使拍柄向左些。

（2）推挡时，拍形角度掌握不好。纠正时，加强手腕的灵活性和调节拍角度的能力。

（3）推挡时，拍形前倾过大，击球时间过早。纠正时，迎球时期稍晚一些。

（4）快推前，肘关节离开身体。纠正时，击球前上臂和肘关节靠近身体。

（5）加力推，腰部配合不够。纠正时，击球时上臂和肘关节要向前送，并配合上体向左转动。

五、攻球

攻球是乒乓球技术中的一个重要组成部分。攻球具有进攻的主动权及直接得分的可能，因而决定着比赛的胜负。攻球技术可以充分运用乒乓球速度、力量、落点、旋转等击球要素的特性，可分为正手攻球、反手攻球和侧身攻球三大部分。

（一）攻球技术

1. 正手攻球（以右手为例）

击球前，腰稍右转，前臂向后下引拍，直握拍成半横状（横握拍前臂与手腕成直线）。当球从台面弹起，重心由右脚移至左脚，手臂向左前上方挥动，以前臂发力为主。击球时，直握拍食指放松，拇指压拍，横握拍前臂带动手腕略旋内，使拍面前倾，击球中上部（见图10-8）。

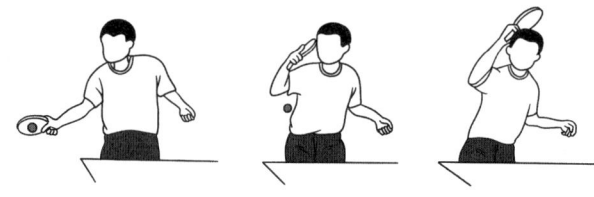

图 10-8　正手攻球

（1）正手快攻。前臂与台面略平行，以前臂发力为主，击球上升期。前臂挥动要快，根据来球长短、高度调节发力。要依靠调节拍面方向，改变击球部位和挥拍方向来变化击球线路。

（2）正手扣杀。根据来球长短，确定站位。来球短站位近，反之站位远。整个手臂随腰转动向后引拍，借以拉大拍与来球的距离，增大挥拍的加速度。要在来球的上升期或高点期击球，并向前下挥拍击球中上部。要充分利用腰和下肢协调用力，增大扣杀力量。

（3）正手中远台攻。站在中远台，右脚偏后，转腰引拍时前臂与地面平行，手臂放松，拉大上臂与身体的距离。击球时，上臂带动前臂向前上方挥拍，触球中上部，并适当运用腰和下肢的力量，协调发力。

2. 反手攻球

击球前，拍引至腹前左侧，肘关节略前出，上臂与前臂约成100度。击球时上臂贴近身体，前臂旋外向右上方挥动，配合转腕，拍面稍前倾，击球中上部。

（1）反手快攻。击球上升期，手腕控制拍面角度。以前发力为主并力求放松，球拍与来球要拉开距离，以加大攻球力量。反手攻球突然性要强，攻斜线球时击球中左部，攻直线球时击球后部。

（2）反手快拨（横拍）。引拍时，上臂贴近身体，前臂前伸迎击来球。击球上升前期，拍触球中上部。击球时，手腕控制拍面略前倾，以向前用力为主。拍触球时稍用力即可。

3. 侧身攻球

侧身攻球的技术内容和动作要领与正手攻球相似，只是在站位、引拍方向和挥臂方向上视来球需要而有所调整，这里不再赘述，仅就需要注意的问题作些提示：

（1）掌握好侧身移步的时间。起动过早，易被对方觉察而突变我方正手空当；起动过晚，又会错过最佳的击球时间。通常来说，最好在对手球拍触球的瞬间判断清楚来球后即侧身。

（2）侧身的步法要高效迅速，一般是向侧后方移动（而非纯粹向后），并要具备连续进攻的能力（包括扑右方空当）。动作幅度应根据需要灵活调整，切忌统统拉后手发死力。

（3）明确侧身攻球的战术意识，避免盲目侧身、习惯性侧身。

（4）侧身时应大胆果断，攻球必须有较大杀伤力。

（二）攻球技术易犯错误和纠正方法

（1）正手攻球时，手腕下垂，使球拍与小臂成垂直。纠正时，球拍拍柄向左些，做徒手模仿练习。

（2）正手攻球时，手腕太挺直，使球拍与小臂成一直线。纠正时，握拍手腕放松些。

（3）正手攻球时，上臂和肘关节抬得高。纠正时，手臂放松，肘关节下垂做近台快攻练习。

（4）反手攻球时，拍面前倾过早。纠正时，使拍面稍后仰，徒手做引拍动作练习。

（5）反手攻球时，拍面前倾不够。纠正时，手腕和前臂要配合外旋。

六、搓球

搓球是近台还击下旋球的一种技术。搓球技术的主要特点是站位近、动作小，多在台内进行。搓球技术主要是通过旋转、落点的变化制约对方的进攻，作为一种过渡性技术，又可以给进攻制造机会。

（一）搓球技术

正手搓球时，击球前，右手向右上方引拍，拍面稍后仰，击球时，前臂和手腕向左前下挥动，摩擦球的中下部［见图10-9（a）］。

反手搓球时，击球前，手臂自然弯曲向左上方引拍，击球时，前臂旋内配合转腕动作，向前下方用力，拍面稍后仰，摩擦球的中下部［见图10-9（b）］。

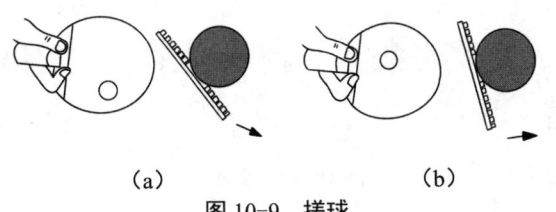

(a)   (b)

图10-9 搓球

1. 快搓

（1）站位近台，击球上升前期。

（2）击球时，手臂要迅速前伸。

（3）根据来球的旋转调节拍面角度和用力方向：来球下旋强，拍触球的底部，向前用力要大一些；来球下旋弱，拍触球的中下部，向前下用力要大些。

2. 慢搓

（1）站位近台，身体仰前，击球上升前期。

（2）有明显的腰部动作，提臂引拍向前下方用力。

3. 快摆

（1）站位近台，身体仰前，击球上升前期。

（2）拍面后仰，触球中下部或底部。

（3）击球时，前臂前伸的动作和快搓相似，只是拍触球时手臂和腕用力很小。

（二）搓球技术易犯错误和纠正方法

（1）球拍没有上引，击球时前臂由上向下动作不明显。纠正时，持拍进行前臂和手腕向上再下切的模仿练习。

（2）击球时，拍面后仰不够。纠正时，练习慢搓接对方发来的下旋球，体会拍面后仰前送的动作。

（3）击球时，球触拍的部位不准。纠正时，做对搓练习，体会摩擦球的动作。

（4）击球后，前臂前送力量不够。纠正时，二人做慢搓练习，体会击球后前臂前送的动作。

七、弧圈球

弧圈球又称加转上旋球，是反胶海绵球拍在拉球技术上的发展，是现代乒乓球运动中的一项重要技术。弧圈球的重要特点是上旋强、稳健性高、攻击威力大（见图10-10）。

（一）弧圈球技术

1. 正手拉高吊弧圈球

（1）左脚在前，右脚在后，身体向正手扭转，右肩略低，略收腹。

（2）手臂自然下垂，球拍后引的幅度较小。

图10-10　弧圈球

(3)击球下降期，拍面稍前倾，摩擦球的中部或中部偏上，以向上发力为主，略带向前。

(4)击球时，后脚掌内侧蹬地，以转腰带动肩、上臂、前臂和手腕发力。如击球点离网近，能借力，可以前臂和手腕发力为主；如击球点离网远，不能借力，则应以上臂发力为主。

2. 正手拉前冲弧圈球

(1)准备动作与拉加转相似，手臂后引略高，持拍手稍下沉，拍与腰同高。

(2)击球高点期或下降前期，拍面前倾的角度比拉加转大，摩擦球的中上部，以向前发力为主，略带向上。

(3)击球时，直握拍可在拍后顶一下，以加强对拍的支撑力。

(二)弧圈球技术易犯错误和纠正方法

(1)在引拍过程中，前臂和上臂在肘关节处的夹角没有打开，而是靠拉肘向后引拍，影响拉球能力。在训练中有意识地把前臂放下来，配合脚部的转动和重心移动，引拍效果会好些。

(2)击球前，腰部向后转动过大，形成掷铁饼式的准备姿势，影响向前发力。在实践中只要感到身体的重心能够移至击球的一侧脚时即可。

(3)击球时，球拍过于前倾，摩擦球过薄，使拉球的力量减弱，准确性降低，容易打在拍边，出现人们常说的"飞碟"现象。击球时球拍不要过于前倾，同时注意手腕向内向前的转动，这样方可拉出高质量的弧圈球。

(4)拉球过程中，手臂由后直接向前挥动，近似于直线形，难以制造拉球的弧线。正确的挥动方法是手臂由右后下方，以肘关节为轴，向左前上方挥动，其挥动轨迹近似于小弧形，这也部分地体现了弧圈球技术术语的内涵。

(5)肩部过于紧张，动作僵硬。由于弧圈球的动作比一般攻球动作稍大些，因此要做到拉后手臂，尤其是肩部要迅速放松还原，以易于连续拉和提高拉后扣杀的命中率。

八、削球

削球技术的特点，概括起来有两点：第一是稳健性，第二是积极性。它通过旋转和落点的变化，调节对方，伺机反攻得分。

(一)削球技术

1. 远削

(1)向上引拍，是为了增大削击球的用力距离。

(2)在下降期击球，但不能过于低于台面。

(3)要保持足够的撞击力，否则球不会过（见图10-11）。

图 10-11　远削

2．近削

（1）向上引拍，比肩略高。

（2）根据来球的情况调节拍面后仰角度。

（3）以前臂发力为主，手腕配合下压，击球后没有前送的动作。

3．削弧圈球

（1）应在来球的下降后期触球，此时球的旋转已减弱。

（2）击球点一般选在右腹前为宜，并适当放低些，这样可利用来球部分向上的反弹力形成自然的回球弧线，有利于提高削球的准确性。

（3）球拍触球时，拍面不能过分后仰，应触球的中下部。如果来球旋转较强，可使拍面竖直些，并适当加大手臂向下压球的力量。

（4）触球时，手腕应相对固定，以免回球过高。

（二）削球技术易犯错误和纠正方法

（1）引拍上提不够，削击路线短。纠正时，按动作要领徒手反复做引拍练习。

（2）拍面过于后仰。纠正时，拍面稍竖，多练削对方平击发球。

（3）向下挥拍削球，球拍向前用力过大。纠正时，多球练习，体会接重板球时前臂下压动作。

（4）击球后上臂前送不够，使球下网。纠正时，多练远削球，体会上臂前送动作。

第三节　乒乓球竞赛规则

一、器材介绍

（1）球台：长 2.74 米，宽 1.525 米，高 0.76 米。
（2）球网：包括球网、悬网绳、网柱和夹钳部分。球网高 15.25 厘米。
（3）球：直径 40 毫米，重 2.7 克。颜色为白色或橙色，无光泽。
（4）球拍：大小、形状和重量不限。底板应由 85%的天然木料制成。球拍两面无论是否有覆盖物，必须无光泽，且一面为鲜红色，一面为黑色。用来击球的拍面应用一层颗粒向外的普通颗粒胶覆盖，连同粘合剂，厚度不超过 2 毫米；或用颗粒向内的海绵胶覆盖，连同粘合剂，厚度不超过 4 毫米。

二、基本概念

（1）回合：球处于比赛状态的一段时间。
（2）球处于比赛状态：从发球时球被有意向上抛起前静止在不执拍手掌上的最后一瞬间开始，直到该回合被判得分或重发球。
（3）击球：用握拍手中的球拍或持拍手手腕以下的部位触球。
（4）阻挡：对方击球后，向比赛台面方向运动的球，在没有触及本方台区、也未越过端线之前，即触及本方运动员或其穿戴的任何物品。
（5）穿戴的物品：指运动员在一个回合开始时穿或戴的任何物品，但不包括比赛用球。
（6）越过或绕过球网装置：球从球网和比赛台面之间通过，以及从球网和网柱之间通过的情况除外，球均应视作已"越过或绕过"球网装置。
（7）球台的"端线"：包括球台端线以及端线两端的无限延长线。

三、合法发球与还击

1. 合法发球

（1）发球开始时，球自然地放置于不执拍手的手掌上，手掌张开，保持静止。
（2）发球员须用手将球几乎垂直地向上抛起，不得使球旋转，并使球在离开不执拍手的手掌之后上升不少于 16 厘米，球下降至被击出前不能碰到任何物体。
（3）当球从抛起的最高点下降时，发球员方可击球，使球首先触及本方台区，然后越过或绕过球网装置，再触及接发球员的台区。在双打中，球应先后触及发球员和接发球员的右半区。
（4）从发球开始，到球被击出，球要始终在台面的水平面以上和发球员的端线以外，而且不能被发球员和其双打同伴的身体或衣物的任何部分挡住。

（5）球一旦被抛起，发球员的不执拍手臂应立即从球和球网之间的空间移开。球和球网之间的空间由球和球网及其向上的延伸来界定。

（6）运动员发球时，有责任让裁判员或副裁判员确信他的发球符合规则的要求，且裁判员或副裁判员均可判定发球不合法。

（7）如果裁判员或副裁判员对发球的合法性不确定，在一场比赛中第一次出现时，可以中断比赛并警告发球方。但此后如果该运动员或其双打同伴的发球不是明显合法的，将被判发球违例。

（8）运动员因身体伤病而不能严格遵守合法发球的某些规定时，可由裁判员做出决定免于执行。

2. 合法还击

对方发球或还击后，本方运动员必须击球，使球直接越过或绕过球网装置，或触及球网装置后，再触及对方台区。

四、一分、一局、一场

1. 一分

除被判重发球的回合，下列情况运动员得 1 分：对方运动员未能正确发球；对方运动员未能正确还击；运动员在发球或还击后，对方运动员在击球前，球触及了除球网装置以外的任何东西；对方击球后，球没有触及本方台区而越过本方台区或端线；对方阻挡；对方故意连续两次击球；对方用不符合规定的拍面击球；对方或其穿或戴的任何东西使比赛台面移动；对方运动员或其穿或戴的任何东西触及球网装置；对方运动员不执拍手触及比赛台面；双打时，对方运动员击球次序错误；执行轮换发球法时，接发球方连续还击 13 板，将判接发球方得 1 分。

2. 一局

在一局比赛中，先得 11 分的一方为胜方。比分打到 10 平后先多得 2 分的一方为胜方。

3. 一场

一场比赛由奇数局组成。

五、重发球

（1）回合出现下列情况应判重发球：发球员发出的球，在越过或绕过球网装置后，触及球网装置，此后成为合法发球或被接发球员或其同伴阻挡；接发球员或接发球方未准备好时，球已发出，而且接发球员或接发球方没有企图击球；由于发生了运动员无法控制的干扰，而使运动员未能成功发球、还击或遵守规则；裁判员或副裁判员暂停比赛。

（2）裁判员或副裁判员可以在下列情况下暂停比赛：要纠正发球、接发球次序或方位错误；要实行轮换发球法；警告或处罚运动员；比赛环境受到干扰，以致该回合结果有可能受到影响。

六、正确的比赛次序

（1）在单打比赛中，首先由发球员合法发球，再由接发球员合法还击，然后两者交替合法还击。

（2）在获得每2分之后，接发球方即成为发球方，以此类推，直至该局比赛结束，或者直至双方比分都达到10分或实行轮换发球法，这时，发球和接发球次序仍然不变，但每人只轮发1分球。

（3）双打中，首先由发球员合法发球，再由接发球员合法还击，然后由发球员的同伴合法还击，再由接发球员的同伴合法还击，此后，运动员按此次序轮流合法还击。

（4）在双打的第1局比赛中，先由发球方确定第一发球员，再由接发球方确定第一接发球员。

（5）在双打以后的各局比赛中，第一发球员确定后，第一接发球员应是前一局发球给他的运动员。

（6）在双打每次换发球时，前面的接发球员应成为发球员，前面发球员的同伴应成为接发球员。

（7）在双打决胜局中，当一方先得5分时，接发球方应交换接发球次序。

（8）一局中首先发球的一方，在该场下一局时应首先接发球。

（9）一局中，在某一方位比赛的一方，在该场下一局时应换到另一方位。

（10）在决胜局中，一方先得5分时，双方应交换方位。

七、比赛开始前的选择

选择发球、接发球和方位的权利应由抽签来决定。中签者可选择先发球或先接发球，或选择先在某一方位。

（1）如果中签运动员优先选择了发球或接发球，则另一方运动员应优先选择方位。

（2）如果中签运动员优先选择了某一方位，则另一方应优先选择发球或接发球。

八、发球、接发球次序和方位的错误

裁判员一旦发现发球、接发球次序错误，应立即暂停比赛，并按该场比赛开始时确立的次序，按场上比分由应该发球或接发球的运动员发球或接发球；在双打中，则按发现错误时那一局中首先由有发球权的一方所确立的次序进行纠正，继续比赛。

在任何情况下，发现错误之前的所有得分均有效。

九、轮换发球法

（1）一局比赛进行到10分钟或在任何时间应双方运动员或配对的要求，应实行轮换发球法，但如果一局比赛比分之和已达到至少18分，将不实行轮换发球法。

（2）实行轮换发球法的时间到时，球处于比赛状态，裁判员应立即暂停比赛，由被暂停回合的发球员发球，继续比赛；如果实行轮换发球时，球未处于比赛状态，则应由前一回合的接发球员发球，继续比赛。

（3）此后，每位运动员应轮发1分球，直到该局结束。如果接发球方进行了13次合法还击，则判接发球方得1分。

（4）轮换发球法一经实行，将一直执行到该场比赛结束。

十、竞赛规则的改革赋予乒乓球运动不断发展的生命力

（1）欧洲全盛时期，削球打法盛行，"蘑菇战"屡屡发生。为此，国际乒联做出降低网高、加宽球台、限制比赛时间的改革。

（2）20世纪50年代，日本人发明了海绵球拍。国际乒联做出规定：海绵球拍应在表面覆盖正胶或反胶的胶皮，海绵与胶皮的总厚度不得超过4毫米，使比赛更趋于公平。

（3）20世纪80年代，中国选手使用两面不同性能球拍，使外国选手难以判断来球旋转而造成失误。国际乒联规定：球拍两面必须是一红一黑两种不同颜色，且在发球前，必须将球拍置于台面以上。

（4）近年来，国际乒联又做出较大的改革：一次男子团体赛由九场五胜制改为五场三胜制；2000年10月，乒乓球直径38毫米、重2.5克，改为直径40毫米、重2.7克；2001年9月，乒乓球比赛由每局21分制改为11分制；2002年9月，乒乓球比赛执行发球无遮挡的规定；出于对身体健康和比赛观赏性的考虑，国际乒联提议2008年9月1日起正式禁止使用有机胶水，采用无机胶水黏合球拍与胶皮；2010年5月，国际乒联做出决议：2012年的伦敦奥运会乒乓球单打比赛各国家名额由最多3人减为2人。

综上所述，不论规则如何改变，都不是针对哪个国家，而是为了乒乓球运动更好地发展，更好地为大众所接受，使比赛公平合理，更具有吸引力。

第十一章 网球运动

第一节 网球运动概述

一、网球运动的起源及发展

网球运动起源于法国。早在12至13世纪间，法国的传教士为了调节教堂单一的生活，在教堂回廊里用手掌击打用皮或布裹着毛发制成的小球。后来这种活动逐渐传入法国宫廷，很快成为王室贵族们的一种娱乐游戏。当时把这种游戏叫作"jeu depaume"，译作"掌球戏"。随后，这种游戏从室内被移向室外，形成了在一块空地上、将一条绳子架在中间、两边各站一人、用手掌来回击打一种裹着头发的布球的玩法。

14世纪中叶，这种游戏传入英国。当时法国王储将这种游戏使用的球，赠送给英国亨利五世。球的表皮是用埃及坦尼斯镇所生产的最为著名的斜纹法兰绒布制作的，英国人就将这种球称为"Tennis"，即网球，直到现在使用的球还保留着一层柔软的绒面，"Tennis"也就成为这项运动的专用语，沿用至今。

1877年7月，首届草地网球男子单打锦标赛在英国举办，即后来闻名于世的温布尔登草地网球锦标赛，标志着近代网球的开始。

二、我国网球运动的发展概况

网球运动于1885年前后传入我国。当时外国的驻军和一些商人、传教士在香港、广州、上海、北京、天津、青岛及沿海口岸，修建了许多网球场，以供他们娱乐、健身使用。后来网球运动逐渐在几个大城市的教会学校中开展起来。

我国1953年成立网球协会，1956年举行全国网球锦标赛。1980年，中国网球协会被国际网联接纳为正式会员，标志着我国网球运动有了新的发展。20世纪80年代以来，我国网球运动水平提高较快。1986年第10届汉城亚洲运动会网球比赛，我国选手李心意获女子单打冠军。1991年联合会杯女子网球团体赛上，中国女子网球队在58个参赛队中进入16强。在2004年第28届奥运会上，孙甜甜、李婷获得双打比赛冠军。2006年澳大利亚网球公开赛上，郑洁/晏紫夺得女子双打冠军。2011年1月悉尼公开赛上，李娜获得冠军，成为中国首个WTA顶级巡回赛冠军。在2011年6月法国网球公开赛上，李娜获得冠军，成为亚洲网球第一人，世界排名升至第四。

三、网球运动协会组织及赛事

（1）国际网球联合会（International Tennis Federation，ITF），简称国际网联，

1912 年在法国巴黎成立。

（2）职业男子网球协会（Association of Tennis Professional，ATP）。ATP 系列赛包括下面 6 种比赛：大师杯赛；世界双打锦标赛；世界队际锦标赛；网球大师系列赛，也就是所谓的超九赛事；国际黄金系列赛；国际系列赛。

（3）职业女子网球协会（Women's Tennis Association，WTA）：成立于 1973 年，球员总部设在美国佛罗里达州的圣彼得斯堡。

（4）网球"四大满贯"。澳大利亚网球公开赛：澳大利亚网球公开赛是四大公开赛中最晚创建的赛事。温布尔登网球锦标赛：温布尔登网球锦标赛是现代网球史上最早的比赛。法国网球公开赛：法国网球公开赛始于 1891 年，开始时只有法国选手参加，直到 1925 年才允许外国球手参赛。美国网球公开赛：美国网球公开赛始于 1881 年，每届比赛均在每年的 8 月底至 9 月初举行，从 1997 年起比赛在新落成的阿瑟·阿什网球中心进行。

第二节　网球基本技术

一、握拍法

目前世界上流行的网球握拍法有两种，即东方式和西方式。本节只叙述适合我国高校情况且比较流行的东方式正手、反手握拍法和双手反手握拍法，以及大陆式握拍法，且均以右手击球为例进行介绍。

（一）技术要领

1. 东方式正手握拍法

左手先握住拍颈，使拍子与地面垂直，然后手掌也垂直于地面，手握拍柄好像与人握手，故称"握手式"握拍法。准确地说，用右手掌根与拍柄右上斜面贴紧，拇指垫握住拍柄的左垂直面，食指微离中指，食指下关节压住拍柄右垂直面。由此拇指与食指成"V"形，对准拍柄的右上斜面和左上斜面的上端中间（见图 11-1）。

2. 东方式反手握拍法

从正手握拍法把手向左转动（即把球拍向右转动），使拇指与食指成"V"形，对准拍柄左上斜面与左垂直面的中间条线。用手掌根压住拍柄的左上斜面，拇指贴在左垂直面上，食指下关节压在右上斜面上（见图 11-2）。

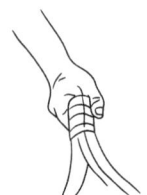
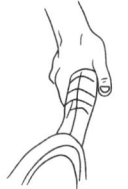

图 11-1　东方式正手握拍　　图 11-2　东方式反手握拍

3. 双手反手握拍法

右手是东方式反手握拍法，握在球拍拍柄的底部，手掌根与拍柄对齐。左手握在右手的上方，做东方式正手握拍法（此握拍法对于力量不足的学员来说反拍比较容易）（见图11-3）。

4. 大陆式握拍法

正、反手握法相同，无须换拍。用手掌根抵住拍柄上部的小平面，拇指直伸围住拍柄，食指下关节紧贴拍柄右上斜面（见图11-4）。

 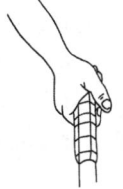

图 11-3 双手反手握拍法　　图 11-4 大陆式握拍法

（二）握拍的练习方法

（1）固定球拍，以持拍手的正确部位握拍，体会握拍感觉。
（2）在转动球拍中，练习者自己发出信号，于瞬间以正确手法握拍。

二、击球前的准备姿势

面对球网，两脚分开与肩同宽，身体前倾，双膝微屈，重心落在前脚掌上，右手握拍，左手轻托拍颈，拍面垂直地面并指向对方，注意力集中准备迎击来球（见图11-5）。

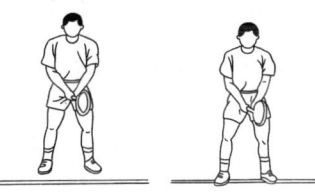

图 11-5 击球前的准备姿势

三、基本步法

网球的基本步法主要由跑步、滑步、交叉步、跨步、蹬步等组成，其步法有"关闭式"（以前脚掌为轴，另一脚向前45度跨步，形成击球步法）和"开放式"（两脚平行站立，以右脚掌为轴，转胯转体形成击球步法）两种。击球移动应是向来球方向斜插跑动，做到接近来球时已完成引拍动作。

基本步法的练习方法：
（1）明确步法移动中的基本要领，深入领会，认真分析。
（2）徒手练习前、后、左、右移动脚步动作。

（3）结合挥拍动作练习步法。

（4）利用多球进行步法练习，注意由慢到快，由易到难。

（5）在平时的练习中要有目的、有针对性地把技术训练和步法练习有机结合起来。

（6）步法练习还要和专项身体训练结合起来，以增强下肢起动速度和力量。

（7）规定组数和次数，或规定时间完成一定的组数和次数的某一项步法。

四、底线正手击球

当发现来球在正拍位时，就开始向后拉拍，转髋的同时转肩，带动球拍向后引，成弧形做后摆动作；或直接向后拉拍，肘关节弯曲并稍抬起（注意手臂不要伸直），左手同时向前伸出，以保持身体平衡。当脚下采用关闭式步法时，应在球拍做后摆动作的同时，右脚向右转，约与底线平行，左脚向右前方以45度迈出。开放式步法是在球拍后摆时，双脚基本与底线平行，但要做较多的转体动作来配合。两种步法击球前的重心都在右脚上，随着击球和动作的变化，重心移向左脚。击球时尽量在腰部高度迎前击球，借助髋和腰的快速短促扭转，利用离心力大力摆动身体并立即挥拍击球。此时手腕固定，肘微屈，击球点在轴心脚的侧前方，击球的中部或中部偏上位置。击球后，球拍沿着球飞行的方向继续向上挥动，肘关节向前方跟进前伸，球拍随挥至左肩上方结束，击球后应尽快还原到预备姿势（见图11-6）。

图11-6 底线正手击球

底线正手击球的练习方法：

（1）徒手正手击球练习，体会向后拉拍、转肩及腰部扭转和重心交换等动作要领。

（2）持拍单个动作的分解练习，如准备动作是"1"；转体向后引拍，向侧前方跨步是"2"；腰部扭转，向前挥拍是"3"；脚步跟上，动作还原是"4"。然后再进行连贯动作的挥拍，直至动力定型。

（3）在原地练习挥拍的基础上，结合步法做挥拍练习，体会步法与手法的协同配合。

（4）对墙进行底线正手击球练习。对初学者来说效率高、效果好，能很好地体会动作和球感。

（5）由教练陪练送多球，进行正手击球练习。

（6）两人底线用正手对打斜、直线练习。

（7）底线正拍一点打两点练习。先固定线路，逐渐加大难度到不定点线路。

（8）用正手击球进行两条斜线对两条直线的练习，亦称"8"字线路，先固定线路，然后到不固定线路。

（9）用正手击球打斜线与直线的交叉练习，亦称"N"字线路，先固定线路，然后到不固定线路。

五、底线反手击球

当来球在反拍时，左手轻托球拍的颈部，随着右脚向左侧前方约45度跨出，向左转肩转髋至右肩侧对球网，并向后引拍。握拍手肘关节弯曲并贴近身体，拍头略低于来球。击球时要向前迎球，击球点在右脚的侧前方（双手击球在左脚的侧前方，并力争打上升球）。抽击球的拍面要垂直于地面，肘关节稍屈并外展，手腕紧锁，并由下向上奋力挥击，击球的中部偏下。在将要击球时，身体重心由后脚移向前脚。击球后球拍应向上挥到肩或头部的高度，同时保持身体平衡并准备下一拍的击球。削球时引拍应向后上方，拍头约与头部同高。击球时拍面要微展开（后仰），球拍由后上向前下方做切削动作，击球的中部或中部偏下，随挥动作应由下稍向上或弧形挥动，到肩或头部的高度并面向球网。双手击球应触球的中部或中部偏下，随挥动作应在肩部结束（见图11-7）。

图11-7　底线反手击球

底线反手击球的练习方法：

（1）徒手反手击球练习，体会向后引拍、转肩及腰部扭转和重心交换等动作要领。

（2）挥拍时可先进行单个动作的分解练习，然后再进行连贯动作的挥拍，直至动力定型。

（3）结合步法做挥拍练习，体会步法与手法的协同配合。

（4）对墙进行底线反手击球练习。

（5）由教练（陪练）送多球，进行反手击球练习。

（6）两人底线用反手对打斜、直线练习。

（7）底线反拍一点打两点练习。

（8）用反手击球打两条斜线对两条直线的练习。

（9）用反手击球打斜线与直线的交叉练习。

六、发球与接发球

（一）发球

发球有平击发球、切削发球和上旋发球3种。采用东方式或大陆式握拍法发球时，侧身站立，左肩对着左网柱，面向右边网柱，两脚分开约同肩宽，左脚与端线约成 45 度，右脚与端线平行，左手持球轻托球拍在腰部，抛球与后摆拉拍动作同步开始。当球拍向上向后引拍时，持球手同时下降至右腿处，并开始直臂，平稳地从左脚处向上抛球，球送至最高点再离开手指抛向空中。此时球拍从身后向头上方做大弧度摆动，身体做转体、屈膝、展肩，右肘向后外展，约同肩高，拍头指向天空，左侧腰胯成弓形状。击球前握拍手的肘关节放松，使手臂产生一个完美的绕圈，手腕放松，使球拍在体后下垂（不能人为地用球拍做搔背动作）。当球下降至击球点时，迅速向上挥拍击球。击球时，身体、手臂、球拍要充分向上伸展，持拍手腕向前拌甩，带动前臂做"旋内鞭打"，球拍随挥至身体的左侧。击球后身体向场内倾斜，并自然跟进。"平击发球"的击球点应在身体的右眼前上方，以拍面中心平直对准球，击球的后中上部；"切削发球"的抛球应在右侧斜上方，球拍快速从右侧中上方至左下方挥动，击球的中部偏右侧；"上旋发球"的抛球应在头后偏左的位置，球拍快速从左向右上方挥动，从下向上擦击球的背面，并向右带出（见图 11-8）。

图 11-8　发球

（二）接发球

对方发球前，两膝弯曲，两腿叉开。当对方抛球准备击球时，可提高重心，两脚快速交替跳动，并判断来球迎前回击。接球回击时要做到交换握拍及时，拦拍动作幅度要小，接球回位要及时。对发球威胁大的回击动作一般介于底线正、反拍击球的动作和截击球动作之间，对发球质量差的来球用底线正、反拍动作回击。

发球与接发球的练习方法：

（1）明确正确的发球握拍法，即大陆式或东方式反拍握法，并进行握拍练习。

（2）重视抛球练习，反复练习抛球。

（3）完整发球的徒手模仿练习，体会放松、准确、协调、完整、舒展的发球动作。

（4）距网球墙约 12 米对墙发球练习，边模仿，边练习，边体会。

（5）在场地上用多球完成发球的练习。先练习发不定点球，后练习发定点球，逐步提高难度，即在发球区内不同的落点设立目标练习"打靶"，以提高命中率和准确性。

（6）练习发各种不同性能的球，并熟练掌握。

（7）结合场地上的各种发球，练习接发球。

（8）按指定的点和线路进行接发球练习。

七、截击球

在中场或近网处，凌空（除高压球外）击打对方来球称为截击球，又称拦网，分正拍和反拍截击球。握拍为大陆式或东方式反手握拍法。

（一）正指截击

来球前，左脚向右侧前方做 45 度跨步，以转胯转肩来带动球拍后摆（不超过肩），肘关节微屈，手腕成 45 度，拍面略开。球拍触球时手腕要固定，击球点在左脚尖的延长线上，以短促而有力的动作向前迎击来球，击球的中下部。

（二）反指截击

来球前，右脚向左侧前方做 45 度跨步，同时转肩转胯，左手托住拍颈帮助向后引（拉）拍，拍面略开在体前，后引动作不超过左肩，击球点位于右脚尖前面。击球时手腕紧固，肘关节微屈，利用前臂与手腕动作短促向前向下截击来球。

正、反拍截击来球时，来球高则拍面应垂直向前向下击球；来球低则拍面应打开些，击球的中下部向前搓顶过去。

截击球的练习方法：

（1）先徒手做模仿挥拍练习，然后再持拍模仿挥拍练习，并逐渐结合步法做挥拍练习。

（2）用多球进行单个动作对墙约 3 米固定手形的截击练习，体会动作和球感。

（3）一人供球、一人连续多球对网截击练习，以提高反应、判断和反正、反拦的相互变换能力。

（4）在网前中场或近网对底线进行截击球练习，先单线定点，后可加大难度进行左右移动截击或不定点截击。

（5）通过技术组合练习截击球。如发球上网或随球上网练习中场和近网截击，提高实战中的截击能力。

（6）网前两人对抗练习。

（7）网前截击无规律来球。

八、高压球与挑高球

（一）高压球

高压球的动作与发球动作相似，握拍也与发球握拍相同。

当对方挑高球时，应立即侧身转体并用短促的踮步调整到位，球拍在体前上举并后引，非持拍手上举指向来球的方向和高度，击球点在右眼前上方。击球前重心在两脚前脚掌上，后腿弯曲。击打近网高压球时，击球点可偏前，以利于下扣动作的完成；击打远网后场高压球的击球点可稍后些，击球动作向前下方挥击，避免下网。

（二）挑高球

挑高球分为进攻性挑高球和防守性挑高球两种。进攻性挑高球在挥拍击球时，拍面垂直，拍头低于手腕，采用手腕与前臂的翻滚动作，使球拍从球的后下向前上挥动并做弧线擦击，使球产生强烈旋转，击球点应在身体的侧前方，随挥动作应轻松地在身体左侧结束；防守性挑高球在挥拍击球时拍面朝上，触球的中下部，由后下方向前上方平缓挥拍击球，动作柔和，并使球在球拍上停留时间长一些。

高压球与挑高球的练习方法：

（1）持拍做高压球和挑高球的模仿练习。

（2）结合后脚跳起步法做高压球挥拍练习，体会击球时间的空间感。

（3）用多球进行高压球和挑高球练习，先定点练习，然后在跑动中不定点练习，难度逐渐加大。

（4）一人或两人专门练习底线挑高球，另两人专门练习高压球。

（5）按照双打要求，对方两人在网前截击或高压，练习挑高球及防守反击技术。

九、放轻球

当准备放轻球时，击球前的准备动作与正、反拍抽球动作相同。击球时拍面稍开，动作柔和，触球点在球的下部，使之产生下旋，并以适当的前推或上托动作把球击出，使球有适当的弧线落在对方球场近网处。击球后身体重心向击球方向跟进，用自然协调的动作来完成随球动作。

放轻球的练习方法：

（1）用多球进行练习，先定点练习，然后在跑动中练习。注意，眼睛始终盯着球，动作要柔和。

（2）底线正、反拍抽击球对练中，练习突然放轻球。注意，动作要隐蔽。

（3）在教学比赛中有意识练习放轻球。注意，直线轻球比斜线轻球更具威胁。

十、反弹球

正、反拍反弹球握拍与网前截击握拍相同，采用东方式反手握拍法或大陆式握拍法。当判断来球需要打反弹球时，迅速下蹲，重心下降。如正拍反弹球，应转体，右脚向前跨步并弯曲，反拍反弹球则相反；此时身体前倾，保持平衡，后摆动作视来球的速度及准备时间快慢而定，一般是转体已完成后做后摆动作。击球时眼睛必须看球，手腕与前臂紧固，拍面略开，随身体重心前移，拍子由下向上做反弹击球，同时使球略带上旋。击球后，随挥动作不宜太长，能达到引导击球方向就够了。

反弹球的练习方法：

（1）在距墙较近的地方，进行正、反拍反弹球练习。注意，身体重心下降，击球时拍头由低向高提起。

（2）用送多球定位的方法，把球送至运动员脚下进行反弹球练习。注意，在击反弹球的向前动作中，尽量使动作连贯，不要有停顿，及时向网前靠近。

（3）结合实战，由后场向前场跑动至中场击反弹球练习。注意，根据对方的站位，力争反弹球的落点平而深，这样才能由一时的被动转为主动。

第三节　网球竞赛规则

网球规则是由国际网球联合会制定和修订的，了解网球规则有利于网球爱好者欣赏和参与比赛。以下按照一场正规网球比赛流程，介绍相关规则。

一、场地

网球场可分为室外和室内，且有各种不同的球场表面。当今国际比赛中使用的场地地面主要有 3 种：硬地、土地、草地。例如：四大网球公开赛中法国网球公开赛使用的是红土场地，温布尔登网球锦标赛使用的是草地，澳大利亚网球公开赛和美国网球公开赛使用的是硬地。由于场地的硬度各不相同，因此对运动员的影响差别很大。

网球场地长 23.77 米，单打场地宽 8.23 米，双打场地宽 10.97 米，中央网高 0.914 米，两端网柱高 1.07 米，发球线距端线 5.485 米，发球线距球网 6.4 米，发球区长 6.4 米，发球区宽 4.115 米，端线外至少要有 6.4 米的空地，边线外至少有 3.66 米的空地。

二、球

网球的外部需要由纺织材料统一包裹，颜色为白色或黄色，接缝处需无缝线痕迹。网球规格是一样的，其重量要介于 56.7 克和 58.5 克之间，并且在从 254 厘米的高度向混凝土地面做自由落体运动时，反弹的高度应该介于 134.62 厘米和 147.32 厘米之间。

三、球拍

碳素纤维是目前最适合作为球拍主材的材料。拍线主要有天然肠线和人造复合线两种。

球拍的标准长度是 68.58 厘米，现在大多数的球拍长度都接近 69.85 厘米了。球拍的拍面大小从 548 平方厘米到 871 平方厘米的都有。

四、比赛开始前的准备

在比赛开始之前，由主裁判把双方选手召集到网前开赛前会议。其内容是介绍赛制、比赛用球、司线、球童、裁判辅助设备等与比赛相关的事项。各项内容介绍完毕后，由主裁判抛硬币挑边。抛硬币获胜方可以选择发球权、接发球权或场地权。

挑边结束后，双方选手开始做准备活动，时间一般为 5 分钟。在剩下 2 分钟时主裁判会提示，并宣报"Two Minutes"，这时应该练习发球。还剩最后 1 分钟时主裁判宣报"One Minute"，并向观众介绍运动员及比赛赛制等，最后宣报"Time Out"，开始比赛。

五、比赛中的计分

（一）一局中的计分

比赛开始报 0∶0（Love），第一球报 15（Fifteen），第二球报 30（Thirty），第三球报 40（Forty），第四球报胜一局（Game），先胜 4 分者胜 1 局。

双方各得 3 分 40∶40 时为"平分"（Deuce），净胜两分为胜 1 局，如果一名选手先赢得一分，则裁判宣报"占先"（Advantage），继续赢一球，裁判宣报胜一局（Game）。

（二）胜 1 盘

（1）一方先胜 6 局为胜 1 盘。

（2）双方各胜 5 局时，一方要净胜 2 局为胜 1 盘，例如：8∶6。

（3）双方在局数为 6∶6 时，谁先赢得 7 分为胜 1 盘。

（三）平局决胜局的计分

在每盘的局数为 6 平时，有以下两种计分制，无论哪种计分都要在比赛前声明。

1．长盘制

一方净胜 2 局为胜 1 盘，一盘比赛有可能一直持续，直到连赢两局结束比赛。

2．平局决胜制

（1）当比赛局数是 6∶6 时，采用 1、2、3、4、5、6、7…计分（同样必须要净赢两球，例如：5∶7），先得 7 分者为胜该盘。

（2）发球顺序。发球员发第 1 分球，对方发第 2、3 分球，然后轮流发两分球，直到比赛结束。第 1 分球在右区发，第 2 分球在左区发，第 3 分球在右区发。

六、比赛中的规则

（一）发球的规定

（1）在网球比赛中，每一分都有两次机会发球。如果第一次失误了，允许再发一次，当第二次发球失误了，才算丢一分。如果发球擦网，并且球落在有效区内则重新发球。

第十一章 网球运动

（2）发球的站位。每一局比赛开始，应该从场地的右区开始发球，发球员在发球前应先站在端线后、中点和边线的假定延长线之间的区域里（任何一只脚都不能触及到端线、中线及端线、中线、边线的假定延长线），用手将球向空中任何方向抛起，在球接触地面以前，用球拍击球。球拍与球接触时或没有接触到，都认定发球结束。一只手的选手可以用球拍抛球。

（3）发球的时间和顺序。发球选手在对手准备好后才能发球，接发球选手必须以合理的时间做好接球准备，每个选手发完一局后交换发球。

（4）双打发球次序。每盘第1局开始时，由发球方决定由何人首先发球。对方则同样地在第2局开始时，决定由何人首先发球。第3局由第1局发球方的另一球员发球。第4局由第2局发球方的另一球员发球。以下各局均按此次序发球。

（5）接发球。在接球队员回球后，本队的任何选手都可以回击。

（二）换球及交换场地

比赛换球因比赛的规模、方案而不同，在四大公开赛和大师杯的比赛中用6个球、7/9局换球。双方选手应在每盘的第1、3、5等单数局结束后，以及每盘结束双方局数之和为单数时，交换场地。

（三）失分

发生下列任何一种情况，均判失分。

（1）在球第2次着地前，未能还击过网。
（2）还击的球触及对方场区界线以外的地面或其他物体。
（3）连续两次发球失误。
（4）故意用球拖带或接住活球状态的球，或者故意用球拍触球超过一次。
（5）运动员的身体、球拍，在活球期间触及球网、网柱/单打支柱、网绳或钢丝绳、中线带或网带，或者对手场地地面。
（6）过网击球。
（7）抛拍击球。
（8）接发球队员在球未落地前回击。
（9）活球期间球触及到运动员手中球拍以外身体或穿戴的任何物品。
（10）双打比赛中，一次击球中球触及到两名选手的球拍。
（11）比赛进行中，运动员故意改变其球拍形状。

第十二章 游 泳 运 动

第一节 游泳运动概述

一、游泳运动的起源和发展

游泳是一种凭借自身肢体动作和水的作用力，在水中活动或前进的技能活动。人类的游泳是一种有意识的活动，游泳与人类的生存、生产、生活紧密联系，是人类在同大自然斗争中为求生存而产生的。

人类的游泳活动源远流长。据史料记载，在5 000多年前的中国古代陶器上，可以看到雕刻着人类潜入水中猎取水鸟及类似自由泳的图案。相传4 000多年前我国大禹治水时，已经发明了不少泅水方法。约2 500年前，我国第一部诗歌集《诗经》就有关于游泳活动的记载。《诗经·邶风·谷风》中"就其深矣，方之舟之；就其浅矣，泳之游之"的诗句，说明那时人们就懂得利用游泳来克服江河的天然屏障。

随着人类社会生产力的发展，阶级的产生，阶级矛盾的激化，出现了战争。这时，游泳由单纯的生活技能逐渐转变成一种军事技能。中国古代兵书《六韬》《管子》《孙子》等都把游泳列入军事训练项目。

我国古代的游泳概括为3种形式，即涉——在浅水中行走，浮——在水中漂浮，没——在水下潜泳。在长期实践中，劳动人民还创造和发展了不少泅水方法和游泳技术，如狗爬式、扎猛子（潜水）、大爬式、扁担浮（踩水）等，在民间流传至今。

二、现代奥运游泳发展概况

现代游泳运动起源于英国。17世纪60年代，游泳在英国不少地区得到开展和推广，相当活跃。从1828年英国利物浦乔治码头修建了世界上第一个室内游泳池开始，英国各大城市相继效仿。1837年，第一个游泳组织在英国伦敦成立，同时举办了英国最早的游泳比赛。1869年1月，大城市游泳俱乐部联合会（现英国业余游泳协会前身）在伦敦成立，游泳正式固定为一个专门的运动项目，并随之传入英国各个殖民地，继而传遍了全世界。随着游泳运动的发展，游泳被分为竞技游泳和实用游泳两大类。竞技游泳包括蛙泳、自由泳、仰泳、蝶泳，实用游泳包括侧泳、潜泳、反蛙泳、踩水、救护、武装泅渡等。

在1896年希腊雅典第1届现代奥林匹克运动会上，游泳被列为奥运会竞赛项目之一，当时只有男子100米、500米、1 200米3个项目。1900年，法国巴黎第 2 届奥运会增设仰泳、障碍泳和潜泳比赛。1904 年，美国圣路易斯第 3 届奥运会上，游泳姿势还是自由泳和仰泳，取消了障碍泳和潜泳，比赛距离以码为单位。1908 年，英国伦敦举办第 4 届奥运会时，成立了国际业余游泳联合会（简称"国际泳联"），审定了各项游泳世界纪录，并制定了国际游泳比赛规则，规定比赛距离单位统一用"米"，增设 200 米蛙泳项目。1912 年瑞典斯德哥尔摩第 5 届奥运会时，女子游泳被列为比赛项目。1952 年第 15 届奥运会，国际泳联增设蝶泳项目，把蛙泳和蝶泳分为两个项目。从此，竞技游泳发展成 4 种泳姿。1956 年墨尔本第 16 届奥运会，国际泳联决定蛙泳比赛采用潜水蛙泳技术。此后，游泳规则随技术的发展多次进行修改，比赛项目逐渐增加。在 2008 年北京奥运会上，游泳项目还增加了男子和女子 10 千米马拉松。奥运会游泳比赛发展至今，共有自由泳、蛙泳、蝶泳、仰泳、个人混合泳和接力 6 大项 34 个小项，成为奥运会上仅次于田径运动的奖牌大户。

三、游泳锻炼的价值

（一）保障生命，强身健体

我们在生活中不可避免要与水打交道，无论是主动地下水游玩或者水下作业，还是被动地失足落水或者乘船发生意外，假如不会游泳，生命安全会受到威胁。如果会游泳，自身的生存就会有保障，不但可以自救，还可以救人。因此，会不会游泳成了保证生存的重要手段之一。

游泳是一项能使人体的各个器官都得到锻炼的项目。由于水的导热能力是空气的 25 倍左右，据测定，人体在 12 度的水中停留 4 分钟所放散出的热量，相当于同等温度下人在陆地上 1 小时所放散的热量。经常进行游泳锻炼能改善体温调节能力，以适应外界气温变化的需要。

经常进行游泳锻炼，可增加呼吸系统的机能，扩大胸部活动幅度，增大肺的容量。游泳运动员的肺活量可达 4 000～6 000 毫升，个别优秀运动员还可达 7 000 毫升，而一般人只有 3 000～4 000 毫升。游泳还能刺激血液中运输氧气的血红蛋白量的增加，从而提高人体摄氧能力。我们在游泳时消耗热量大，能有效地消耗身体的脂肪，长时间游泳也是减肥的一种好方法。

（二）防病治病，锻炼意志

经常游泳能增强机体适应外界环境变化的能力，抵御寒冷，预防疾病，因此经常游泳者不易感冒。由于水流和波浪对全身体表产生特殊的按摩功效，游泳能促进功能恢复，对瘫痪病人和残疾病人很有帮助。据报道，经常游泳，对于身体瘦弱者和许多慢性病，如慢性肠胃病、神经衰弱、慢性支气管炎、哮喘等有明显疗效。

初学游泳时，要克服怕水心理；要长期坚持游泳，就要克服怕苦、怕累、怕冷心理，冬泳者没有顽强的精神和坚强的意志是坚持不下去的，因此，长期游泳可以锻炼意志，培养吃苦耐劳、不怕困难、勇敢顽强的品质。

（三）娱乐身心，为国争光

大众游泳活动，可以不受年龄、性别、内容与形式的限制，是一项休闲体育活动。夏天人们可以到泳池、海滩或者水上游乐中心进行游泳、游戏、纳凉消暑，不但使肌肉得到放松，而且使心情舒畅，促进身心健康。

同时，游泳也是国际体育比赛必不可少的项目，在奥运会游泳比赛中设有34个项目，奖牌之多，仅次于田径运动。把游泳作为奥运会战略重点项目开展，对促进我国走向体育强国具有重要的意义。

第二节　游泳基本技术

一、熟悉水性练习

熟悉水性练习包括水中行走与跳跃、呼吸、浮体与站立，滑行、熟悉水性的游戏。

（一）水中行走与跳跃

练习目的是体会水的阻力、压力和浮力，学会水中行走、跳跃时维持平衡的方法，消除怕水心理。

1. 练习方法

（1）扶边行走：手扶池边向前后两侧行走。

（2）划水行走：两手掌与水面垂直向前推水，向后行走；两手向后划水，向前行走；两手向侧划水，向相反方向行走。

（3）扶边跳跃：两手扶池边，两脚蹬池底，向上跳起。

（4）单独进行各种方向的走、跑、跳跃练习。

2. 注意事项

（1）水中行走、跳跃时，身体应保持直立，以防向侧、后倾倒，练习时水深齐腰、齐胸即可，不宜过深；

（2）如池底较滑时，最好是集体拉手或者是扶池边行走、跳跃，以防滑倒。

（二）呼吸

练习目的是掌握正确的游泳呼吸技术，防止喝水、呛水现象的出现和克服怕水心理。

1. 练习方法

（1）闭气练习：手扶池边或拉同伴的手，在水面上用口深吸气后闭气，下蹲并将脸没入水中，停留片刻后，脸部出水，在水面上深吸气（见图12-1）。水中闭气时间应逐步增长，没水部位由脸部逐步过渡至整个头部。

第十二章 游泳运动

图 12-1 闭气练习

（2）呼气练习：同上练习，头部没水稍闭气后用口鼻同时缓慢、均匀地呼气，呼气的后段应边呼边抬头，当口将出水面时，应用力将气呼完。在水中不要急于将气呼完，当脸部离开水面前才须将气吐尽。练习时可先拉同伴的手［见图12-2（a）］，后徒手进行练习［见图12-2（b）］。

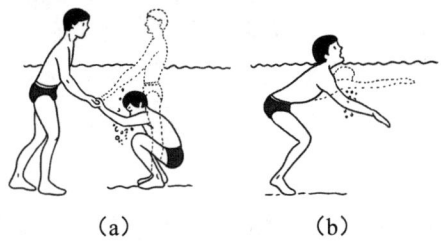

图 12-2 呼气练习

（3）连续呼吸练习：同上练习，练习次数逐渐增加，直至连续做20～30次。吸气要快而深，呼气要慢而均匀，并逐渐加大呼气量，口离水面前快速用力将气呼完，紧接着在水面上快而深地吸气。练习时，可按"快吸""稍闭""慢呼""猛吐"的要领进行（见图12-3）。

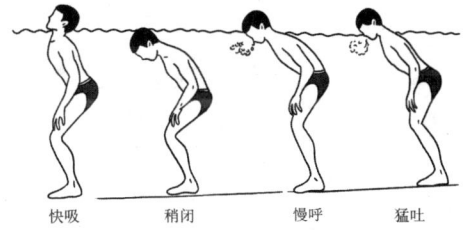

图 12-3 连续呼吸练习

2．注意事项

应注意用口吸气，对不习惯用口吸气的学生，可用捏鼻子和带鼻夹的强制方法。快速用力呼气与紧接的快而深地吸气，是游泳呼吸练习的关键。

（三）浮体与站立

练习目的是体会水的浮力，初步掌握在水中浮起、维持身体平衡及由浮体至站立的方法，增强学习游泳的信心。

1．练习方法

展体浮体：两脚开立，两臂放松前伸，深吸气后，身体前倾并低头，屈膝下蹲，两脚轻轻蹬池底，两腿放松上浮成俯卧展体姿势漂浮于水中（见图12-4）。站立时，收腹、屈膝、收腿，两臂向下压水并抬头，同时两腿下伸，脚触地后站立，两臂在体侧拨水维持身体平衡。

图12-4　展体浮体

2．注意事项

（1）要充分了解身体沉浮与呼吸的关系，能够充分利用呼吸来控制身体的沉浮，并学会水中站立时维持身体平衡的方法，以保证安全。

（2）由于浮体要求充分吸气和较长时间地闭气，因此浮体练习应在呼吸练习做熟练的基础上进行。

（四）滑行

练习目的是体会和掌握游泳时身体的水平位置和流线型姿势，为各种泳式腿部动作学习打基础。

1．练习方法

（1）蹬底滑行：两脚前后开立，两臂前伸，两手并拢，深吸气后上体前倾并屈膝，当头和肩没入水中时前脚掌用力向后下蹬池底，随后两腿并拢，使身体呈俯卧、流线型姿势在水面下向前滑行（见图12-5）。

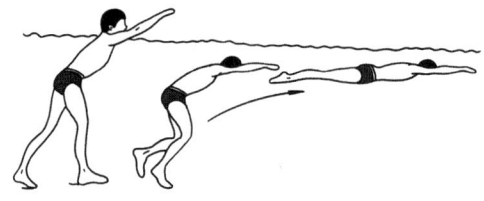

图12-5　蹬底滑行

（2）蹬壁滑行：背对池壁，一手扶池边，一臂前伸，同时一脚站立，脚紧贴池壁。深吸气后低头，上体前倾，提臀，向上收支撑腿，两脚紧贴池壁，臀部后移，两臂前伸，并拢，头夹于两臂之间，两脚用力蹬壁，使身体呈俯卧、流线型姿势在水面下向前滑行（见图12-6）。

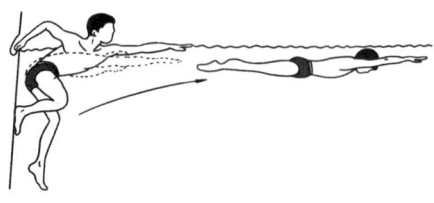

图12-6　蹬壁滑行

2．注意事项

（1）滑行练习是学习各种泳式和出发、转身技术的基础，也是熟悉水性的重点，对掌握滑行技术较差的学生，可采用牵引滑行、辅助滑行等辅助练习。

（2）练习滑行时，应注意身体的水平位置和流线型的姿势。

（3）滑行时，身体应保持适度的紧张并在水面下进行。

（五）熟悉水性的游戏

练习目的是巩固熟悉水性的动作技能，增强对游泳的兴趣，消除怕水心理。具体的练习方法如下。

（1）水中火车：练习者纵队列队，后者双手搭在前者肩上。练习时按"左、右、左"或是"一、二、一"的口令同时迈步前进。

（2）水中接力赛跑：将练习者分为若干组，按练习（1）的方式进行比赛。

（3）跷跷板：两人一组，拉手相对站立。练习时一人蹲下没入水中（呼气），另一人立于水上（吸气）。两人反复交替练习。

二、蛙泳技术和练习方法

蛙泳的内部技术结构是4种姿势中最为复杂的，腿、臂的变化方向较多，与其他泳式的差别很大，因此较难掌握。但蛙泳也有一些独特的优点，如呼吸比较容易掌握，且每个动作周期后都有滑行的时间，如果掌握了动作节奏后很快就能游进较长的距离。

（一）腿部动作

1．动作要领

两腿从并拢伸直开始，大腿带动小腿向前收，边收边分，当大腿收到与躯干约成 120~140 度时，两膝与肩同宽，两脚紧靠臀部外侧，小腿与水面垂直，脚掌底向上。接着两膝内扣，两脚钩脚外翻，脚掌内侧和小腿内侧对准后方。紧接着大腿发力，小腿和脚加速向后弧形蹬夹水。蹬夹同时结束，两腿并拢伸直，呈流线型姿势滑行。

2．重点与难点

（1）腿部重点：蹬夹腿。

（2）腿部难点：翻脚。

3．练习方法与步骤

（1）陆上模仿练习

1）跪撑翻脚压腿。两腿分开，两脚钩脚外翻，小腿和脚内侧着地，跪于地上，两手侧后撑，缓慢向下振压（见图12-7）。此练习既可体会翻脚动作，又可增强膝、踝关节的柔韧性，初学者应多做。

图 12-7　跪撑翻脚压腿

2）坐撑模仿。坐于池边或者凳子上，两手侧后撑，上体后仰，模仿蛙泳腿部动作（见图 12-8）。练习时先按"收""翻""蹬夹""停"4 拍进行分解动作练习，再过渡到"收——翻""蹬——停"两拍练习。练习中，边做边看自己的动作是否符合动作要领，尤应注意正确的翻脚动作和蹬夹动作的连接。

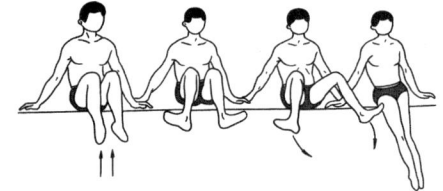

图 12-8　坐撑模仿

3）俯卧模仿。俯卧在凳子上或者出发台上，模仿蛙泳腿部动作［见图 12-9（a）］。可先由同伴帮助进行练习，对动作有体会后再独立进行练习。练习时可先进行分解动作练习，再逐步过渡到完整动作练习。练习中应注意收腿时腿、膝的屈度和蹬腿的方向、路线。

4）池边俯卧模仿。俯卧于池边，下肢置于水中，做上一个模仿练习中的动作［见图 12-9（b）］。练习时注意体会收腿和蹬夹水动作时水的阻力，增加动作实感。

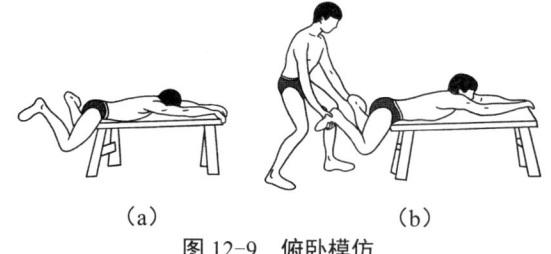

（a）　　　　　　　　（b）

图 12-9　俯卧模仿

（2）水中练习

1）扶边蹬腿。一手扶池边，另一手反撑池壁，俯卧水中，做蛙泳腿动作［见图 12-10（a）］。练习时可先让同伴帮助［见图 12-10（b）］，然后独立进行练习。

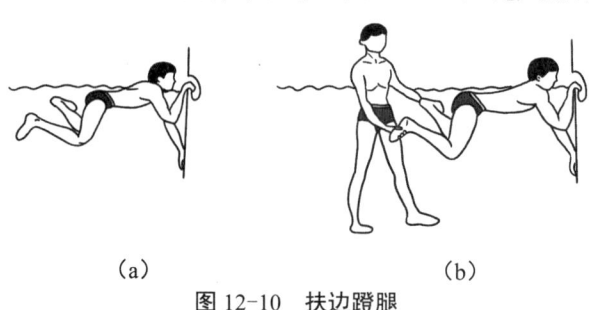

（a）　　　　　　　　（b）

图 12-10　扶边蹬腿

2）滑行蹬腿。蹬边或蹬池底滑行，两手不动，两腿做蛙泳蹬腿动作练习（见图 12-11）。蹬腿时，注意两手微向上扬。

图 12-11　滑行蹬腿

3）扶板蹬腿。两臂前伸，两手扶浮板中后部，俯卧水中，做蛙泳蹬腿动作练习（见图 12-12）。练习时先注意蹬腿方向（向后），后强调蹬腿节奏（慢收、快蹬），掌握后可配合呼吸（收腿时抬头吸气，低头入水后再蹬腿滑行呼气）。

图 12-12　扶板蹬腿

（二）手臂动作和手臂与呼吸配合动作

1．动作要领

（1）手臂动作：两臂从并拢前伸开始，前臂内旋，稍屈腕，掌心朝斜下后方，两手向外划水，边划边屈肘；两手划至两肩宽时，保持高肘屈臂两手向下、向后、向内、向上做加速划水；划至颌下时，两手靠近，两肘内夹，紧接着两臂前伸，掌心转向下。

（2）手臂与呼吸配合。

早吸气：两臂外划时抬头，下划时口露出水面，张口快吸气，内划时闭气，臂前伸，滑行时呼气。

晚吸气：两臂外划时呼气，内划时头肩抬起，内划结束口露出水面时张口快速吸气，向前伸臂时闭气。

2．重点与难点

（1）手臂动作重点：内划；手臂动作难点：划水节奏。

（2）手臂与呼吸配合重点：臂与呼吸的配合；手臂与呼吸配合难点：内划。

3．练习方法与步骤

（1）陆上模仿练习

1）站立模仿。两脚站立，上体前俯，手臂向前伸直、并拢，掌心向下。先按"外划""下划""内划""伸臂"4 拍做分解动作练习，再过渡到"外划""内划""伸臂"3 拍练习，最后进入完整动作练习（见图 12-13）。臂的分解动作练习过程不宜太长，初步掌握动作后即应转入连贯的完整动作练习。

2）手臂与呼吸配合模仿。同上练习，并配合呼吸动作。练习中无论是早吸气还是晚吸气，都应注意臂与呼吸的配合时机，并按正确的动作要领进行配合。

（2）水中练习

1）水中站立划臂：站于齐胸水中，做陆上模仿练习 1）的动作（见图 12-14）。

划水时无需用力，着重体会划水的方向和路线，要求动作圆滑连贯，臂并拢伸直后稍停顿。

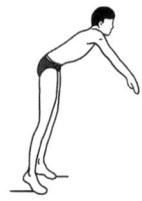 

图 12-13　站立模仿手臂动作　　图 12-14　水中站立划臂

2）水中站立划臂与呼吸的配合：站立于齐胸水中，做陆上模仿练习2）的动作。练习时，呼吸量应由小到大，口将出水时，加速将气呼完，随即顺势快而深地吸气，呼吸之间应无停顿。

3）行进划臂：水中行进，做水中练习1）的动作。练习时加大划水力量，体会划水对身体的推进作用。水中行进时，脚应随手的划水动作被动进行，不要主动迈步。

4）行进划臂与呼吸配合：同上练习，加上与呼吸的配合，划水时抬头吸气，伸臂时低头呼气（见图12-15）。

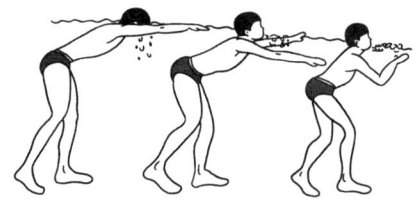

图 12-15　手臂呼吸配合练习

5）助力划臂：俯卧水中，由同伴拖住髋部或抱持双腿，做蛙泳两臂划水练习（见图12-16）。练习时，助力者应随练习者划水动作前进，并视其掌握情况逐渐减少助力。

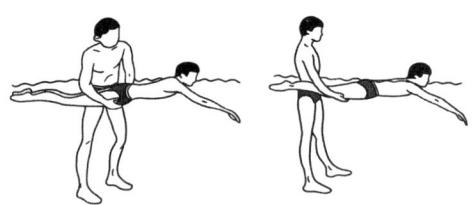

图 12-16　助力划臂

6）助力划臂与呼吸配合：同练习5）的动作，并配合呼吸动作。注意划臂时利用臂划水的向下反作用力抬头吸气，助力者同时助力，帮助练习者身体上抬。

（三）完整配合

1．动作要领

（1）一般采用划臂一次、蹬腿一次、呼吸一次的配合。

（2）两臂外划时腿不动，抬头吸气；内划时收腿，闭气。

（3）臂向前伸直时蹬夹腿，头还原；
（4）腿伸直滑行时呼气。

2. 重点与难点

（1）完整配合重点：腿臂配合。
（2）完整配合难点：呼吸。

3. 练习方法与步骤

（1）陆上模仿练习

1）站立模仿腿臂配合：并腿站立，两臂向上伸直并拢。一腿支撑，另一腿与臂配合，模仿蛙泳的腿臂配合动作。练习时，可先按4拍（①两臂向外侧划臂；②内划时同时收腿、翻脚；③臂将伸直时蹬腿；④臂腿伸直后稍停）进行分解练习（见图12-17），然后逐渐过渡至连贯动作。

2）俯卧模仿腿臂配合：俯卧于出发台或凳子上，模仿蛙泳腿臂配合动作（见图12-18），练习步骤同练习1）。练习时支撑物应置于腹部之下，不要影响腿臂的动作。

图12-17　站立模仿腿臂配合

图12-18　俯卧模仿腿臂配合

3）站立模仿完整配合：做陆上模仿练习1）的动作，并配合呼吸。
4）俯卧模仿完整配合：做陆上模仿练习2）的动作，并配合呼吸。

（2）水中练习

1）闭气臂腿配合：滑行后闭气做臂腿配合练习。练习时，可进行适当的分解动作练习，随即开始做臂腿交替连贯配合动作练习。连贯动作配合时，可按"臂外划腿不动，内划再收腿，先伸臂后蹬腿，臂腿伸直划一会"的口诀进行配合。

2）完整配合：滑行后，做完整配合练习。练习时，可先做多次蹬腿、一次划臂、一次呼吸配合，再逐步过渡至一次臂、一次腿、一次呼吸的完整配合。完整配合时，开始滑行时间可稍长，然后再逐步减少滑行时间。

第三节　游泳竞赛规则

一、奥运会游泳比赛项目设置

（一）男子（17项）

男子项目分为50米、100米、200米、400米、1 500米自由泳；100米、200

米仰泳；100米、200米蛙泳；100米、200米蝶泳；200米、400米个人混合泳；4×100米、4×200米自由泳接力，4×100米混合泳接力；10千米马拉松。

(二) 女子（17项）

女子项目分为50米、100米、200米、400米、800米自由泳；100米、200米仰泳；100米、200米蛙泳；100米、200米蝶泳；200米、400米个人混合泳；4×100米、4×200米自由泳接力、4×100米混合泳接力；10千米马拉松。

二、各项泳姿的比赛规则

1. 自由泳

（1）自由泳比赛中可采用任何泳式。
（2）转身和到达终点时，可用身体任何部分触池壁。

2. 仰泳

（1）运动员面对出发端，两手抓住握手器，两脚（包括脚趾）应处于水面下，禁止蹬在水池内、水池上或用脚趾钩住水池边。

（2）出发和转身后，运动员应蹬离池壁，并在整个游进过程中呈仰卧姿势。除做转身动作外，运动员必须始终仰卧。仰卧姿势允许身体做转动动作，但必须保持与水平面小于90度的仰卧姿势。头部位置不受此限。

（3）在整个游进过程中，运动员身体的某部分必须露出水面。在转身过程中，允许运动员完全潜入水中。但在出发和每次转身后，运动员潜泳距离不得超过15米，在15米前运动员的头必须露出水面。

（4）在转身过程中，运动员肩的转动超过垂直面后，可进行一次连续单臂划水或双臂同时划水动作，并在该动作结束前开始滚翻。一旦改变仰卧姿势，就不允许做与连续转身动作无关的打水或划水动作。运动员必须呈仰卧姿势蹬离池壁。转身时运动员身体的某部分必须触壁。

（5）运动员在到达终点时，必须以仰卧姿势触壁。

注："除在做转身动作外"应理解为"只有在完成连贯的转身动作过程中才可以改变仰卧姿势"。

3. 蛙泳

（1）出发和每次转身后，从第一次手臂动作开始，身体应保持俯卧姿势，两肩应与水面平行。

（2）两臂和两腿的所有动作都应同时、在同一水面上进行，不得有交替动作。

（3）两手应同时在水面、水下或水上由胸前伸出，并在水面或水下向后划水。除最后一个动作外，在手臂的完整动作中，两肘不得露出水面。除出发和每次转身后的第一次划水动作外，两手向后划水不得超过臂线。

（4）在蹬腿过程中，两脚必须做外翻动作，不允许做剪夹、上下交替打水或向下的海豚式打水动作。只要不做向下的海豚式打腿动作,允许两脚露出水面。

(5)在每次转身和到达终点时,两手应在水面、水上或水下同时触壁,触壁前两肩应与水面平行。在触壁前的最后一次向后划水动作结束后,头可以潜入水中,但在触壁前的一个完整或不完整的配合动作中,头应部分地露出水面。

(6)在每个以一次划臂和一次蹬腿顺序完成的完整动作周期内,运动员头的某一部分应露出水面。只有在出发和每次转身后,运动员可在全身没入水中时,做一次手臂充分的向后划至腿部的动作和一次蹬腿动作。但在第二次划臂至最宽点并在两手向内划水前,头必须露出水面。

4．蝶泳

(1)从出发和每次转身后的第一次手臂动作开始,至下一个转身或到达终点止,两臂均应与水面平行。任何时候都不允许转成仰卧姿势。

(2)两臂必须在水面上同时向前摆动,并同时在水下向后划水。

(3)两脚的动作必须同时进行,允许两腿和两脚在垂直面上同时做上下打水动作。两腿或两脚可不在同一水平面上,但不允许有交替动作。

(4)在每次转身和到达终点时,两手应在水面、水上或水下同时触壁。

(5)在出发和每次转身后,允许运动员在水下做一次或多次打水动作和一次划水动作,这次划水动作必须使身体升到水面。

5．混合泳

(1)个人混合泳比赛时泳姿的顺序:蝶泳、仰泳、蛙泳、自由泳。

(2)混合泳接力比赛时泳姿的顺序:仰泳、蛙泳、蝶泳、自由泳。

(3)混合泳中的自由泳是指除仰泳、蛙泳及蝶泳以外的任何游泳形式。

第十三章 跆 拳 道

第一节 跆拳道概述

跆拳道是一门韩国格斗术,以其腾空、旋踢脚法而闻名。跆拳道这个名称来源于韩语的"跆"(指用脚踢打)、"拳"(指用拳击打)、"道"(指格斗的艺术和一种原理)。

一、跆拳道的产生与发展

跆拳道起源于朝鲜半岛古老而又新颖的竞技体育项目,是韩民族在生产和生活基础上发展起来的运用手、脚技术和身体能力进行自身修炼和搏击格斗的传统民族武术。

14世纪末至20世纪初,朝鲜半岛进入李氏王朝时代,李氏王朝重文轻武,跆拳道即遭官府冷落,但是在民间仍然流传。1910年,日本侵占朝鲜,为了推行殖民文化,日本人一度下令禁止韩国的一切民族文化活动,包括跆拳道。许多武道人才流落到日本和中国,他们在国外仍然进行武道活动,并吸收了日本空手道和中国武术的精华,使跆拳道技术得到充实和滋养。直到1945年战争结束,这些武道人才方可返回自己的国家,重新开始了跆拳道的发展进程。

1945年以前,朝鲜半岛流传着各种武道形式,流派纷呈,各有千秋,其中有一种叫"花郎道",可以说是跆拳道的雏形。花郎道自古以来所抱定的宗旨是"事君以忠,事亲以孝,交友以信,临战无退,杀生有择"。这些原则古朴、诚信,把握了跆拳道的发展方向,后来虽然经过历史的磨砺和演变,但其精髓依然保留在跆拳道里。

很多武道练习者认为,韩国各种流派的武道有必要实现统合,他们探讨把各种各样的武道道馆进行统一,以便形成统一的技击形式。1946年,全国召开第一次统合会议,然而道馆的统合没有成功。尽管如此,武道专家们为联络国内重要道馆统合还是付出了许多努力,这些努力没有白费。因为在统合过程中,首先弄清了外国武术(如中国武术和日本空手道)对跆拳道的非正统的影响,重新寻找和确定了跆拳道徒手搏击的形式,实现了跆拳道标准形式和指导思想的统一。这个统一的搏击就是今天的跆拳道,从语义上讲,"跆"是用脚跳、踢、劈,"拳"是用拳头击打,而"道"则是练习者的哲学态度或生活方式。1966年国际跆拳道联盟(International Taekwondo Federation,ITF)成立,崔泓熙任首届联盟主席。1973年5月,世界跆拳道联盟(World Taekwondo Federation,WTF)在韩国首尔成立,金云龙当选为主席。截至1998年,世界跆拳道联盟已有会员国144个。1975年,世界跆拳道联盟被正式接纳为国际体育联盟的会员。跆拳道第一届世界锦标赛和第一届亚洲锦标赛分别于 1973 年和 1974 年在韩国首尔举行。跆拳道在 1986 年被列为第 10 届亚运会的正式比赛项目。1994 年经国际奥委会正式通过，被列为 2000 年奥运会正式比赛项目。

二、我国跆拳道运动的发展

1992 年 10 月 7 日，中国跆拳道协会筹备小组成立，这标志着我国跆拳道运动的正式开始。1994 年 9 月，在云南昆明进行了第一届全国跆拳道比赛，1995 年 5 月在北京体育大学举行了第一届全国跆拳道锦标赛，从此跆拳道在中国迅速发展。1995 年 8 月中国跆拳道协会正式成立。同年 11 月，中国跆拳道协会被世界跆拳道联盟接纳为正式会员。

三、跆拳道的特点

（一）以腿为主，手足并用

跆拳道技术方法中占主导地位的是腿法，腿法技术在整体运用中约占 3/4，因为腿的长度和力量是人体中最长最大的，其次才是手。腿的技法有很多种形式，可高可低，可近可远，可左可右，可直可屈，可转可旋，威胁极大，是比赛时得分和实用制敌的有效方法。其次是手法，手臂的灵活性很好，可以自如地控制完成防守和进攻动作，同时也可以变化为拳、掌、肘、肩的多种用法，进行实战。在竞赛规则以外的跆拳道实战中，人体的一些主要关节部位亦可以用来做进攻的武器或防守的盾牌，这是跆拳道技术的本质。

（二）方法简练，刚直硬打

不论是在比赛时还是在实战中，跆拳道的进攻方法都是十分简捷而实效的。对抗时双方都是直接接触的，以刚制刚，用简练硬朗的方法直接击打对方，或拳或腿，速度快，变化多，防守的动作也是以直接的格挡为主的，随即是连续的反击动作。防守时很少使用躲闪防守法，追求刚来刚往、硬拼硬打，尽可能保持或缩短双方间的距离，以增加击打的有效性，在近距离拼斗中争取比赛或实战的胜利。

（三）内外兼修，攻法独特

跆拳道理论认为，经过专门训练，人的关节部位能产生不可思议的威力，特别是拳、肘、膝和脚 4 个部位，尤以脚和手为甚。长期专门练习跆拳道，可以使人达到内外合一的程度，即内功和外力达到统一的巅峰。由于无法确定人体关节部位武器化的威力和潜力到底有多大，只有通过对木板、砖瓦等物体的击打来测量验定练习者的功力水平。功力测验是跆拳道训练水平、晋级考试、表演和比赛的一个重要内容，以此显示出跆拳道独特的功法和特点。

（四）强调气势，发声扬威

无论是品势还是竞技跆拳道，都要求在气势上给人以威严，多以发出洪亮并带有威慑力的声音来显示自己的能力。尤其是在竞技跆拳道比赛中，双方练习者都会以规则允许的发声来提高自己的斗志,借以在气势上压倒对手,甚至在出击时配合击打效果使裁判认可,争取在心理上战胜对手。所以,跆拳道练习者都要进行专门的发声练习。

(五)礼始礼终,培养良好道德品质

跆拳道给人们留下的较深的印象是跆拳道练习者始终是在不同的场合行礼鞠躬。这是因为跆拳道练习者始终把"礼"作为训练内容,强调"礼始礼终",即练习活动都要从礼开始,以礼结束,并突出爱国主义。要求跆拳道练习者在练习技术的同时,在道德修养方面也要不断提高。通过行礼的方式向长辈、教练、队友鞠躬施礼,使跆拳道练习者养成发自内心的行礼习惯,以养成恭敬谦虚、友好忍让的态度和互相学习的作风,并培养其坚忍不拔的意识。

四、跆拳道技术概念与分类

跆拳道技术有两种:

(1)国际跆拳道联盟倡导的以跆拳道品势演练为主的品势技术。品势就是将不同于真实格斗的技术编成各种组合,形成规定的套路,如太极八章等。

(2)世界跆拳道联盟倡导的竞赛跆拳道技术,是指跆拳道竞赛中所使用的能够充分发挥运动员机体能力,合理有效完成动作的方法。

(一)跆拳道动作的使用部位

1. 拳法

拳法在竞赛跆拳道中主要有正拳(也称平拳或直拳),在品势中则有正拳、勾拳和锤拳等。

(1)正拳。将手的四指并拢并握紧,拳面要平,然后拇指压贴于食指和中指的第二指节上。使用正拳时,用拳正面的食指和中指部分击打。

(2)勾拳。握法同正拳,使用时用食指和中指关节根部的突出部分击打。

(3)锤拳。握法同正拳,使用时用小指和手腕间的肌肉部分击打。

2. 掌法

(1)手刀。四指伸直,拇指弯曲靠近食指,用小指侧的掌外沿攻击对方,只局限于在品势中使用。

(2)背刀。此掌法与手刀相对,用食指侧攻击对方,只局限于在品势中使用。

(3)贯手。手形与手刀基本相同,要求微屈中指,主要用四指指尖戳击对方的要害部位,如戳击对方的眼睛、喉部等,只局限于在品势中使用。

3. 臂部

(1)腕部。腕关节的四周部位,主要用于防守格挡。

(2)肘部。用肘的鹰突关节攻击,只局限于在品势中使用。

（3）前臂和上臂。主要用外侧进行格挡防守，其中前臂的格挡在竞赛跆拳道比赛中经常被运动员所使用。

4. 脚部与膝部

在跆拳道比赛中，运动员主要以腿攻击为主，所采用的脚的部位是脚面、足刀、脚尖、脚跟、脚前掌和膝部。

（1）脚面。用脚的正面部分攻击对方，主要用来踢击对方髋关节以上、锁骨以下被护具包围的部位和头部的侧前剖面，如图13-1所示。

（2）足刀。用脚的外沿侧蹬对方，多用于侧踢、推踢，如图13-2所示。

（3）脚尖。主要用脚趾前端的部位攻击对方，如图13-3所示。

（4）脚跟。主要用脚跟后踢和推踢对方，如图13-4所示。

（5）脚前掌。主要用脚前掌攻击对方，多用于劈腿，如图13-5所示。

（6）膝部。用膝盖顶击对方，只局限于在品势中使用，如图13-6所示。

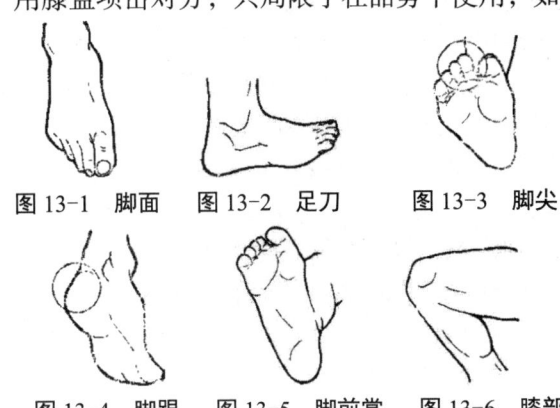

图13-1 脚面　　图13-2 足刀　　图13-3 脚尖

图13-4 脚跟　　图13-5 脚前掌　　图13-6 膝部

（二）基本步法

（1）上步。右架站立，右脚向前上一步，成为左架实战姿势，反之左架亦然。动作要领：上步时通过向左拧腰转髋完成，两臂在体侧自然上下移动，重心不要上下起伏过大。

（2）后撤步。右架站立，左脚向后撤一步，成为左架实战姿势，反之左架亦然。动作要领：后撤步时重心保持平稳移动，通过向左拧腰转髋完成，两臂在体侧自然上下移动。

（3）前跃步。右架站立，两脚同时向前跃进一步，保持右架实战姿势，反之左架亦然。动作要领：向前跃步时，重心不宜起伏过大，尽量使重心平稳移动，两脚稍离地即可。

（4）后跃步。右架站立，两脚同时向后回撤一步，保持右架实战姿势，反之亦然。动作要领：向后回撤时，重心不宜起伏过大，尽量使重心平稳移动，两脚稍离开地面。

（5）原地换步。右架站立，两脚原地前后交换，由右架换成左架，反之左架亦然。动作要领：重心不宜起伏过大，尽量使重心平稳移动，两脚稍离开地面。

（6）侧移步。第一种步法是以前脚为轴，后脚向左侧方向移动，用以改变与对手的站位方向；第二种步法是右架站立，右脚先向右侧移动一步，随之左脚也迅速向右侧移动一步。动作要领：一般是将身体重心移向前脚，利于后腿攻击。

（7）垫步。右架站立，右脚向左脚内侧上步，同时左腿迅速抬起以便进攻和防守。动作要领：右脚垫步时，左脚要迅速提起，重心落在右腿上，右膝微屈。

（三）品势中的步型

（1）准备势。两脚开立与肩同宽，身体自然直立，两脚尖略外展，两手握拳置于腹前。

（2）开立步。两脚开立与肩同宽，身体自然直立，两膝微屈，两脚尖正对前方，两手握拳置于体侧。

（3）马步。两脚开立，较肩宽，两脚尖平行或略内扣，挺胸直背，两腿屈膝半蹲，重心落在两脚之间。

（4）弓步。前后脚分立，两脚相距一步半，前腿屈膝，后腿伸直，前腿膝关节与脚尖垂直，重心大部分落在前脚。左脚在前称左弓步，右脚在前称右弓步。

（5）后弓步。前后脚分立，两脚相距约一步，后脚尖外展90°，后腿屈膝如同骑马状，前腿膝关节略屈，重心大部分落在后腿上。左脚在前称右后弓步，右脚在前称左后弓步。

（6）前探步。如走路姿势。两脚之间距离小于弓步，上体略前倾，前腿膝关节略屈，重心大部分落在前脚。左脚在前称左前探步，右脚在前称右前探步。

（7）虚步。与后弓步相似，前脚掌点地，脚跟提起，重心落在后脚。左脚在前称右虚步，右脚在前称左虚步。

（8）交叉步。一脚向另一脚的前侧（前交叉步）或后侧（后交叉步）落步，脚尖着地，两腿屈膝交叉。

（9）并步。两腿直立，两脚跟并拢，脚内侧相靠，两臂握拳自然垂于体侧。

（10）单脚立。提起一条腿并将脚置于另一腿的膝关节处，只用一条腿站立。

（四）实战姿势

实战姿势是竞赛跆拳道比赛中双方开始时的基本站立姿势。

动作过程：两脚开立与肩同宽，两臂垂于体侧。左脚或右脚向另一脚的前方迈出，两脚相距一步距离前后站立，使身体侧对对方，同时两手半握拳，沉肩，两臂屈肘自然垂放（左脚在后是左架实战姿势）。重心落在两脚之间，膝部略弯曲，眼睛平视对方面部，下颚微收。

动作要领：两臂所放位置不是固定的，也可以一臂垂下或两臂都垂下。两脚之间的距离和重心的高低可根据具体情况进行调整，原则上是在移动时能最快调整好身体重心。

（五）拳法

拳法主要用来防守和配合腿的进攻。右架站立，左手拳为前手拳，右手拳为

第十三章 跆拳道

后手拳。

后手拳的动作过程：右架站立，右脚向后蹬地，腰部与上体快速有力地向左前方扭转，借以增加出拳的速度和力量。在右脚蹬地的同时，右臂快速前伸，肘关节抬起，前臂内旋，拳心向下方转动，使拳面、前臂、肘关节与肩成一条直线并处在一个水平面上。同时身体重心移至左腿上。在击打中目标后，有一个制动过程，然后手臂迅速放松，并借左腿的支撑力量将手臂收回，恢复成实战姿势。攻击部位为胸腹部。

动作要领：用拳击打对方护具的一刹那，腕关节要紧张，将拳握紧，拳进攻主要在双方距离较近时使用，击打时要准备立即起腿进攻或反击。

第二节　跆拳道腿法技术

一、前踢

实战姿势开始，右脚蹬地，髋关节略向左旋转，双手握拳置于体侧，同时，右腿以髋关节为轴屈膝上提。当大腿抬至水平或稍高时，髋关节向前送、顶，小腿以膝关节为轴快速向前上方踢出，整条腿踢直，力达脚尖。踢击后迅速放松，右腿沿原路线收回，呈实战姿势，如图13-7所示。

动作要领：膝关节夹紧，小腿放松，富有弹性；高踢时往上送；小腿回收速度要快。其主要攻击部位有面部、下颏和腹部。

图 13-7　前踢

二、横踢

实战姿势开始，右脚蹬地，重心前移至左脚，右脚屈膝上提，两拳置于胸前；左脚前脚掌碾地内旋，髋关节左转，右腿膝关节向前抬至水平状态，小腿快速向左前横向踢出。

击打目标后迅速放松收回小腿，呈实战姿势，如图13-8所示。

动作要领：膝关节夹紧，向前提膝，尽量走直线；髋关节往前顺，身体与大小腿呈直线；严格注意击打的力点在正脚背；踝关节放松。其主要攻击部位有头部、胸腹部和肋部。

图 13-8　横踢

三、侧踢

实战姿势开始，右脚蹬地，右腿以髋关节为轴屈膝提起，两手握拳置于体侧；随即左脚以前脚掌为轴外旋 180°，髋关节向左旋转，右腿以膝关节为轴向前蹬伸，右脚快速向右前上方直线踢出，力点在脚跟。发力后沿起腿路线收腿，呈实战姿势，如图 13-9 所示。

动作要领：起腿时，大小腿膝关节夹紧；踢出发力时头、肩、腰、髋、膝、腿和踝呈一条直线；大小腿直线踢出，沿原路线收回。其主要攻击部位有肋部、胸腹部和头面部。

图 13-9　侧踢

四、后踢

实战姿势开始，转身后腿后撤，背对对方。重心后移至左脚，右脚蹬地后屈膝提起，右脚贴近左大腿，两手握拳置于胸前；随即左脚蹬地伸直，右脚自左大腿内侧向后方直线踢出，力达脚跟。踢击后右脚沿原路线快速收回，呈实战姿势，如图 13-10 所示。

动作要领：起腿后上体和大小腿折叠收紧；后踢时动作延伸要长，用力延伸；转身、提腿、出脚动作连续，一次性完成，不能停顿；击打目标在正后偏右。其主要攻击部位有胸腹部和头面部。

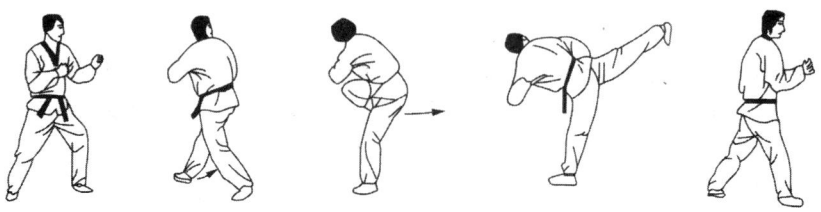

图 13-10　后踢

五、下劈

实战姿势开始,右脚蹬地,重心前移至左脚。同时,右腿以髋关节为轴屈膝上提,两手握拳置于胸前;随即充分送髋,上提膝关节至胸部,右小腿以膝关节为轴向上伸直,将右腿伸直举于体前,右脚过头。然后放松向下,以右脚后跟(或脚掌)为力点劈击,击打后呈实战姿势,如图13-11所示。

动作要领:腿尽量往高、往头后举,向上送髋,重心往高起;脚放松往前落,落地要有控制;起腿要快速、果断;踝关节要放松。其主要攻击部位有头顶、脸部和锁骨。

图 13-11 下劈

六、后旋踢

实战姿势开始,以右脚尖为轴,右脚跟外旋,重心移至右腿;身体向左后方转动,同时提起左大腿向斜后方向40°左右蹬伸,头部向左后方转动;身体继续旋转,左腿借旋转的力,向后划一个半圆形的水平弧形,快速屈膝用脚掌击打对方头部。击打后,身体重心依然在右腿上,左脚自然落下,还原成实战姿势,如图13-12所示。

动作要领:转身旋转,踢腿连贯进行,一气呵成,中间没有停顿;击打点应在正前方,呈水平弧线;屈膝起腿的旋转速度要快;重心在原地旋转360°。其主要攻击部位有面额和胸部。

图 13-12 后旋踢

七、跳踢

跳踢指先跳起使身体腾空,然后在空中完成各种踢法的攻击技术。跳踢包括旋风踢、双飞踢、腾空后踢、腾空后旋踢、跳步横踢等多种方法,是跆拳道的高难度技术动作。下面就简单介绍两种跳踢的方法及动作要领。

（一）旋风踢

实战姿势开始，左脚向右脚右侧前方跨一步，左脚内扣落地，身体向右旋转180°；左脚落地的同时右腿随身体继续右转向右后摆起，此时身体转动360°，左脚蹬地起跳，顺势在空中用左横踢击打对方腹部、后头部，右脚落地支撑呈实战姿势，如图13-13所示。

动作要领：上步转体动作要迅速果断，左脚内扣落地时脚跟对敌；右脚随身体右转向后右侧，摆起时不要太高，以能带动身体旋转起跳为宜；左脚蹬地起跳，身体腾空，但不过膝，目的是快速旋转出腿；左脚横踢时，右腿向下落地，要快落站稳，即横踢目标的同时右脚落地。

图13-13 旋风踢

（二）双飞踢

实战姿势开始，先用右脚横踢攻击，在右脚未落下时，左脚立即蹬地起跳，身体腾空右转，用左横踢迅速踢击，腾空高度在膝关节以上，但不宜过高；右脚落地支撑，左脚横踢目标后迅速前落，呈左势实战姿势，如图13-14所示。

图13-14 双飞踢

动作要领：在使用第一个横踢时，身体可向后稍倾，便于第二个横踢的使用。两腿交换之间，转髋要快速。其主要进攻部位有肋部、胸腹部和头部。

第三节 跆拳道的健身价值与欣赏

一、跆拳道的健身价值

跆拳道具有防身健体、修身养性、娱乐观赏等多方面的作用，是人们增强体质、培养意志品质的一种较好的方式。

(一) 改善和增强体质

跆拳道的技术是由全身协调配合，主要通过各种各样的腿法来表现的。它能很好地促进人体的力量、速度、灵敏、耐力、协调等素质的发展，具有强身健体的作用。由于运动员在比赛和平时训练中要经常临场应变技战术，或是快速进攻，或是主动后撤再反击，或是腾空劈腿，或是后踢接后旋踢，因而对提高神经中枢的灵活性、协调支配各器官的能力起着良好的作用。

(二) 提高防身与自卫的能力

跆拳道是武技中的一项。通过跆拳道练习，不仅可以掌握各种踢法和拳法，提高身体的灵活能力和反应能力，还可以在长期训练后形成一定技能，具备防身和自卫的能力。

(三) 磨炼意志，培养高尚品格

跆拳道推崇"礼始礼终"的尚武精神。其宗旨是礼义廉耻、忍耐克己、百折不挠。通过跆拳道的训练，可以培养练习者坚韧不拔、勇敢无畏、顽强坚毅的意志品质，尤其讲究"未曾学艺先学礼，未曾习武先习德"，这使练习者从一开始就养成谦逊、宽容、礼让的高尚品德和尊师重教、讲理守信、见义勇为的情操。

二、娱乐观赏

跆拳道是一项很具有观赏性的运动项目。在功力检验中，运动员轻松击破木板、砖瓦，使人为之惊叹，而竞赛跆拳道则是两人激烈的对抗，双方选手斗智斗勇，比赛中常有的凌空飞腿和组合腿法令人眼花缭乱，具有极高的观赏价值。

(一) 跆拳道技术风格

（1）技术型运动员在比赛中动作稳健，腿法多变，技术成熟，心理状态稳定，攻防一体，常常使对手在不知不觉中败下阵来。

（2）力量型运动员身体条件好，腿长，肌肉爆发力强，先天素质高人一等，攻势凌厉，常以力量取胜。

（3）散手型运动员作风顽强，比赛中多主动进攻，攻守得宜，自成一体，动作非常实用，有很高的训练水平和比赛技术。

（4）进攻型运动员进攻意识强烈，经常追着对手攻击，用快速连续的技术动作压制对手。

（5）防守反击型运动员的技术训练水平很高，也有很多的大赛经验，多是试探性进攻，在对手反击或进攻时找出弱点，然后很直接地回击。

(二) 跆拳道的段位与级别

跆拳道有着严格的技术等级考核制度。修炼者水平的高低，以"级""品""段"

来划分。"级"分为十级至一级，十级水平最低，一级较高。一级以后入"段"，段位从低到高分为一至九段。未成年选手达到一至三段水平，则授予"一品"至"三品"。

从腰带的颜色上可以看出选手的技术水平，从低到高依次为白带（十级）、白黄带（九级）、黄带（八级）、黄绿带（七级）、绿带（六级）、绿蓝带（五级）、蓝带（四级）、蓝红带（三级）、红带（二级）、红黑带（一级、一品至三品）、黑带（一段至九段）。

黑带表示白色的对立，相对白色技术已经熟练，意味着黑暗中也能发挥自身能力。黑带段位分一段至九段。一段至三段是黑带新手的段位，四段至六段是高水平的段位，七段至九段只能授予具有很高学识造诣和对跆拳道的发展做出重大贡献的杰出人物。

第四节　跆拳道竞赛规则

一、比赛场地

比赛场地是 8 m × 8 m 的无障碍物、正方形场地。比赛场地应为有弹性的垫子，有必要时比赛场地可根据实际情况高出地面 50～60 cm。为了安全，比赛台的支撑装置与地面的夹角要小于 30°。

二、比赛时间

每场比赛分 3 局，每局比赛的时间为 3 min，局间休息 1 min。青年锦标赛每场比赛为 3 局，每局比赛为 2 min，局间休息 1 min。

三、比赛程序

（1）点名。该场比赛开始前 3 min 开始点名，共点名 3 次，比赛开始后 1 min 仍未到场者，按自动弃权论。

（2）检查。被点名的运动员必须接受身体、服装和护具检查，不得携带任何可能给对方造成伤害的物品，由中国跆拳道协会或组委会指定专人作为检查员，运动员不得有任何不服从的表示。

（3）入场检查后，运动员和一名教练员进入比赛场地指定位置。

（4）开始和结束。每局比赛主裁发出 Shi-Jak（开始）口令即开始，主裁判发出 Ke-man（停）口令则结束。

（5）比赛开始前及结束后的程序。双方相向站立，听到主裁判发出 Cha-ryeot（立正）和 Kyeong-rye（敬礼）的口令时互相敬礼。要求立正，双手握拳置于身体两侧，腰部前屈不小于 30°，头部前屈不小于 45°。

（6）主裁判发出 Joon-bi（准备）、Shi-Jak（开始）口令时比赛开始。

（7）最后一回合结束后，运动员相向站在指定的位置，主裁判发出 Cha-ryeot（立正）和 Kyeong-rye（敬礼）的口令时互相敬礼，然后立正，等待最后判定。

（8）主裁判举起自己的一侧手臂，宣布同侧方的运动员获胜。

（9）运动员退场。

四、允许的技术和攻击的部位

（一）允许的技术

（1）拳的技术使用。拳的技术必须紧握拳，用拳正面的食指和中指部分击打。

（2）脚的技术使用。脚的技术必须用踝关节以下的部位击打。

（二）允许攻击的部位

（1）躯干。可用拳或脚的技术攻击髋骨以上至锁骨以下及两肋部，但背部没有被护具保护的部位禁止攻击。

（2）面部。从两耳向前的头颈前部，只允许用脚的技术攻击。

（三）有效得分

（1）有效得分部位包括：躯干，包括腹部和两肋部；面部，允许被攻击的面部部位。

（2）使用允许的技术，准确有力地击中有效得分部位时可得分，但使用允许的技术，攻击被保护的非有效得分部位击倒对方时，也按得分计。

（3）头部击中得 3 分，用旋踢或后踢击中得 2 分，用其余技术击中得 1 分。

（4）比分为 3 局比赛得分的总计。

五、犯规行为

（1）任何犯规行为将由主裁判判罚。

（2）属于多犯规时，选择严重的一项处罚。

（3）处罚分为警告和扣分。

（4）警告 2 次扣 1 分，警告次数为奇数时，最后一次不计。

（5）扣分 1 次扣 1 分。

（6）判罚警告的犯规行为：越出边界线，倒地，伪装受伤，转身背向对手逃避进攻，回避比赛，抓、搂抱或推对手，攻击腰部以下部位，用膝部顶撞对手，用手攻击对手面部，教练员或运动员使用不合理言论或做出任何不良行为。

（7）判罚扣分的犯规行为：下达 Kal-yeo（暂停）口令后攻击对手；"暂停"故意攻击倒地的对手；抓住对手进攻的脚将其摔倒，或用手推倒对手；故意用手攻击对手面部；教练员或运动员打断比赛进程；教练员或运动员使用过激言语或做出违反体育道德的行为。

（8）运动员违背竞赛规则和故意不服从裁判员时，主裁判有权直接判其"犯规败"。

（9）犯规累计扣4分者，判其"犯规败"。

（10）警告和扣分按3局累计。

六、获胜方式

（1）击倒胜（KO胜）。

（2）主裁判终止比赛胜（RSC胜）。

（3）比分或优势胜。

（4）弃权胜。

（5）失去资格胜。

（6）主裁判判罚犯规胜。

第十四章 武 术

第一节 初级长拳

一、初级长拳简介

初级长拳第 3 路编创于 1957 年。全套除了预备式和结束动作，分为 4 段，来回练习 4 趟，每段 8 个动作，合计 36 个动作。套路内容充实，包括拳、掌、勾 3 种手型，弓、马、虚、仆、歇 5 种步型；手法有冲、劈、抡、砸、栽等拳法，推、挑、穿、摆、亮等掌法，盘、顶等肘法；腿法有弹、踹、踢、拍等，还有跳跃和平衡等动作。套路编排合理，由简而繁，由易到难，有利于循序渐进地进行练习；套路布局和路线变化前后呼应，左右兼顾，均匀合理；在强调动作规格化、注重功力的同时，还较好地体现了攻防意识，增强了学习的情趣。

二、长拳的文化内涵及套路打法

长拳是我国的一项较为传统的武术健身项目，在其发展及流传的过程中，得到了广大人民的喜欢和政府部门的支持。新中国成立后，原国家体委把群众中流传广泛的查、华、炮、洪、弹腿、少林等拳种，根据其风格特点，综合整理创编了长拳。长拳是以套路为主的拳术，既适合基础武术训练，又适合进行竞赛和技术水平的提高。这类拳术的共同特点是：姿势舒展、动作灵活、快速有力、节奏鲜明，并多起伏转折、窜蹦跳跃、跌扑滚翻等动作和技术。

长拳的练习方法是按照一定的套路来进行的。长拳类套路是中华武术套路运动的基础，既适合各类武术的基础训练，又适合武术的各类竞赛，是我国重点推广和普及的武术项目之一。长拳套路有单练套路和对练套路。其中单练套路分为规定套路和自选套路。长拳套路技术以姿势、方法、身法、眼法、精神、劲力、呼吸、节奏等为 8 要素，以四击八法十二型为套路变化运动之法。

1. 四击

四击，是指武术中的踢、打、摔、拿 4 种技击法则。这 4 种法则各有各的具体内容与运动方法。踢，泛指蹬、踹、弹、点、缠、摆、扫、挂等；打，是指冲、撞、挤、靠、崩、劈、挑、砸、撑、搂、拦、勾、抄等；摔的内容有绷、揣、滑、倒、爬、拿、捣、勾等；拿的内容有刁、拿、锁、扣、封、闭、错、截等。

2. 八法

八法，是指手、眼、身法、步、精神、气、力、功。即指手要快捷；眼要明快、锐利；身要灵活；步要稳固；精神要充沛、饱满；气需要气沉丹田，提、托、聚、沉运用顺其自然；力要顺达；功要纯青。功是指力量、速度、耐力、灵敏等身体素质和运动的各种技巧。

3．十二型

十二型，是指长拳运动时表现出的动势、静势、起势、落势、立势、站势、转势、折势、轻势、重势、缓势、快势等12种动静之势。以自然事物中的12种形象来比喻这12种动静之势，以此来要求动作技术之气势。

三、长拳的锻炼价值

长拳锻炼对于人们的身体是有一定的好处的。经常从事长拳锻炼，能有效地增强体质，提高身体素质，增强内脏器官的功能。长拳中的各种手法、步法、腿法和身法，动作幅度大，牵动关节多，使肌肉、韧带拉长并富有弹性，柔韧性大大提高；套路中许多踢打摔拿、窜蹦跳跃和跌扑滚翻等动作，可很好地发展灵敏性、速度、力量等身体素质，提高弹跳力和协调性；一套长拳几十个动作要在很短的时间里完成，动作又多起伏转折，节奏多变，强度和运动量很大，可有效地提高循环系统、呼吸系统和消化系统的机能；要求每一动作都能做到"手、眼、身法、步、精神、气、力、功"八法协调，对神经系统有良好的影响，使支配各肌肉群活动的运动中枢和内脏器官活动的植物神经系统能很好地配合工作；运动节奏的变化，可增强中枢神经系统快速转换的能力和兴奋与抑制交替过程的灵活性。

四、长拳的动作名称

预备势：①虚步亮掌；②并步对拳。

第一段：①弓步冲拳；②弹腿冲拳；③马步冲拳；④弓步冲拳⑤弹腿冲拳；⑥大跃步前穿；⑦弓步击掌；⑧马步架掌。

第二段：①虚步栽拳；②提膝穿掌；③仆步穿掌；④虚步挑掌；⑤马步击掌；⑥叉步双摆掌；⑦弓步击掌；⑧转身踢腿马步盘肘。

第三段：①歇步抡砸拳；②仆步亮掌；③弓步劈拳；④换跳步弓步冲拳；⑤马步冲拳；⑥弓步下冲拳；⑦叉步亮掌侧踹腿；⑧虚步挑拳。

第四段：①弓步顶肘；②转身左拍脚；③右拍脚；④腾空飞脚；⑤歇步下冲拳；⑥仆步抡劈拳；⑦提膝挑掌；⑧提膝劈掌弓步冲拳。

结束动作：①虚步亮掌；②并步对拳；③还原。

五、长拳技术动作及图解

(一) 预备式

动作纲领：两脚开立，两臂垂于体侧，五指并拢贴靠腿外侧，平视前方。

动作要点：头要正，颔微收，挺胸，塌腰，收腹。

第十四章 武 术

1. 虚步亮掌

虚步亮掌动作纲领（见图14-1）：

（1）右脚向左后方撤步成左弓步，右掌向右、向上、向前划弧，掌心朝上；左臂屈肘，左掌提至腰侧，掌心朝上。

（2）右腿微屈，重心后移，左掌经胸前从右臂上向前穿出伸直；右臂屈肘，右掌收至腰侧，掌心朝上。

（3）重心继续后移，左脚稍向右移，脚尖点地，成左虚步。左臂内旋向左、向后划弧成勾手，勾尖朝上；右手继续向后、向右、向前上划弧，屈肘抖腕，在头前上方成亮掌（即横掌），掌心向前，掌指向左，目视左方。

图14-1 虚步亮掌

动作要点：3个动作必须连贯。成虚步时，重心落于右腿，右大腿与地面平行。左腿微屈，脚尖点地。

2. 并步对拳

并步对拳动作纲领（见图14-2）：

（1）右腿蹬直，左腿提膝，脚尖里扣，上肢姿势不变。

（2）左脚向前落步，重心前移。左臂屈肘，左勾手变掌经左肋前伸；右臂外旋向前下落于左掌右侧，两掌同高，掌心均向上。

（3）右脚向前上一步，两臂下垂后摆。

（4）左脚向右脚并步，两臂向外向上经胸前屈肘下按，两掌变拳，拳心向下，停于小腹前，目视左方。

图14-2 并步对拳

动作要点：并步后挺胸、塌腰。对拳、并步、转头要同时完成。

（二）第一段

1. 弓步冲拳

弓步冲拳动作纲领（见图14-3）：

（1）左脚向左上一步，脚尖向斜前方；右腿微屈，成半马步。左臂向上向左格打，拳眼向后，拳与肩同高；右拳收至腰侧，拳心向上。

（2）右腿蹬直成左弓步。左拳收至腰侧，拳心向上；右拳向前冲出，高与肩平，拳眼向上。

图 14-3　弓步冲拳

动作要点：成弓步时，右腿充分蹬直，脚跟不要离地。冲拳时，尽量转腰顺肩。

2．弹腿冲拳

弹腿冲拳动作纲领（见图 14-4）：重心前移至左腿，右腿屈膝提起，脚面绷直，猛力向前弹出伸直，高与腰平。右拳收至腰侧；左拳向前冲出。

动作要点：支撑腿可微屈，弹出的腿要有爆发力，力点达于脚尖。

3．马步冲拳

马步冲拳动作纲领（见图 14-5）：右脚向前落步。脚尖里扣，上体左转 90 度。左拳收至腰侧，两腿下蹲成马步；右拳向前冲出。目视右拳。

图 14-4　弹腿冲拳　　　图 14-5　马步冲拳

动作要点：成马步时，大腿要平，两腿平行，脚跟外蹬，挺胸、塌腰。

4．弓步冲拳

弓步冲拳动作纲领（见图 14-6）：

（1）上体向右转 90 度，右脚尖外撇向斜前方，成半马步。右臂屈肘向右格打，拳眼向后。

（2）左腿蹬直成右弓步。右拳收至腰侧；左拳向前冲出。

图 14-6　弓步冲拳

动作要点：与本段的弓步冲拳相同，惟左右相反。

5．弹腿冲拳

弹腿冲拳动作纲领（见图 14-7）：重心前移至右脚，左腿屈膝提起，脚面绷直，猛力向前弹出伸直，高与腰平。左拳收至腰侧，右拳向前冲出。目视前方。

图14-7 弹腿冲拳

动作要点：与本段的弹腿冲拳相同。

6．大跃步前穿

大跃步前穿动作纲领（见图14-8）：

（1）左腿屈膝，右拳变掌内旋，以手背向下挂至左膝外侧，上体前倾，目视右手。

（2）左脚向前落步，两腿微屈。右掌继续向后挂，左拳变掌，向后向下伸直，目视右掌。

（3）右腿屈膝向前提起，左腿立即猛力蹬地向前跃出。两掌向前向上划弧摆起，目视左掌。

（4）右腿落地全蹲，左腿随即落地向前铲出成仆步。右掌变拳抱于腰侧，左掌由上向右向下划弧成立掌，停于右胸前，目视左脚。

图14-8 大跃步前穿

动作要点：跃步要远，落地要轻，落地后立即接着做下一个动作。

7．弓步击掌

弓步击掌动作纲领（见图14-9）：右腿猛力蹬直成左弓步，左掌经左脚面向后划弧至身后成勾手，左臂伸直，勾尖向上；右拳由腰侧变掌向前推出，掌指向上，掌外侧向前，目视右掌。

图14-9 弓步击掌

动作要点：左脚猛力蹬直成弓步，勾手，推掌动作要一致。

8．马步架掌

马步架掌动作纲领（见图 14-10）：

（1）重心移至两腿中间，左脚脚尖里扣成马步，上体右转。右臂向左侧平摆，稍屈肘；同时左勾手变掌由后经左腰侧从右臂内向前上穿出，掌心均朝上，目视左手。

（2）右掌立于左胸前，左臂向左上屈肘抖腕亮掌于头部左上方，掌心向前，目向右转视。

图 14-10　马步架掌

动作要点：马步同前。

（三）第二段

1．虚步栽拳

虚步栽拳动作纲领（见图 14-11）：

（1）右脚蹬地，屈膝提起，左腿伸直，以前脚掌为轴向右后转体 180 度。右掌由左胸前向下经右腿外侧向后划弧成勾；左臂随体转动并外旋，使掌心朝右，目视右手。

（2）右脚向右落地，重心移至右腿上，下蹲成左虚步。左掌变拳下落于左膝上，拳眼向里，拳心向后；右勾手变拳，屈肘向上架于头右上方，拳心向前，目视左方。

图 14-11　虚步栽拳

动作要点：虚步要挺胸，立腰，右脚实，左脚虚，虚实要分明。

2．提膝穿掌

提膝穿掌动作纲领（见图 14-12）：

（1）右腿稍伸直。右拳变掌收至腰侧、掌心向上；左拳变掌由下向左向上划弧盖压于头上方，掌心向前。

（2）右腿蹬直，左腿屈膝提起，脚尖内扣。右掌从腰侧经左臂内向右前上方穿出，掌心向上；左掌收至右胸前成立掌，目视右掌，提膝穿掌。

第十四章 武 术

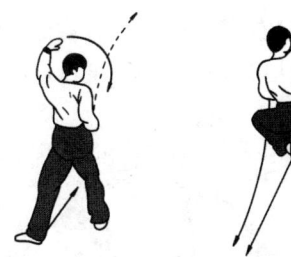

图 14-12 提膝穿掌

动作要点：支撑腿与右臂充分伸直。

3．仆步穿掌

仆步穿掌动作纲领（见图 14-13）：右腿全蹲，左腿向左后方铲出成左仆步。右臂不动，左掌由右胸前向下经左腿内侧，向左脚面穿出，目随左掌转视。

图 14-13 仆步穿掌

动作要点：前手低，后手高，两臂伸直，上体向左侧前倾。

4．虚步挑掌

虚步挑掌动作纲领（见图 14-14）：

（1）右腿蹬直，重心前移至左腿，成左弓步。右掌稍下降，左掌随重心前移向前挑起。

（2）右脚向左前方上步，左腿半蹲，成右虚步。身体随上步左转 180 度。在右脚上步的同时，左掌由前向上向后划弧成立掌，右掌由后方向前上挑起成立掌，指尖与眼平。目视右掌。

图 14-14 虚步挑掌

动作要点：上步要快，虚步要稳。

5．马步击掌

马步击掌动作纲领（见图 14-15）：

（1）右脚踏实，脚尖外撇，重心稍升高并右移，左掌变拳收至腰侧；右掌俯掌向外捋手。

（2）左脚向前上一步，以右脚为轴向右后转体180度，两腿下蹲成马步。左掌从右臂上成立掌向左侧击出；右掌变拳收至腰侧，目视左掌。

图 14-15　马步击掌

动作要点：右手做搂手时，先使臂内旋、腕伸直，手掌向下向外转，接着臂外旋，掌心经下向上翻转，同时握成拳，收马步和击掌动作要同时进行。

6．叉步双摆掌

叉步双摆掌动作纲领（见图14-16）：

图 14-16　叉步双摆掌

（1）重心稍右移，同时两掌向下向右摆，掌指均向上，目视右掌。

（2）右脚向左腿后插步，前脚掌着地。两臂继续由右向上向左摆，停于身体左侧，均成立掌，右掌停于左肘窝处，目随双掌转视。

动作要点：两臂要划立圆，幅度要大，摆掌与后插步配合一致。

7．弓步击掌

弓步击掌动作纲领（见图14-17）：

（1）两腿不动，左掌收至腰侧，掌心向上；右掌向上向右划弧，掌心向下。

（2）左腿后撤一步，成右弓步，右掌向下向后伸直摆动，成勾手，勾尖向上；左掌成立掌向前推出，目视左掌。

图 14-17　弓步击掌

动作要点：撤步成弓步与勾手、推掌要同时完成。

8．转身踢腿马步盘肘

转身踢腿马步盘肘动作纲领（见图14-18）：

（1）两脚以前脚掌为轴向左后转体180度，在转体的同时，左臂向上向前

第十四章 武 术

划半立圆，右臂向下向后划半立圆。

（2）上动不停，两脚不动，右臂由后向上向前划半立圆，左臂由前向下向后划半立圆。

（3）上动不停，右臂向下成反臂勾手，勾尖向上；左臂向上成亮掌，掌心向上方。右腿伸直，脚尖勾起，向额前踢。

（4）右脚向前落地，脚尖里扣。右手不动，左臂屈肘下落至胸前，左掌心向下。目视左掌。

（5）上体左转90度，两腿下蹲成马步。同时左掌向前向左平掳变拳收至腰侧，右勾手变拳。右臂伸直，由体后向右向前平摆，至体前时屈肘，肘尖向前，高与肩平，拳心向下，目视肘尖。

图 14-18　转身踢腿马步盘肘

动作要点：两臂抡动时要划立圆，动作连贯，盘肘时要快速有力，右肩前顺。

（四）第三段

1. 歇步抡砸拳

歇步抡砸拳动作纲领（见图14-19）：

（1）重心稍升高，右脚尖外撇。右臂由胸前向上向右抡直；左拳向下向左，使臂抡直。目视右拳。

（2）上动不停，两脚以前脚掌为轴，向右后转体180度。右臂向下向后抡摆，左臂向上向前随身体转动。

（3）紧接上动，两腿全蹲成歇步。左臂随身体下蹲向下平砸，拳心向上，臂部微屈；右臂伸直向上举起，目视左拳。

图 14-19　歇步抡砸拳

动作要点：抡臂动作要连贯完成，划成立圆。歇步要两腿交叉全蹲，左腿大、小腿靠紧，臀部贴于左小腿外侧，膝关节在右小腿外侧，脚跟提起；右脚尖外撇，全脚掌着地。

2. 仆步亮掌

仆步亮掌动作纲领（见图14-20）：

（1）左脚由右腿后抽出前上一步，左腿蹬直，右腿半蹲，成右弓步。上体微向右转。左拳收至腰侧，右拳变掌向下经胸前向右横击掌，目视右掌。

（2）右脚蹬地屈膝提起，上体右转。左拳变掌从右掌上向前穿出，掌心向上；右掌平收至左肘下。

（3）右脚向右落步，屈膝蹲，左腿伸直，成仆步。左掌向下向后划弧成勾手，勾尖向上；右掌向右向上划弧微屈，抖腕成亮掌，掌心向前。头随右手转动，至亮掌时，目视左方。

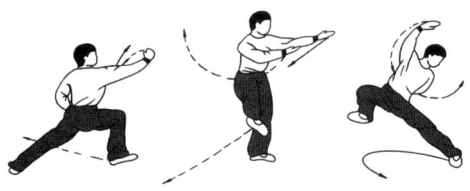

图 14-20　仆步亮掌

动作要点：仆步时，左腿充分伸直，脚尖里扣，右腿全蹲，两脚脚掌全部着地。上体挺胸塌腰，稍左转。

3. 弓步劈拳

弓步劈拳动作纲领（见图 14-21）：

（1）右腿蹬地立起，左腿收回并向左前方上步。右掌变拳收至腰侧，左勾手变掌向下向前向上经胸前向左做搂手。

（2）右腿经左腿前方左绕上步，左腿蹬直成右弓步。左手向左平搂后再向前挥摆，虎口朝前。

（3）在左手平搂的同时，右掌向后平摆，然后再向前向上做抢劈拳，拳高与耳平，拳心向上，左掌外旋接扶右前臂，目视右拳。

图 14-21　弓步劈拳

动作要点：左右脚上步稍带弧形。

4. 换跳步弓步冲拳

换跳步弓步冲拳动作纲领（见图 14-22）：

图 14-22　换跳步弓步冲拳

（1）重心后移，右脚稍向后移动。右拳变掌，臂内旋，以掌背向下划弧挂至右膝内侧；左掌背贴靠右肘外侧，掌指向前，目视右掌。

（2）右腿自然上抬，上体稍向左扭转。右掌挂至体左侧，左掌伸向右腋下，目随右掌转视。

（3）右脚以全脚掌用力向下震跺，与此同时，左脚急速离地抬起。右手由左向上向前掳盖而后变拳收至腰侧；左掌伸直向下向上向前屈肘下按，掌心向下。上体右转，目视左掌。

（4）左脚向前落步，右腿蹬直成左弓步。右拳向前冲出，拳高与肩平；左掌藏于右腋下，掌背贴靠腋窝，目视右拳。

动作要点：换跳步动作要连贯、协调。震脚时腿要弯曲，全脚掌着地。左脚离地不要高。

5．马步冲拳

马步冲拳动作纲领（见图14-23）：上体右转90度，重心移至两腿中间，成马步。右拳收至腰侧，左掌变拳向左冲出，拳眼向上，目视左拳。

动作要点：重心要平稳，马步要低平，冲拳要有寸劲。

6．弓步下冲拳

弓步下冲拳动作纲领（见图14-24）：右腿蹬直，左腿弯曲，上体稍向左转，成左弓步。左拳变掌向下经体前向上架于头左上方，掌心向上，右拳自腰侧向左前斜下方冲出，目视右拳。

图14-23 马步冲拳　　图14-24 弓步下冲拳

动作要点：蹬右腿转体，挺胸塌腰，力发于腰，力达拳面。

7．叉步亮掌侧踹腿

叉步亮掌侧踹腿动作纲领（见图14-25）：

图14-25 叉步亮掌侧踹腿

（1）上体稍右转。左掌由头上下落于右手腕上，右拳变掌，两手交叉成十字，目视双手。

（2）右脚蹬地并向左腿后插步，以前脚掌着地。左掌由体前向下向后划弧成勾手，勾尖向上；右掌向前向右向上划弧抖腕亮掌，掌心向前，目视左侧。

（3）重心移至右腿，左腿屈膝提起，向左上方猛力蹬出。上肢姿势不变，目视左侧。

动作要点：插步时上体稍向右倾斜，腿、臂的动作要一致。侧踹高度不能低于腰，大腿内旋，着力点在脚跟。

8．虚步挑拳

虚步挑拳动作纲领（见图14-26）：

（1）左脚在左侧落地。右掌变拳稍后移，左勾手变拳由体后向左上挑，拳背向上。

（2）上体左转180度，微含胸前俯。左拳继续向前向上划弧上挑，右拳向下向前划弧挂至右膝外侧，同时右膝提起，目视右拳。

（3）右脚向左前方上步，脚尖点地，重心落于左脚，左腿下蹲成右虚步。左拳向后划弧收至腰侧，拳心向上；右拳向前屈臂挑出，拳眼斜向上，拳与肩同高，目视右拳。

图14-26　虚步挑拳

动作要点：虚步与上肢动作要一致。

（五）第四段

1．弓步顶肘

弓步顶肘动作纲领（见图14-27）：

图14-27　弓步顶肘

（1）重心升高，右脚踏实。右臂内旋向下直臂划弧以拳背下挂至右膝内侧，左拳不变。目视前下方。

（2）左腿蹬直，右腿屈膝上抬。左拳变掌，右拳不变，两臂向前向上划弧摆起，目视右拳。

（3）左脚蹬地起跳，身体腾空，两臂继续划弧至头上方。

（4）右脚先落地，右腿屈膝，左脚向前落步，以前脚掌着地。同时两臂向右向下屈肘停于胸前,右拳变掌,左掌变拳。右掌心贴靠左拳面。

(5)左脚向左上步屈膝,右腿蹬直成左弓步,右掌推左拳,以左肘尖向左顶出,高与肩平。目视前方。

动作要点:交换步时不要过高,但要快,两臂抡摆时要成圆弧。

2. 转身左拍脚

转身左拍脚动作纲领(见图14-28):

图14-28 转身左拍脚

(1)以两脚前脚掌为轴向右后转体180度。随着转体,右臂向上向前向下划弧抡摆,同时左拳变掌向下向后向前上抡摆。

(2)左腿伸直向前上踢起,脚面绷平,左掌变拳收至腰侧,右掌由体后向上向前拍击左脚。

动作要点:右掌拍脚时手掌稍横过米,拍脚要准确响亮。

3. 右拍脚

右拍脚动作纲领(见图14-29):

图14-29 右拍脚

(1)左脚向前落地。左拳变掌向下向后摆,右掌变拳收至腰侧。

(2)右腿伸直向前上踢起,脚面绷平。左拳变掌由后向上向前拍击右脚面。

动作要点:与本段的转身左拍脚相同。

4. 腾空飞脚

腾空飞脚动作纲领(见图14-30):

图14-30 腾空飞脚

(1)右脚落地。

（2）左脚向前摆起，右脚猛力蹬地跳起，左腿屈膝继续前上摆。同时右拳变掌向前向上摆起，左掌先上摆而后下降拍击右掌背。

（3）右腿继续上摆，脚面绷平。右手拍击右脚面，左掌由体前向后上举。

动作要点：蹬地要向上，不要太向前冲，左膝尽量上提。击响要在腾空时完成，右臂伸直成水平。

5．歇步下冲拳

歇步下冲拳动作纲领（见图 14-31）：

图 14-31　歇步下冲拳

（1）左、右脚相继落地，左掌变拳收至腰侧。

（2）身体右转 90 度，两腿全蹲成歇步。右掌抓握、外旋变拳收至腰侧；左拳由腰侧向前下方冲出，拳心向下。目视左拳。

动作要点：右掌抓握动作要快速，歇步与左冲拳的动作要一致。

6．仆步抡劈拳

仆步抡劈拳动作纲领（见图 14-32）：

图 14-32　仆步抡劈拳

（1）重心升高，右臂由腰侧向体后伸直，左臂随身体重心升高向上摆起。

（2）以右脚前脚掌为轴，左腿屈膝提起，上体左转 270 度。左拳由前向后下划立圆一周；右拳由后向上向前划立圆一周。

（3）左腿向后落一步，屈膝全蹲，右腿伸直，脚尖里扣成右仆步。右拳由上向下抡劈，拳眼向上；左拳后上举，拳眼向上。目视右拳。

动作要点：抡臂时一定要划立圆。

7．提膝挑掌

提膝挑掌动作纲领（见图 14-33）：

（1）重心前移成右弓步，同时右拳变掌由下向上抡摆，左拳变掌稍下落，右掌心向左，左掌心向右。

（2）左、右臂在垂直面上由前向后各划立圆一周。右臂伸直停于头上，掌心向左，掌指向上；左臂伸直停于身后成反勾手。同时右腿屈膝提起，左腿挺膝伸直独立。目视前方。

图 14-33　提膝挑掌

动作要点：抡臂时要划立圆。

8. 提膝劈掌弓步冲拳

提膝劈掌弓步冲拳动作纲领（见图 14-34）：

（1）下肢不动。右掌由上向下猛劈伸直，停于右小腿内侧，用力点在小指一侧；左勾手变掌，屈臂向前停于右上臂内侧，掌心向右。目视右掌。

（2）右脚向右后落地；身体右转 90°。同时左掌变拳收至腰侧，右臂内旋向右划弧做劈掌。

（3）上动不停，左腿蹬直成右弓步。右手抓握变拳收至腰侧，左拳由腰侧向左前方冲出。目视左拳。

图 14-34　提膝劈掌弓步冲拳

动作要点：左搂手动作要快，右弓步与左冲拳的动作要一致。

（六）结束动作

1. 虚步亮掌

虚步亮掌动作纲领（见图 14-35）：

图 14-35　虚步亮掌

（1）右脚扣于左膝后，两拳变掌，两臂右上左下屈肘交叉于体左前，目视右掌。

（2）右脚向右后落步，重心后移，右腿半蹲，上体稍右转。同时右掌向上向右向下划弧停于左腋下；左掌向左向上划弧停于右臂上与左胸前，两掌心左下右上。目视左掌。

（3）左脚尖稍向右移，右腿下蹲成左虚步。左臂伸直向左、向后划弧成勾手；右臂伸直向下向右向上划弧抖腕亮掌，掌心向前。目视左方。

动作要点：动作协调，虚步低稳。

2．并步对拳

并步对拳动作纲领（见图14-36）：

（1）左腿后撤一步，同时两掌从两腰侧向前穿出伸直，掌心向上。

（2）右腿后撤一步，同时两臂分别向体后下摆。

（3）左脚后退半步向右脚并拢。两臂由后向上经体前屈臂下按，两掌变拳，停于腹前，拳心向下，拳面相对。目视左方。

动作要点：与预备动作相同，松肩，精神饱满。

3．还原

还原动作纲领（见图14-37）：两臂自然下垂成预备式，目视正前方。

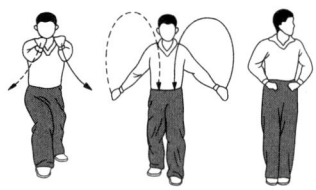

图14-36　并步对拳

图14-37　还原

第二节　太　极　拳

一、太极拳的起源

太极拳运动是中华民族的国粹，是一种比较柔和舒缓、重意轻力、圆柔练内的拳术。它不仅能够达到调整阴阳、疏理经络、强身健体、延年益寿的目的，还能防病疗疾，提高人的修养，健全人格，陶冶情操，是一项深受人们喜爱的运动。

太极拳创始于清朝初期，早期曾称为"长拳""绵拳""十三势""软手"。清朝乾隆年间，山西人王宗岳著《太极拳论》，才确定了太极拳的名称。"太极"一词源出《周易·系辞》："易有太极，是生两仪。""太极"含有至高、至极、绝对、唯一之意。关于太极拳的起源与创始人，众说纷纭，但现在多数拳家认为太极拳起源于武当，创始人是张三丰。现在的各式太极拳几乎都是起源于陈式太极拳。

24式简化太极拳是原国家体育委员会在1955年创编的一种简化的太极拳，是在杨式太极拳的基础上演化而来的。其特点为：动作舒展、大方、缓慢、连贯、圆滑；要求全神贯注，意识导引；上下相随；周身协调；虚实分明，重心稳定；动作轻缓，呼吸自然；速度均匀；连绵不断。

二、24 式简化太极拳动作名称

本套动作集中了太极拳的主要结构和技术内容，易学易懂，全套共 8 组 24 个姿势动作。

第一组
①起势；②左右野马分鬃；③白鹤亮翅。

第二组
④左右搂膝拗步；⑤手挥琵琶；⑥左右倒卷肱。

第三组
⑦左揽雀尾；⑧右揽雀尾；⑨单鞭。

第四组
⑩云手；⑪单鞭；⑫高探马。

第五组
⑬右蹬脚；⑭双峰贯耳；⑮转身左蹬脚。

第六组
⑯左下势独立；⑰右下势独立；⑱左右穿梭。

第七组
⑲海底针；⑳闪通臂；㉑转身搬拦捶。

第八组
㉒如封似闭；㉓十字手；㉔收势。

三、24 式简化太极拳图解与说明

（一）起势

要点：①预备势。头颈正直，下颌微向下收，立正姿势开始，然后左脚向左分开，与肩同宽，身体重心落于两腿中间，双膝微屈。②起势。两肩下沉，两肘松垂，手指自然微屈，臀部不可凸出，两臂的起落和双膝的起蹲要协调一致（见图 14-38）。

图 14-38 起势

（二）左右野马分鬃

要点：上体不可前俯后仰，两臂分开时要保持弧形，身体转动要以腰为轴，弓步动作与分手速度要均匀一致；迈出的脚脚跟先着地，然后脚掌慢慢踏实，做到前弓后箭，前腿膝盖不要超过脚尖，后腿自然伸直，脚跟不得离地，前后腿夹角为 45～60 度，前后脚的脚跟要在中轴线两侧，其横向距离保持在 10～30 厘米（见图 14-39）。

图 14-39　野马分鬃

（三）白鹤亮翅

要点：完成姿势时胸部不要挺出，两臂上下都要保持半圆形；左膝微屈，身体重心后移和右手上提、左手下压动作协调一致（见图 14-40）。

图 14-40　白鹤亮翅

（四）左右搂膝拗步

要点：前手推出时要沉肩垂肘、坐腕舒掌，同时须与松腰、弓腿动作上下一致，身体不可前俯后仰（件图 14-41）。

技击意义：用自己的手搂按对方进攻的手或腿、脚，使其前行攻击自己的力改变方向（向下或向外运行），失去攻击的意义；同时自己上一步，用另一手拍按、击打对方面部或胸口。

图 14-41　搂膝拗步

（五）手挥琵琶

要点：右脚跟进时，前脚掌先着地，再全脚踏实；身体重心后移和左手上起、右手回收动作要协调一致；身体要平稳自然，沉肩垂肘，胸部放松（见图 14-42）。

图 14-42　手挥琵琶

（六）左右倒卷肱

要点：前推的手和后撤的手随转体走弧线，且转腰松胯，两手速度要一致；退步时脚掌先着地，再全脚踏实，同时前脚随转体以脚掌为轴扭正；退左脚时略向左后斜，退右脚时略向右后斜，避免两脚后退时落在一条直线上（见图 14-43）。

图 14-43　倒卷肱

（七）左揽雀尾

要点：绷出时，两臂前后均保持弧形，分手、松腰、弓腿 3 个动作必须协调一致；下捋时上体不可前倾，臀部不要凸出，两臂下捋须随腰旋转，仍走弧线，左脚全脚掌着地；向前挤时上体要正直，并与松腰、弓腿动作一致；向前按时两手须走曲线，手部高与肩平，两肘微屈（见图 14-44）。

图 14-44　左揽雀尾

（八）右揽雀尾

要点：与左揽雀尾动作相同，只是方向相反（见图 14-45）。

技击意义：左揽雀尾和右揽雀尾是太极拳的基本技法，绷是向外、向上，阻击对方进攻时用的一种力；捋是向后、向下，借对方劲的一种力；挤是靠近对方用的一种力。

图 14-45　右揽雀尾

（九）单鞭

要点：上体保持正直、松腰；完成姿势时两肩下沉，右肘稍下垂，左肘与左膝上下相对，左手向外翻掌推出时，要随转体边翻边推出，不要翻掌太过或突然翻掌；全部过渡动作上下要协调一致（见图 14-46）。

图 14-46　单鞭

（十）云手

要点：两脚平行向左移动，开步与并步时脚要轻提轻落，脚前掌内侧先着地；整个动作要平均、平稳、连贯，以腰为轴，上体正直；两掌云转时，上掌指不高过眉，下掌指不低过裆，不可突然翻掌（见图 14-47）。

图 14-47　云手

（十一）单鞭

动作如图 14-48 所示。

图 14-48　单鞭

第十四章 武　术

（十二）高探马

要点：收手和推手速度要均匀（见图14-49）。

图14-49　高探马

（十三）右蹬脚

要点：身体要保持稳定，不可前俯或后仰；两手分开时腕部与肩部齐平；蹬脚时左腿微微弯屈，右脚尖回勾，劲使在脚跟；分手与蹬腿动作要协调一致；右臂与右腿上下相对（见图14-50）。

图14-50　右蹬脚

（十四）双峰贯耳

要点：完成姿势时，头颈要正直，松腰、松胯，两拳松握，沉肩垂肘，两臂均保持弧形；弓步与身体方向和右蹬脚方向相同（见图14-51）。

图14-51　双峰贯耳

（十五）转身左蹬脚

要点：与"右蹬脚"相同，只是左、右方向相反，左蹬脚方向与右蹬脚方向成180°（见图14-52）。

图14-52　转身左蹬脚

（十六）左下势独立

要点：右腿全蹲时，上体不可过于前倾；左腿伸直时，左脚尖须向内扣，两脚掌全部着地；成独立势时，上体正直，独立腿微屈，右腿提起时脚尖要自然下垂（见图 14-53）。

图 14-53　左下势独立

（十七）右下势独立

要点：右脚尖触地后，身体微向左转，动作方向和"左下势独立"相反（见图 14-54）

图 14-54　右下势独立

（十八）左右穿梭

要点：完成姿势时面向斜前方，一手上举一手前推，要与弓腿送腰动作上下协调一致；上体不可前俯，防止引肩上耸（见图 14-55）。

图 14-55　左右穿梭

（十九）海底针

要点：身体要先向右转，再向左转，完成姿势；双腿微屈，上体不可太向前倾，不可低头和臀部外凸（见图 14-56）。

图 14-56　海底针

（二十）闪通臂

要点：完成姿势时上体自然正直，松腰、松胯；左臂前伸时不要伸直，背部肌肉要伸展；推掌、举掌和弓腿成弓步时，动作要协调一致；弓步时两脚尖稍内扣，两脚跟横间距离不超过10厘米（见图14-57）。

图14-57 闪通臂

（二十一）转身搬拦捶

要点：向右后转身，拍按左右掌，再搬右拳，重心前移，右拳向右划弧；顺势左腿上步；左手由外向内拦时，落左脚成弓步，左手回撤，右拳向前打出（见图14-58）。

图14-58 转身搬拦捶

（二十二）如封似闭

要点：身体后坐时，避免后仰，臀部不可凸出；两臂随身体回收时，肩、肘略向外松开，不要直着收回；成弓步两手推出时宽度不要超肩宽（见图14-59）。

图14-59 如封似闭

（二十三）十字手

要点：两手分开与合抱时，上体不要前俯；站起后，身体要自然正直，头要微向上顶，下颏要稍向后收；两臂环抱时须圆满舒适，沉肩垂肘（见图14-60）。

图14-60 十字手

（二十四）收势

要点：两手左右分开下落时，要注意全身放松，同时气也徐徐下沉（呼气略加长）；呼吸平稳后，把左脚收到右脚旁，至此，整套动作完成（见图14-61）。

图 14-61　收势

第十五章 休闲体育

第一节 野外生存

野外生存拓展训练是从军事管理训练中衍生出来的一种拓展培训项目，野外拓展培训是指在自然环境中，通过模拟探险活动进行的情景式拓展训练。

野外生存活动自从"军转民"以来，已经成为一种有益身心并有利于培养团队精神的群众性文体活动。

一、利用自然特征判定方向

1. 利用北极星判定

北极星是正北天空中一颗较亮的恒星，位于小熊星座的尾端，距北天极约1度。夜间找到北极星，就找到了正北方向。寻找的方法是：利用与北极星有关联的大熊星座来寻找，大熊星座（北斗七星）和仙后星座位于北极星的两侧，遥遥相对，根据大熊星座或仙后星座就很容易找到北极星。

2. 利用太阳和时表判定

一般来说，在当地时间6时左右，太阳在东方，12时在正南方，18时左右在西方。根据这一规律，便可以利用时表根据太阳概略地判定方位。方法是将时表放平，以时针所指时数（24小时制）折半的位置对准太阳，"2"所指的方向就是北方。如在当地时间上午9时，应以折半的位置"4"与"5"之间对准太阳；下午2时（14时）40分，应以7时20分对准太阳。为便于判定，可在时数折半的位置垂直竖一细棍或细针，使其阴影通过表盘中心。判定时，应以当地时间为准。

3. 利用自然特征判定

有些地物由于受阳光、气候等自然条件的影响，形成了某种特征，可用来概略地判断方位。独立大树，通常南面的枝叶较茂密，树皮较光滑，北面的枝叶稀疏，树皮粗糙；独立树砍伐后，树桩上的年轮，通常北面间隔小，南面间隔大。突出地面的地物，如土堆、田埂、土堤和建筑物等，通常南面干燥，北面潮湿而易生青苔；南面积雪融化快，北面积雪融化慢，土坑、沟渠和林中空地则相反。

二、穿越复杂地形的方法

在山地行进，为避免迷失方向，节省体力，提高行进速度，应力求在有道路时不穿林翻山，有大路时不走小路。如果没有道路，可选择在纵向的山梁、山脊、山腰、河流、小溪边缘，以及树高、空隙大、草丛低疏的地形上行进，要按照"走梁不走沟，走纵不走横"的原则行进。

攀登岩石时要先确定岩石是否风化，手脚要配合好，避免两点同时移动，一定要稳、准、快。根据自己的情况选择最适合的距离和最稳固的支点。攀登30度以下的山坡可沿直线走，攀登时身体稍向前倾，迈步不要过快；坡度大于30度时，一般采取"之"字形攀登线，攀登时，腿微屈，上体前倾，全脚掌着地。在行进中，不小心滑倒时，应该立即面向山坡，张开双臂，伸直两腿，脚尖翘起，使身体尽量上移，以减轻滑行的速度。

河流是山区和平原地区经常遇到的障碍，遇到河流应该仔细观察后再确定渡河的地方和方法，不要草率入水。山区河流通常水流湍急、水温低、河床坎坷不平，涉渡时，应该保持身体平衡，身体强壮的人应该位于上游方向渡过。

三、获取食物的方法

野外生存获取食物的途径主要有两种：一种是猎捕野生动物，另一种是采集野生植物。

（1）猎捕野生动物：首先要知道动物的栖息地，掌握动物的生活规律，然后再采取捕获以及射杀等方法进行猎捕。在野外求生时，捕捉一切能够食用的小动物，如蛙、蛇、鱼、蜥蜴、虾、龟、蜗牛、蚯蚓等。另外，昆虫也是野外生存能获取的动物性食物资源。目前，能够食用的昆虫有蚂蚁、蝉、蟑螂、蟋蟀、飞蛾、蝗虫、蚱蜢、蜘蛛、螳螂、蜜蜂。蜜蜂所产的蜂蜜营养丰富，且易为人所吸收，是野外求生的理想食品。但是应注意，食用昆虫一定要将其煮熟或烤透，以免昆虫体内的寄生虫进入人体，导致中毒或得病。

（2）采集野生植物：中国地域广大，适合各种植物生长，其中可以食用的就有两千多种。通常可食用的野果有：山葡萄、黑瞎子果、沙棘、野栗子、木瓜、椰子、茅莓等；常见的野菜有苦菜、蒲公英、芥菜、芦苇、鱼腥草、野芥、莲、蘑菇等。这些野生植物可生食、炒食、煮食等，内含脂肪、碳水化合物以及蛋白质，营养价值很高，味道也较好，但是在采食蘑菇时要注意，有些蘑菇是有毒的，误食了有毒的蘑菇，重者可能致命。因此要学会识别有毒蘑菇，长有白色菌褶，茎、干部有菌托及菌环的菌类和腐败的菌类都是有毒的。

四、获取饮用水的方法

获取饮用水的途径通常有两条：一是从地表获取，二是净化地表水。通常雨水是可以直接饮用的，下雨时用一些可以盛水的雨布和塑料来收集雨水。冬季可以采用化雪化冰并沉淀来获得饮用水。有些植物如椰子树、枫树、仙人掌等，在早晨时是可以从它们身上汲取汁液的。

当没有可靠的饮用水又无检验设备时，可以根据水的温度、色味、水迹来鉴别水质的好坏。纯净水在水层浅时无色、透明，在水层深时呈浅蓝色，可以用玻璃杯来观察,也可以用一张白纸来鉴别。把水滴在白纸上然后晾干观察,如果有斑痕说明有杂质、水质差。

在野外最好不要饮用从杂草中流出的水,而应该以从岩石中流出的清水为佳。饮用河流或湖泊中的水时,可在离水边1～2米的沙地上挖个小坑,坑里渗出的水比直接从河流中提取的水清洁。在野外,可以用饮水清毒片、漂白精片及明矾等药品净化水。

五、野外常见伤病的防治

1. 毒蛇咬伤

在山野丛林中活动时,如果被毒蛇咬伤,必须立即采取紧急救护措施。首先要用布条缚住伤口近心一端,以免毒液上流,然后在毒蛇咬伤处划开一个小口,挤出毒液,之后应该尽快就医。在野外毒蛇较多的区域活动,应该常备蛇药。

2. 昆虫叮咬

在野外,应该穿着长衣长裤并扎紧袖口和领口来防虫。皮肤暴露的部位应该涂抹防蚊虫药。点燃艾叶、香蒿、柏叶枝、野菊花等可以驱赶昆虫。被昆虫叮咬后,可以用氨水、肥皂水、盐水、小苏打水等清洗患处以止痒消毒。

3. 中毒

中毒的症状是恶心、呕吐、腹泻、胃痛、心脏衰弱等,遇到这种情况首先要洗胃——喝大量的水后再吐出,然后吃一些泻药来清肠并食用减毒药,多喝水以加速排泄。为保证心脏正常跳动,应该喝些糖水、浓茶,紧急处理后应立即送医院救治。

4. 中暑

在炎热暑季,人体活动量过大、休息不够、水盐补充不及时、衣服不透气等都会引起中暑,其症状是头晕、恶心、昏迷、瞳孔放大、发高烧等。此时,中暑者应该立即在阴凉通风处平躺,解开衣裤带,全身放松,再服用十滴水、仁丹等药物。发烧时,可用凉水冷敷散热;昏迷不醒时,可掐人中使其苏醒。

5. 出血

如发生出血,应立即采取果断措施止血。准确判断出血种类是有效止血的第一步。动脉出血颜色鲜红,呈喷射状,有搏动,出血速度快、量多;静脉出血颜色暗红,呈滴出状外流;毛细血管出血颜色鲜红,从伤口向外渗出,出血点不易判断。利用指压法止血时,临时用手指或手掌压迫伤口近心端,可以达到暂时止血的目的。

六、取火的方法

在野外生存中,火具有重要作用,它可以用来驱逐野兽和有害昆虫,还可以用来煮熟食物、烧水和取暖御寒，必要的时候还可以作为求救的信号使用。在没有火柴和打火机的情况下，可以通过以下方法取火。

1. 摩擦取火

摩擦取火是最原始的取火方法，但是在求生条件下依然非常适用。在取火前要准备好非常适用的引火媒，如棉絮、草屑、干木屑、干树皮等。具体方法有以下三种。

（1）古典式钻木取火：古典式钻木取火法这是被了解得最广泛，但同时也是最困难的一种方法。首先，找到合适的木材做钻板，干燥的白杨、柳树等等会是不错的选择，因为它们的质地较软。再找到合适的树枝做钻头，相对较硬一些就可以，条件不像钻板一般苛刻。然后，把钻板边缘钻出倒"V"形的小槽。最后，在钻板下放入一个易燃的火绒或者枯树叶，然后双手用力钻动，直到钻出火来为止（见图15-1）。

图 15-1　古典式钻木取火

（2）双人经典钻木取火法：双人经典钻木法其他步骤跟第一种方法相同，不同的是这次是两个人合作。一个人用带凹槽的木头盖子把钻轴固定在钻板上，另一个人用摩擦力较大的绳子或藤条在钻轴上缠几圈，然后快速来回拉动（见图15-2）。这种双人合作的效率比第一种强的多。

图 15-2　双人经典钻木取火法

（3）弓弦钻木取火法：弓弦钻木法同第二种双人钻木法类似，只不过可由一人完成。钻轴上方同样覆盖一个有凹槽的盖子，然后用弓弦样子的工具快速拉动（见图15-3）。

图 15-3 弓弦钻木取火法

2. 击石取火

找两块质地坚硬的鹅卵石，互相击打使其迸发出的火花落至引火媒上，当引火媒开始冒烟时，缓缓吹气或扇风使其起明火。

3. 凸透镜聚光取火

用凸透镜将太阳光聚焦成为一点，利用光点上的高温将引火煤引燃。在夏季雾气较大或者冬季太阳光较弱的时候，可以在正午太阳光强烈的时候再取火，然后保存火种以备不时之需。

七、野外求救的方法

1. 利用声音求救

当陷入低洼的地方、密林中、塌陷物内，或遇大雾、暗夜等情况时，间断性地呼救是非常必要的。人们也可利用身边一些东西，间断性地制造出声音来求救。

2. 利用烟火、光求救

火光作为联络信号是非常有效的。遇险时可根据自身的情况来制造烟火：白天可在火堆上放些苔藓、青嫩树枝、橡皮等使之产生浓烟；晚上可放些干柴，使火烧旺，使火升高。

燃放3堆火焰是国际通行的求救信号，将火堆摆成三角形，每堆之间的间隔相等最为理想，这样安排也方便点燃。如果燃料稀缺或者自己伤势严重，抑或由于饥饿、过度虚弱而凑不够3堆火焰，那么因陋就简点燃1堆也行。

3. 利用求救信号求救

利用求救信号求救，就是利用当代的一些高科技产品发出求救信号。各种现代化的工具，如手机、电脑、卫星电话等都可以快捷地发出求救信号。

第二节 定向越野

一、定向越野简介

（一）概念和分类

定向运动是指运动员借助定向地图和指北针，按组织者规定的顺序方式，自我选择行进路线并到访地图上所标示的地面检查点，以通过全程检查点用时较短者或在规定时间找到检查点得分较多者为胜的一种体育运动。

定向运动分类：

1. 接力定向

接力定向是团体之间的定向越野比赛项目之一。在接力比赛中，比赛的路线分成若干段（国际比赛通常为 4 段），每名选手完成其中的一段，各段参赛选手的成绩相加为该队团体总成绩。

2. 夜间定向

夜间定向是定向运动的一种高难度的比赛形式。由于是在视度不良的夜间进行，不仅增加了比赛的难度，同时对观众和选手增加了吸引力和刺激性。夜间定向已被列入国际定联的正式比赛项目。

3. 记分定向

记分定向通常以个人方式进行。它是在比赛区域内预先设置好许多检查点，并根据地形的难易程度、距离远近、点的位置的相互关系不同而赋予每个检查点以不同分值。选手必须在规定时间内自行寻找若干或全部检查点，以积分最高者为优胜。

定向运动通常在野外森林进行，也可在城市的近郊、公园和较大的校园等各种地形进行。其比赛的成败在于个人的识图用图、野外定向和奔跑能力的强弱，因此适合各种年龄、性别的人参加。为增加比赛的乐趣，也可以在判定比赛成绩的方法上有所区别，如个人跑计团体成绩或个人跑计个人与团体成绩等。

（二）定向运动的益处

1. 个人参与定向运动的益处

定向运动是一项非常健康的智慧型体育项目，是智力与体力并重的运动。它不仅能强健体魄，而且能培养人独立思考、独立解决所遇到困难的能力，以及体力和智力受到压力下做出迅速反应、果断决定的能力。

定向运动技巧容易掌握，无论男女，不分老幼，只要喜欢郊野活动，3岁至80岁都可以参加。

2. 学校开展定向运动的益处

由于定向运动是融健身性、知识性、趣味性和国防教育性于一体的一项体力与智力并重的体育项目，非常适合在各级各类学校开展。经常参与定向运动不仅能强健体魄，还能让学生在轻松愉快的游玩过程中增长识图、用图知识，对培养学生独立性、意志品质、自信心等非智力因素具有独特作用。当前，在学校大力开展定向运动主要有以下意义：

（1）促进学生耐力发展。随着生活节奏的不断加快，现代社会对人体抗疲劳能力提出了更高的要求。然而，作为提高耐力的有效手段——长跑运动，由于其枯燥无味的特点，很难吸引广大学生的积极参与。

定向运动所特有的趣味性使学生乐于坚持长时间的耐力锻炼，穿梭于空气清新的丛林、山地、溪流、湖泊等自然风光之间，角逐着体力、较量着智力，学生在不断地判断地形和选择路线中，快乐地接受野外生存训练，不知不觉中锻炼了耐力，也提高了意志力。

（2）拓展学校体育内容和空间。定向运动这种新兴体育项目非常有利于增进学生的身心健康。它不用太多投资，只要绘制定向地图和很少的器材，就可以充分利用校园、公园、郊外田野、森林等现有地形条件，有效地拓展学校体育课程的内容和空间，扩大学生体育活动空间。

（3）培养学生的心理品质。定向运动参与性非常好，当学生独立处理比赛中所发生的各种问题、寻找到一个一个点标时，当学生克服重重困难胜利到达终点时，会有非常强烈的成功的感觉，对培养学生顽强的意志力，以及沉着冷静、坚忍不拔和自信等心理品质有良好的作用。

（三）器材设备及使用

（1）定向地图（由组织者提供）。地图是定向越野最重要的器材之一，它的质量好坏直接影响到运动员比赛的成绩，关系到比赛是否公正。

（2）定向计时设备、打卡器（由组织者提供）。随着高科技技术在体育领域的应用，定向活动已很少使用老式的打孔器材，取而代之的是便捷的电子设备。电子设备使整个活动过程变得简洁流畅，带给参加者的不只是户外运动的乐趣，还有使用高科技设备的愉悦，提升了活动本身的层次。新的定向运动规则要求全国性比赛和正式比赛必须使用电子器材，如果没有电子器材、不具备电子器材的使用经验，就会失去承接大型比赛的机会。

打卡器：为了证实运动员通过了比赛中各个检查点，运动员必须在到达的每一个检查点（点标）时，使用打卡器打卡，以此证明其确实到达此点（见图15-4和图15-5）。

（3）点标旗。点标旗与打卡器一并固定在地图上标注的点位，帮助运动员找到打卡器。正所谓找到点标旗就找到了打卡器。定向点标旗由三面正方形标志旗连接组成，常规情况下，每面点标旗的尺寸为 30×30 厘米，由正方形的对角线分开，左上部为白色，右下部为橙黄色（见图 15-6）。

运动员可根据定向地图所提供的信息，利用指北针快速定向，在实际地形中寻找点标旗，该点标旗准确放置在地图所标示的地点圆圈的中心点。

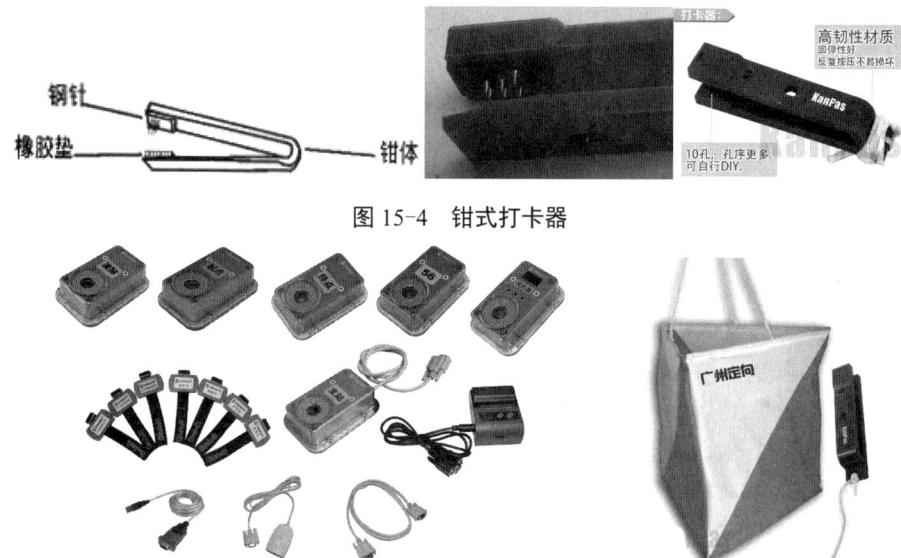

图 15-4　钳式打卡器

图 15-5　电子打卡计时系统　　　图 15-6　点标旗

悬挂点标旗的方法有两种：有桩式和无桩式。悬挂高度一般从点标旗上端计算，距地面 80～120 厘米。

（4）运动员服装。定向越野比赛对运动员的服装没有特殊的要求。服装应选择轻便、舒适，易于活动者为佳。服装过紧或太厚均不适合野外跋涉。通常，运动员对服装的选择应该是：

1）衣裤紧身而又不至于影响呼吸与运动，为防止树枝刮伤和害虫侵袭，最好穿用面料结实的长袖衣和长裤。

2）鞋轻便、柔软而又结实，为便于上下陡坡、踩光滑的树叶或走泥泞地，鞋底的花纹最好是高凸深凹的。以防止在野外的泥道或沙地上滑倒。

3）护腿采用有弹性面料及泡沫材料制成，保护定向比赛奔跑过程中，小腿不被树枝等碰伤和保护腿被蛇、虫咬伤。

（5）号码布：号码布一般不超过 24 厘米×20 厘米，号码数字的高不小于 12 厘米，字迹要清晰，字体要端正。正规的比赛还要求将号码布佩戴于前胸及后背两处。

二、地图基本知识

地形是地貌和地物的总称。

地貌是指地面高低起伏的状态，如山地、平地、谷地等，当然也包括一些附属于它的地物，如小丘、土崖、冲沟等。

地物是指地面上的固定物体，如居住地、道路、江河、森林等。

（一）认识等高线

等高线是由地面上高程相等的各点连接而成的曲线（见图15-7）。

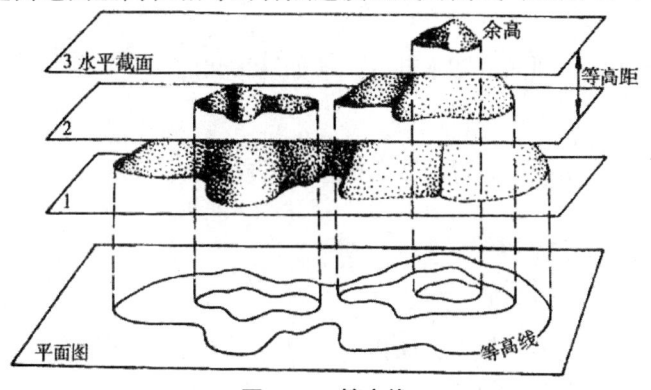

图 15-7 等高线

从等高线上，可以看出不同地形高度的差异，清楚了解哪里有山，哪里有坑谷、山脊以及地形的陡缓。

等高线越多，山越高；等高线越密集，地形越陡。

（二）识别地图

1. 认识不同形态的山

为了区别凹地与山顶，山顶的等高线呈小的闭合环圈。表示凹地的环圈都要加绘示坡线。示坡线是指示斜坡降落方向的棕色短线，它与等高线垂直相交，与等高线不相接的一端指向下坡方向，如图15-8所示。

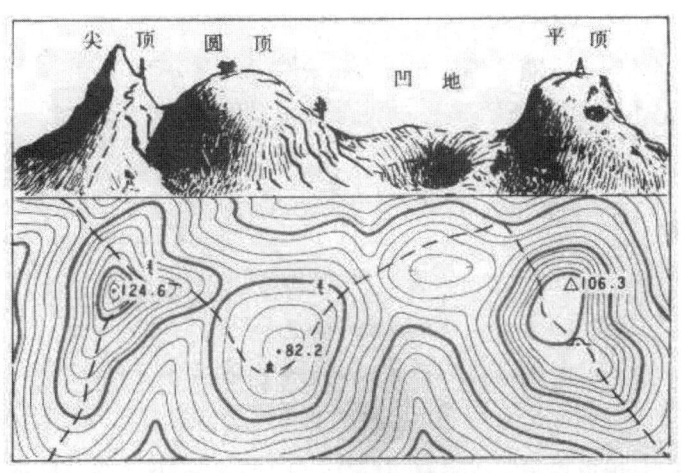

图 15-8 看等高线识山

2. 山背与山谷

山背，是从山顶到山脚的凸起部分，很像动物的脊背。下雨时，雨水落在山背上向两边分流，所以最高凸起的棱线又叫分水线。

山谷，是相邻山背、山脊之间的低凹部分。由于山谷是聚水的地方，所以最低凹入部分的底线叫合水线。

3. 鞍部

鞍部是相连两山顶间的凹下部分，形如马鞍状。

4. 山脊

山脊是由数个山顶、山背、鞍部相连所形成的凸棱部分。山脊的最高棱线叫山脊线。

三、定向地图

定向运动竞赛地图一般由方向指示标识、比例尺、符号和颜色、图例注记和检查点符号说明表等要素组成。

1. 方向指示标识

阅读地图，首先要辨别图上方向。地平面上有东、南、西、北4个基本方向，如果地图没有方向指示标识，通常默认"上北下南，左西右东"。定向地图是用磁北方向线和指向箭头指示地图方向。

2. 比例尺

比例尺是地图上最重要的参数之一。要想学会识别、使用越野地图，首先应懂得地图比例尺。地图上某线段长与相应的实地水平投影长度之比，叫地图比例尺，它确定了地图与实地地面缩小的倍数。

地图比例尺主要有以下3种表示方式：

数字式，如1∶10 000或1∶1万；

文字式，如图上1厘米等于实地100米，或一万分之一；

图解式，如图15-9所示。

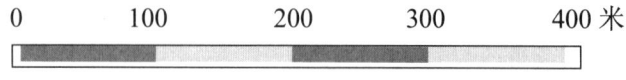

图15-9 比例尺

3. 符号与颜色

为使不同国籍的定向爱好者都能容易阅读和理解定向地图，国际定向联合会统一规定了定向地图的符号和颜色，具体分为地貌符号、岩石与石块符号、水系与淤泥地符号、植被符号、人工地物符号、比赛路线与技术符号和检查点说明表等，如图15-10所示。

4. 检查点说明符号

一般情况下，运动员主要是根据地图所提供的信息寻找检查点。《检查点说明符号》以统一的表格方式和符号具体说明一条路线，如图15-11所示。

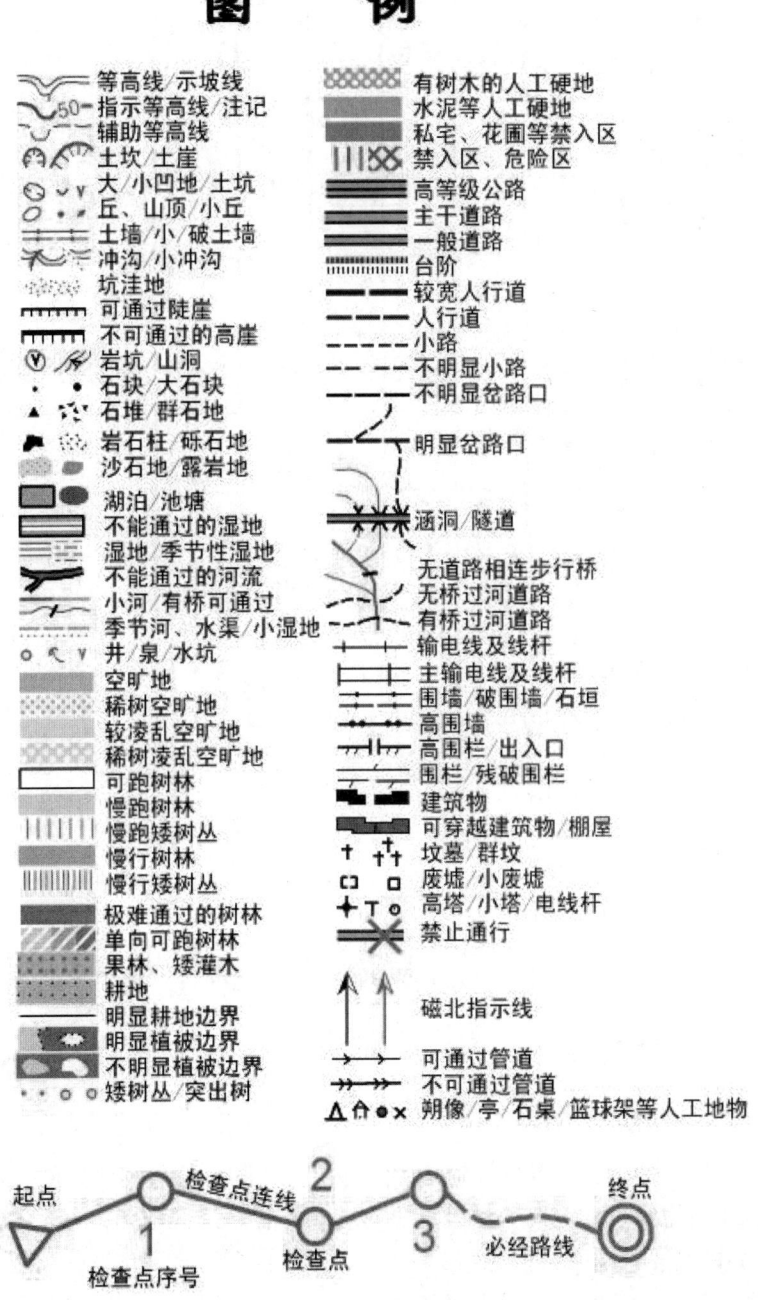

图15-10 检查点说明符号（一）

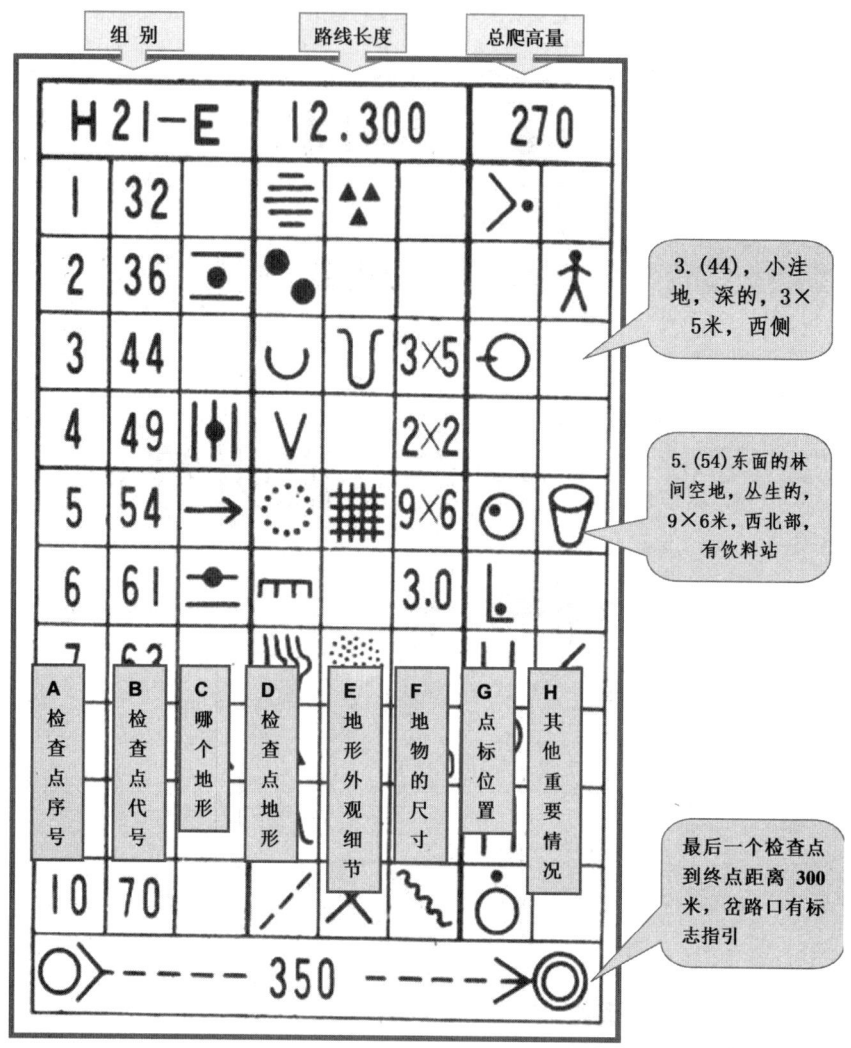

图 15-11 检查点说明符号（二）

四、定向越野技巧

（一）如何标定地图

在定向运动中，必须首先标定地图，即保持地图方位与实地方位一致。标定地图方位（给地图正确定向）是最重要的定向技能。

1. 利用指北针标定

先使指北针的红色箭头朝向地图上方，并使箭头与定向地图上的指北线重合（或平行），然后转动地图，使磁针北端对正磁北方向，地图即已标定，如图 15-12

所示。

2. 利用直长地物标定

利用直长地物（如道路、土垣、沟渠、高压线等）标定地图，首先应在图上找到这段直长地物，对照两侧地形，使图与实地各地形点的关系位置概略相符，然后转动地图，使图上的直长地物与实地的直长地物方向一致，地图即已标定如图15-13所示。

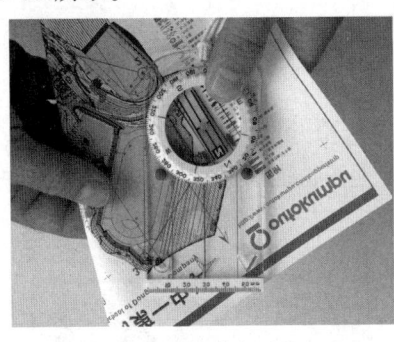

图 15-12

图 15-13

3. 利用明显地物地貌标定地图

从地图上找到本人位于明显地形点的位置（即自己所在的站立点）时，可以利用明显地形点标定地图。方法是：先选择一个图上与实地都有的远方明显地形点（目标），然后转动地图，使图上的站立点至目标的连线与实地的站立点至目标的连线相重合，此时地图即已标定。

小提示：图地对照。

图地对照，就是要通过仔细的观察，使图上和实地的各种地物、地貌一一"对号入座"，相互对应。

图地对照地形的顺序一般是：先对照大而明显的地形，后对照一般地形；由近及远，由左至右；由点及线，由线及面；逐段分片，有规律地进行对照。

（二）如何确定站立点

1. 直接确定

当自己所处位置是在明显地形点上时，只要从图上找出该地形点，站立点即可确定。

明显地形点的地物主要有以下几种：

单个的地物（如房屋、水塔、凉亭、小桥等）；

线状地物的拐弯点、交叉点（呈"十"字形）、交汇点（呈"丁"字形）和端点；

面状地物的中心或者有特征的边缘。

明显地形点的地貌主要有以下几种：

山地、鞍部、洼地；

特殊的地貌形态：陡崖、冲沟等；

谷地的拐弯、交叉和交汇点；

山脊、山背线上的转折点、坡度变换点。

2．利用综合分析确定

利用位置关系法确定站立点主要是依据两个要素，一是站立点至明显点的方向，二是站立点至明显点的距离。在地形起伏明显的地方，还可以结合高差情况进行判定。

（三）如何确定前进方向

定向运动每次出发时（包括途中每一段落出发），首先必须判明出发点的图上位置、明确前进方向和目标点。然后标定地图选准前进方向，向目标点进发如图 15-14 所示。

将指北针长边切入站立点和目标点连线。"连接你现在所在图上的点位——你将要去的图上点位"。

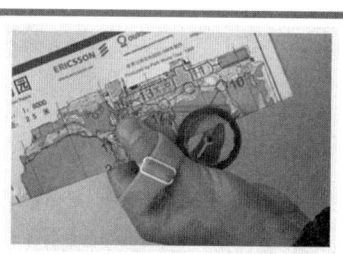

转动身体，使指北针磁针红端与地图北端一致，即"北对北"。这时指北针面板上的箭头（蓝色箭头）所指方向为目标前进方向。

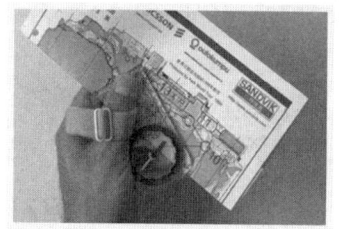

前进！向目标方向出发。

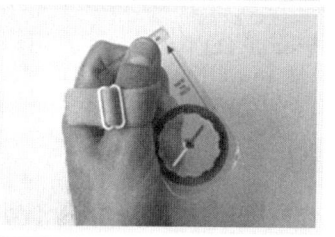

图 15-14

（四）选择路线应遵循的原则

1．有路不越野

选择路线的原则应尽量选择沿道路行进，原因如下：

（1）在道路上容易确定站立点，使运动员更具信心；

第十五章 休闲体育

（2）地面相对光滑、平坦，有利于提高奔跑速度。

2．走高不走低原则

定向比赛中如果不得不越野，当目标点在半山腰，周围又没有明显地貌地物时，应选择从山顶向下寻找的方法。这就是人们常说的"从上到下法"。

3．提前绕行原则

阅读地图时要注意通观全局提前绕，特别是检查点之间有大的障碍，不易穿越时。不能等抵近障碍再作折线绕行，而应该全面分析地貌地形，提前选择好最佳迂回运动路线，如图 15-15 所示。

（五）如何保持正确行进方向

选择了最佳路线后，前进过程中还要采取相应的方法，才能确保正确行进方向，安全准确到达目的地。

1．拇指辅行法

在定向运动中常用拇指压住图上本人目前站立点的位置，把拿图手的拇指想象为自己，当向前运动时，拇指也在图上作相应移动。此种方法叫拇指法。拇指法主要是帮助运动员随时明确自己在图上的位置，如图 15-16 所示。

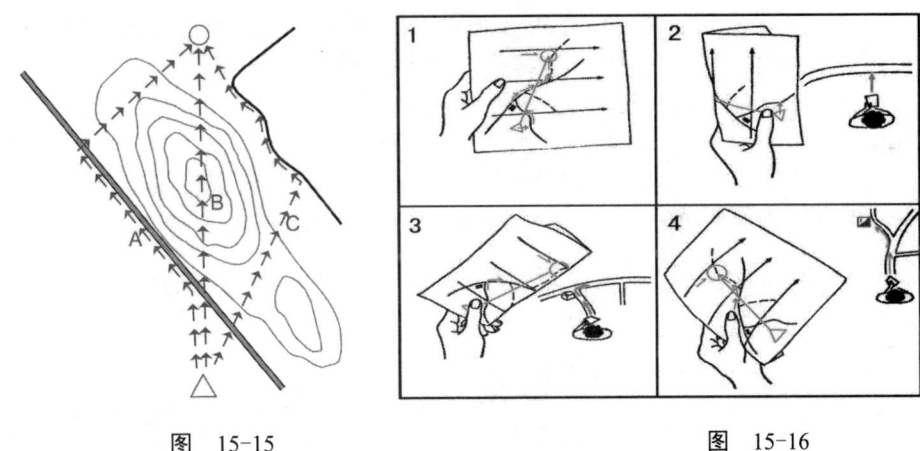

图 15-15　　　　　　图 15-16

图中所示的过程：

（1）明确站立点、路线、到达地；
（2）转动地图，使地图标定，并将拇指贴近站立点一侧（先上大路）；
（3）到大路后转动地图，移动拇指（沿大路跑，看到路旁小屋后向右转）；
（4）再转动地图，移动拇指（沿大路跑，经过右侧路口后在下一路口左拐，可直达检查点）。

2．"扶手"法

"扶手"是把实地中的线形地形，如各种道路、输电线、地类界、溪流、面状底物的边界等地物地貌，比喻为上下楼梯时的扶手。行进过程中，利用"扶手"引领，较容易安全地到达目的地。

3. 记忆法

一般要按行进的顺序，分段地记住路线的方向、距离、经过的地形点、两侧的辅助（参照）物，即"人在地上跑，心在图上移"，这样可以减少途中跑时读图的时间，提高运动成绩。

小提示：迷失方向怎么办？

当在实地找不到目标，同时又无法确定站立点时，就是迷失了方向。解决方法如下：

（1）沿道路行进时。标定地图，对照地形，判明是从哪里开始发生的错误以及偏差有多大，然后根据情况另选迂回的道路前进。如果错得不多，可返回原路再行进（返回法）。

（2）越野行进时。应尽早停止行进，标定地图后确定站立点，然后尽量取捷径插到正确路线上去，不得已时再返回原路。

（3）在山林地中行进时。

1）如果确定不了站立点，又不能返回原路，就要在图上看一看，迷失地区附近是否有较大型或较突出的明显地形（最好是线状的），如果有，就要果断地放弃原行进方向向它靠拢，并利用它确定站立点。

2）在山林中行进，最忌讳在尚未查明差错程度和正确的行进方向的情况下，匆忙而轻易地取"捷径"斜插，这样很可能造成在原地兜圈子。

如果在山林地中迷失了方向，甚至连"总的正确方向"都无法确定，那么就需要使用指北针确定方向，或采取"登高"的方法确定方向。

五、组织定向比赛

定向路线设计是组织定向比赛最重要的环节之一，路线设计的好坏直接影响到比赛目的的实现和任务的完成。

1. 设计定向运动路线需要考虑的一般原则

（1）路线设计要体现定向运动的特点，使"定向"因素和"奔跑"因素保持平衡，不能使定向运动仅仅成为越野赛跑。

（2）路线设计要具备体育比赛的公正、公平性。排除路线当中的"侥幸"因素，路线中要设置足够数量的"定向"问题，使"定向"技能在比赛中占主导，才能够真正考察出运动员定向运动技能掌握的程度。

（3）路线设计时要注意避开危险地段，预防伤害事故发生。同时也要注意环保，尽可能减少对野外自然环境的破坏。

（4）为非竞赛型参加者设计定向路线时，要充分体现定向运动的趣味性、娱乐性和锻炼性，为参加者提供享受野外乐趣、锻炼身体和满足心理刺激的机会。

2. 定向比赛路线的基本形式

（1）定向比赛路线的构成：一条定向运动路线一般由一个起点、若干个检查点和一个终点构成。

（2）定向路线构成的形式，如图15-17所示。

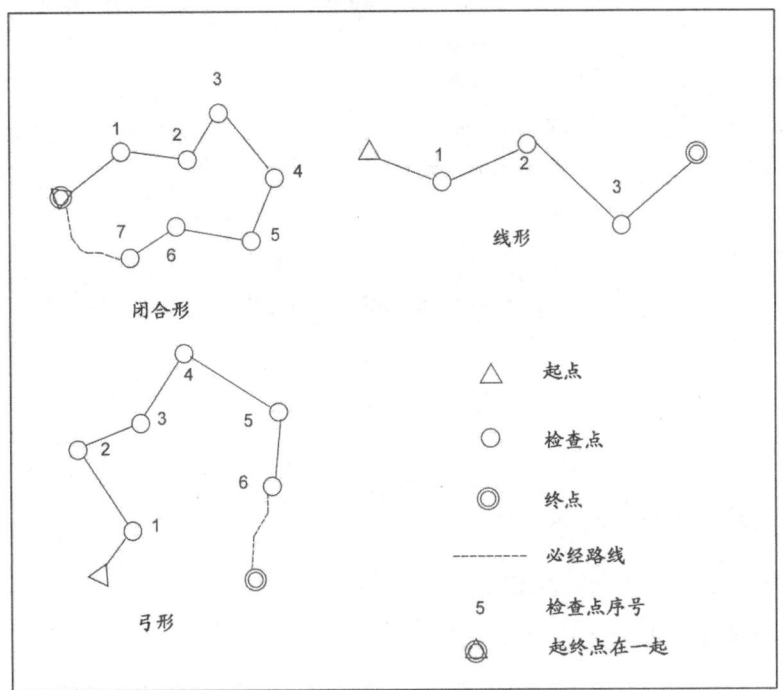

图 15-17

3. 定向比赛场地设置

（1）起点设置（见图15-18）。

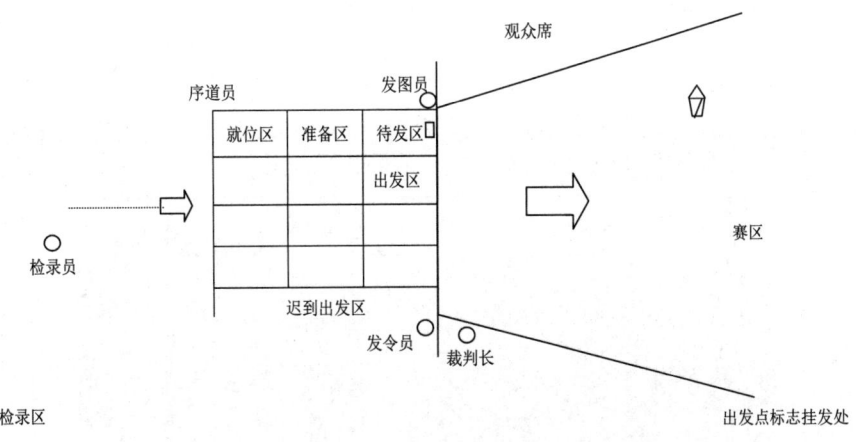

图15-18 定向比赛起点示意图

（2）终点示意图（见图15-19）。终点与起点可设在同一场地内，也可单独设置。最后一个检查点到终点的路段尽可能开阔,方便观众观看比赛和裁判人员工作。

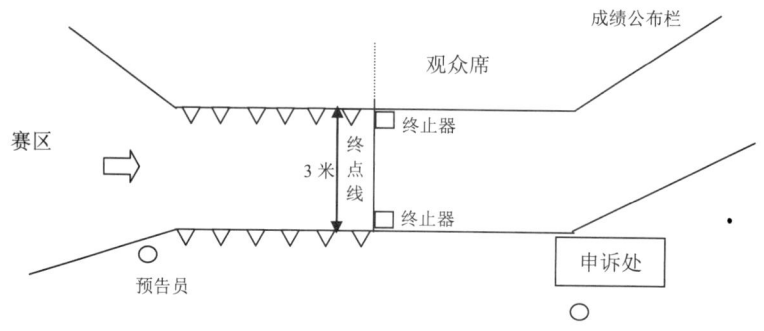

图 15-19　定向比赛终点示意图

第三节　冰 雪 运 动

一、冰雪运动的发展

（一）冰上运动的起源

1. 中国古代的滑冰

滑冰运动是一项比较古老的运动,人类的冰上活动最早可以追溯到远古新石器时代。滑冰是我国古代体育的组成部分,有史可查的能追溯到宋代。古时把溜冰称作"冰嬉"或"冰戏"。到了清代,冰上运动出现了速度滑冰、花样滑冰、冰上足球、冰上抛球、冰上射天球、打雪挞及冰上摔跤等形式。滑冰在 19 世纪中叶以前,是满族八旗兵必须操练的一项军事技术项目。

清代沈城的滑冰运动十分盛行。据《满洲老档秘录》记载,清天命十年正月初二,太祖努尔哈赤在浑河冰上亲自主持了跑冰鞋的比赛。清兵入关后,冰上运动得到了进一步的发展。据文献记载,乾隆皇帝在《冰嬉赋序》里把跑冰鞋运动称为"国俗",可见当时滑冰运动的普及（见图15-20）。

图 15-20　冰嬉图

我国最早的冰刀是用牲畜的胫骨制作的,多采用马骨。到了清代后期,冰刀已是铁制的了。现在的滑跑冰鞋是从满族人最初用兽骨缚于脚下参加滑冰行军演变而来的。

2. 源于古代交通运输的外国冰上运动

西方国家的滑冰运动起源于西欧和北欧。11~12世纪的荷兰、英国、瑞士及斯堪的纳维亚半岛一些国家就有脚绑兽骨、手持带尖木棍支撑冰面向前滑行的记载。类似的记载在荷兰的古雕刻画、英国的手抄文献、瑞士的古文献以及斯堪的纳维亚的叙述文学中都有发现。尽管这种活动只是人们在冬季开展的一种游戏,或者作为代步工具,但却为现代速度滑冰运动的诞生奠定了基础。

据考证,滑冰起源于荷兰,当时人们用木制的爬犁在冰上作为运输工具。后来人们在实践中发现,野兽骨头比木头更易于在冰上滑行,于是改用动物骨头作为滑冰用具,如将马骨磨成光滑的底面,将骨的两端钻孔,用皮带绑在鞋上,用支杖支撑滑行(见图15-21)。

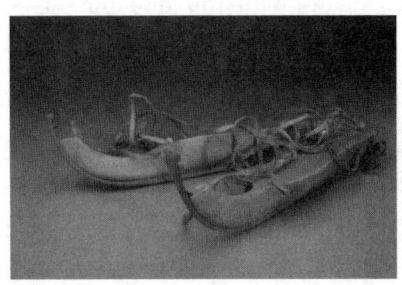

图15-21 古代冰鞋

1250年左右,荷兰人发明了铁制冰刀,把它绑在鞋上滑起来要比用兽骨快得多。很快,这种简易的铁制冰刀盛行于荷兰和欧洲其他国家。1572年,苏格兰人发明了第一双"全铁制冰刀",这是现代冰刀的起始标志。

最早的速滑比赛出现于1676年,是在荷兰的运河上举行的。最初的比赛是从一个城镇滑到另一城镇,后来逐渐由长途滑行比赛演变为环城赛。当时由于在城市中举行直线滑行比赛不便观看,冰场逐渐演变为U形跑道,最初距离为160~200米,最后形成了现在速滑比赛所使用的封闭式椭圆形400米标准跑道。

随着社会生产力的发展和人们文化生活需要的变化,滑冰运动由简单滑行逐渐向更高层次的花样表演及竞技性很强的冰球运动发展,滑冰从娱乐游戏活动发展成了竞技运动项目,进而形成了现代冰上运动。

3. 滑冰运动在我国的发展

中华人民共和国成立后,滑冰运动逐渐被重视和发展起来。20世纪80年代中期以后是我国冬季运动发展史上最重要的时期。从这时开始,我国加强对冰雪项目发展战略的研究,在全面总结中国冬季运动发展历程和分析国际冰雪运动发展形势的基础上,对冰雪项目的布局进行了调整,将短距离、短跑道速度滑冰、花样滑冰女子单人和双人滑作为振兴中国冬季运动的突破口，并提出了实现冬奥会奖牌零和金牌零的突破目标。在这一战略思想指导下，我国对项目的管理、预测、经费投入、后备人才培养及重点运动员训练等采取了一系列措施。这些措施的实施，使一些项目的运动技术水平迅速提高，并涌现出一大批优秀运动员。

（二）滑雪运动的起源

1. 中国古代滑雪

在中国新疆阿勒泰地区发现的原始滑雪板，距今已有 6000 多年的历史。在阿勒泰市汗德求特乡发现了目前仍在使用的一种原始滑雪板，这种滑雪板以杨木为原料，底部包的是马腿的皮毛，用一根长约两米的滑雪杖辅助滑行。这种滑雪板很原始，在全国乃至全世界都很罕见。

中国最早的、有文字记载的滑雪活动可追溯到隋唐时代。那时，北方的少数民族在冬季的雪地上"骑木而行"，用以狩猎觅食。近千年来，类似的活动也先后在鄂温克族、鄂伦春族、赫哲族及满族中出现。

隋朝时期，北室韦人主要居住在嫩江流域。嫩江流域地处大兴安岭南部，气候寒冷，气温常在零下二三十摄氏度，无霜期短，冬季长达半年左右。山上多松、桦、榆、柞之木，兽类则有野鹿、獐子、狼、獭、野猪等。北室韦人尚不会耕种，只能靠猎鹿獐等食肉衣皮来生活。在漫长的冬季，江河封冻，遍地白雪覆盖，原来的地貌已难辨识，深沟大壑、冻裂的地缝，自然形成坑坑洞洞，且都被积雪覆盖。在这样的山野追猎野兽，很容易误陷其中，这给人们生产活动造成了巨大障碍，迫使北室韦人发明了一种巧妙的行动方式——"骑木而行"，这就是我国最早有文字记载的滑雪运动。

2. 外国古代滑雪

滑雪运动历史悠久，追溯滑雪活动的起源要从古代原始的实用滑雪说起。据资料记载，滑雪始于北欧的挪威，距今已有 4000 多年的历史，那里是世界滑雪的故乡。滑雪这个词始于挪威语 skith（雪鞋）。据考证，早在 4000 多年前，在北欧、西伯利亚、乌拉尔山脉周围和中亚细亚等地已有人滑雪。在挪威，人们在多处岩洞的岩壁或石碑上发现了刻画着石器时代的人们乘滑雪器具打猎的图案。

世界上最古老的滑雪板发现于芬兰的卡鲁夫瑞斯库和瑞典的豪汀，据科学鉴定为公元前 2500 年前的制品。在芬兰卡鲁夫瑞斯库发现的滑雪板，很像神话故事中的冬神渥鲁穿的滑雪板，其中一支板窄而长，用于滑行，另一支板宽而短，在滑行面粘着毛皮，用于走路。最古老的雪鞋是加拿大和西伯利亚的因纽特人在冻土带的雪地上使用的。最古老的滑雪运动传说出现在古挪威等北欧各国的故事中，被誉为冬神的渥鲁和滑雪女神安德瑞蒂斯在传说中经常乘着前端弯曲的雪具往返于各地。古希腊历史学家赫罗德乌斯写道："在北方有阿波瑞斯人，可以一刻不停地飞驰如箭。"古罗马的日耳曼人称芬兰的北部人为"乘骑滑雪板的芬兰人"。古罗马的伦巴商人说："人们穿着像弓一样弯曲的木板，向前跳着猎取野兽。"

滑雪不仅用于生活，还用于军事和战争。1200年，在奥斯陆战争期间，挪威的斯法礼王为侦察瑞典人，让侦察兵掌握滑雪技术。1452年，瑞典人也在战争中使用过滑雪。14~18世纪，滑雪曾被用于芬兰、挪威、波兰、俄国和瑞典的战争。1719年，挪威还组建了世界上第一支滑雪部队。

二、我国群众冰雪运动发展的区域性

从区域看，群众冰雪体育的发展主要集中在北方地区，特别是东北地区，这与自然条件和气候环境有较为密切的关系。

冰雪运动发展的特点主要有区域性强、投入高、运动风险大等，研究表明，我国群众参与其中的动机与参与其他体育运动的动机相近，主要有强身健体、宣泄情绪、提高运动能力、寻求刺激、陶冶情操等。我国东北三省冬季休闲体育活动和群众冰雪运动的开展，为人们拓展了休闲方式、提高了闲暇生活质量、创造了交流平台。冰雪运动在群众中的基础还较为薄弱，虽然潜在冰雪运动人口基数庞大，但仍然处于起始时期，并且在相关政策制度建设和冰雪运动市场化运营方面还有很多值得改进的地方。目前，影响冰雪爱好者参与冰雪运动最主要的因素是经济因素，其次还有政府资金的补助、社会对冰雪场地的投入、体育运动文化环境氛围和冰雪产业发展程度等。有学者对不同地区的群众参与冰雪运动进行分析，发现户外冰雪运动以青年群体和社会中产阶层以上人群（中高收入群体）为主，男性多于女性，学生的主要冬季户外锻炼多由学校组织进行。由此可见，群众冰雪运动的发展离不开在学校和社会两大载体中引领正确的运动价值观念，除了在中小学体育教学和社会体育活动中采取各种措施和有效途径营造冰雪文化氛围之外，政府主管部门还要更新管理理念，重视优势资源的互补整合，引导社会对冰雪运动产业多元化的投资，形成冰雪运动的产业链。

三、主要的冰雪运动类型

（一）速度滑冰

速度滑冰简称"速滑"，是以冰刀为工具在冰上进行的一种运动，是滑冰运动中历史最为悠久、开展最为广泛的项目，也被称为"化石般的冰上项目"。1763年2月4日，15公里速度滑冰赛在英国首次举行。1889年，世界冠军赛在荷兰的阿姆斯特丹首次举办。男、女速滑分别于1924年、1960年被列为冬奥会比赛项目。

（二）花样滑冰

花样滑冰起源于18世纪的英国，是冰上运动项目之一。运动员通过冰刀在冰面上划出图形，并表演跳跃、旋转等高难度动作。花样滑冰的裁判会按照动作的质量与艺术性表现进行综合评分，最高为6分。

花样滑冰的技术动作主要是指自由滑和短节目中所包括的各种动作，包括跳跃、旋转、步法和姿态。

在自由滑中，跳跃动作占主导地位，是自由滑技术动作的核心，也是最难掌握的一类动作。自由滑的难度总是以跳跃动作为指标，因此，运动员和教练员对跳跃动作投入的精力和时间最多。一个好的跳跃动作应包括快速的助滑、稳定有力的起跳、合理的阶段技术、用刃清楚、一定的跳跃高度和远度、正确的空中旋转姿势、落冰稳定、滑动流畅、姿势优美。

旋转在自由滑中占第二位，是容易掌握的动作。根据国际规则规定，旋转动作的比例占自由滑动作总量的25%左右。旋转动作丰富了自由滑和短节目内容，对自由滑的美感和表达音乐特点均起着重要的作用，最能代表花样滑冰这项运动的特色。目前，在世界比赛中，旋转向联合多变方向发展，包括姿势、足和刀刃的变化。

步法是组成自由滑的四大要素之一，它是规定图形主要部分的引伸和自由滑简单动作的借用，由于滑行的速度和倾角比规定图形大，因此，步法具有完全不同的特点和风格。步法连接自由滑的各种动作，使其形成有机整体之外，还有改变速度、场地分配和表达音乐的功能，尤其是一套连续步已成为自由滑不可缺少的单独动作，大大超出了步法的辅助功能。连续步在表达音乐特点上有其独特的效果，是表达自由滑高潮的手段之一。

舞姿是构成自由滑的四大内容之一，无论跳跃、旋转或步法都离不开各种造型和姿态。不同舞姿的组合配上一定的主题音乐，可形成一定的情节，同时也可塑造典型形象。舞姿应具有流畅性和连续性，一个舞姿不是独立存在的，前一个舞姿的结束也是另一个舞姿的开始。在花样滑冰中，由于是在滑动中做出各种舞姿，因此流动感强，占有空间大，给人以愉悦感，再加上全身的表达方式（手、眼、身、法、步的配合），使自由滑具有很高的艺术感染力。舞姿有如此重要的作用，因此在花样滑冰的训练中，舞蹈成为必不可少的练习内容之一。

（三）冰壶运动

冰壶也称掷冰壶、冰上溜石，于14世纪起源于苏格兰，是以队为单位在冰上进行的一种投掷性竞赛项目，以最后冰壶离圆心远近定胜负。冰壶运动考验的不仅之是体力，更多的其实是脑力；不仅是一项体育运动，也是一场智力比拼；不仅展现了动静之美，也蕴含着取舍之智慧，所以，又被大家喻为"冰上的国际象棋"。

首届世界冰上溜石锦标塞始于1959年，最初称为苏格兰威士忌杯赛，1968年改称加拿大银扫帚锦标赛，1986年正式定名为世界冰上溜石锦标赛。1924年，冰壶首次以表演项目的形式在奥运会上亮相。从1998年开始，冰壶被列为冬奥会正式比赛项目。比利时弗拉蒙画家老彼得·勃鲁盖尔的作品《雪中猎人》(见图 15-22),是目前最早记录冰壶运动的图像。

图 15-22　雪中猎人

冰壶并不是冰做的,而是石头。冰壶由壶体、手柄和螺栓组成,直径不到 30 厘米,重量近 20 千克,壶体花岗岩产自苏格兰。冰壶比赛前,将水滴均匀喷洒在冰面上,形成麻面。赛道冰面温度必须保持在-5 摄氏度,馆内空气湿度必须控制在 35%,冰壶的场地必须有排气和除湿设备。参赛队员脚穿比赛专用鞋,两鞋底部质地不同,一只要能够抓住冰面,另一只要能够向前滑行。蹬冰脚的鞋底为橡胶制成,而滑行脚的鞋底为塑料制成。

由于冰面极滑,选手每个细小的动作和力度偏差都会对冰壶的运动轨迹造成影响,因此,冰壶运动需要运动员精神高度集中,从起动到出手冰壶的 4 秒钟时间里,必须对冰面、速度以及最终放手冰壶的时间等作出精准判断。拼技术、拼心态、拼耐力、拼配合,更拼智慧与策略,或许,这就是冰壶运动的魅力所在。

(四)越野滑雪

越野滑雪起源于北欧,又称北欧滑雪,是滑雪项目中最古老的运动,目前也是世界上开展得最普及的冬季运动项目之一,1924 年首次列入冬季奥运会比赛项目。越野滑雪对场地环境要求不高,如公园里的草地、林荫道、郊区的原野及丘陵地带,只要积雪厚度达 4.5 厘米以上都可以进行越野滑雪活动,达到娱乐的目的。越野滑雪具有如下基本特点:

(1)自然性。越野滑雪是远离城市在野外进行的一项冬季体育项目,要求上坡、下坡、平地各占 1/3,线路尽量选择森林地带,以保证雪质、雪量。人们向往自然、奔向自然已成为一种追求。

(2)娱乐性。参加越野滑雪是为了消遣和娱乐,求得心理上的满足和精神上的愉悦。同学、朋友可以结伴到野外雪场去滑雪、游玩,去体验白雪给人们带来的欢乐。

(3)健身性。越野滑雪不仅有娱乐性,还有很好的健身性,是人们保持身体健康、提高身体机能、提高工作能力的良好手段,野外清洁的空气是人们的健康食粮。

（4）持久性。越野滑雪是一项长距离的运动，对参与者的耐力素质和意志品质无疑是一种锻炼。

（5）技术的简单性。越野滑雪技术不是很复杂，不论是传统滑雪技术还是自由式滑雪技术，都是由撑杖推进、蹬动滑行这些基本动作组成的。

据研究，越野滑雪平均每小时消耗 650 个单位的卡路里，是一种非常好的有氧运动。越野滑雪过程中，运动者可根据自己的能力控制速度，安全性较高，适合年龄 5 到 80 岁的所有人，是一种极好的、放松身心的户外运动。

（五）高山滑雪

高山滑雪是在越野滑雪基础上逐步形成的，是雪上运动的一个分支，起源于阿尔卑斯山地域，故又称"阿尔卑斯滑雪"。高山滑雪是运动员手持滑雪杖、脚踏滑雪板，从山上向下滑行的运动项目。一般认为高山滑雪诞生于 1907 年，这一年，第一个高山滑雪运动组织"阿尔卑斯山滑雪俱乐部"创立。20 世纪 20 年代开始，高山滑雪比赛在阿尔卑斯地区纷纷举行，各类高山滑雪学校相继建立。高山滑雪优美、自如、动感强，被视为滑雪运动的精华和象征，主要具有以下两个特点：

（1）高山滑雪运动的力主要是重力。高山滑雪是由高处向低处的滑降运动，位移的主要能量是由地球引力作用产生的，而肌肉力量作功是次要的，滑行者几乎不需要用自身的力量去蹬动滑雪板就可获得滑下的动力，这是高山滑雪运动的显著的特点。

（2）高山滑雪运动中的条件复杂而多变，地形复杂、雪质不同、条件多变，而且受自然条件影响极大，滑雪者必须时时去适应这些情况，这也是高山滑雪的重要特点。

1936 年起，高山滑雪被列为冬奥会比赛项目，是冬奥会上最受关注的项目之一。从体能、速度、技巧、刺激程度、勇气持续性上来说，高山滑雪比其他项目的门槛更高，在到达终点之前，运动员的每一秒都处于紧绷状态。因此，高山滑雪还被誉为"冬奥会皇冠上的明珠"。

奥运会高山滑雪设男子项目、女子项目、混合项目。其中，男子项目和女子项目各设滑降、回转、大回转、超级大回转、全能 5 个小项，混合项目则为混合团体赛。其中，滑降和超级大回转属速度项目，按一次滑行成绩决出名次。回转和大回转属技术项目，以两次滑行成绩合计计算。借由数字来说明的话，滑降的时速一般在 100 千米以上，赛道距离最长，落差也最大。滑降比赛场地的垂直高度差通常男子要达到 800 米以上，女子达 450 米以上，而回转、大回转、超级大回转场地高度差从 140 米到 650 米不等。距离远、落差大、时速快，导致运动员在训练、比赛过程中受伤的可能性也极高。

高山滑雪将速度与技巧完美地结合在一起，运动员在滑行过程中左右盘旋，将健美与优雅融于一体，粗犷中不失儒雅，所以一直深受广大观众的喜爱。除冬奥会以外,主要的赛事还有世界高山滑雪锦标赛、世界杯高山滑雪系列赛、世界高山滑雪青年锦标赛等,中国主要有全国高山滑雪锦标赛、全国高山滑雪冠军赛等。

(六)单板滑雪

单板滑雪是把两脚踩在一块滑雪板上进行滑行的雪上运动,又称"冬季的冲浪运动"。单板滑雪于 20 世纪 60 年代产生于美国的密歇根州。当时有一位叫舍曼·波潘的美国人,为了让自己的女儿练习滑雪,突发奇想,把两支滑雪板并连在一起成为一块滑雪板,乘在这样的滑雪板上可如同冲浪一样从山坡上滑下。附近的孩子们惊奇地发现了可以冲浪的滑雪板后非常喜欢,便争先恐后地让舍曼·波潘帮助制作。不久,市场上便出现了安有把手的单板,当时这类滑雪板的前部已经有了翘起,这对于滑下是非常有利的。这种单板被广泛地用于儿童、少年的娱乐之中,孩子们在庭院、山坡乘单板滑下时充满了笑声,为孩子们的冬季生活增添了无限的乐趣。

从器材和技术的角度,单板滑雪大体可以分为高山单板滑雪和自由单板滑雪两类。高山单板滑雪使用的是高山用单板,是以速度和回转技术为主的运动项目;而自由单板滑雪使用的是自由式单板,追求的是空中技巧和表演的难度。

四、速度滑冰基本技术

速度滑冰项目作为冰上传统项目,在我国具有广泛的群众基础。由于速滑比赛具有极强的观赏性,广大青少年参加速滑运动的人数逐年增多。本节着重介绍速度滑冰的基本技术。

(一)直道滑跑技术

直道滑跑基本动作是由自由滑行和蹬冰滑行所组成的周期性动作构成。一个动作周期由滑跑姿势、自由滑行、收腿动作、单支撑蹬冰、摆腿动作、双支撑蹬冰、着冰动作、摆臂动作和全身配合动作组成(见图 15-23)。

图 15-23 直道滑跑基本动作

1. 滑跑姿势

（1）上体姿势。上体放松呈背弓的流线型姿势。上体应倾至几乎与冰面平行或肩背略高于臀部，与冰面形成 10~15 度的角度，充分放松，团身，两肩下垂，力求接近流线型。头部微抬起，目视前方 10~20 米。

采取这种滑跑姿势的优越性在于：①最大限度减少前进阻力；②最大限度减少能量消耗；③最有利于蹬冰动作；④有利于呼吸和内脏器官活动。

（2）腿部姿势。腿部姿势的共同点是呈低姿势，即大腿深屈。膝关节角度约 90~110 度，踝关节角度在 50~70 度，髋关节角度屈至 45~50 度，并使身体重心线（通过身体重心的假设线）从后背下部穿过大

图 14-24　滑跑腿部姿势

腿，经过膝盖后与脚的中后部相接（见图 15-24）。采取这种蹲屈姿势可保证充分侧蹬冰，使蹬冰距离延长，有利于增加蹬冰力量，并可加快髋、膝、踝关节的伸展速度，完成有效的蹬冰动作，同时可最大限度地减少前进阻力和能量消耗。

（3）动作要点：①膝关节角度应为 90~110 度；②上体背弓呈流线型；③身体重心位于冰刀中后部；④两臂放松，背手紧靠上体；⑤两腿并拢，冰刀平刃支撑滑行。

（4）常见的错误动作：①滑跑姿势过高；②两刀分开过大，成 X 形腿；③用冰刀内刃支撑滑行；④身体重心位置不适宜，重心偏前。

2. 自由滑行

自由滑行是指蹬冰脚冰刀蹬离冰面后，另一腿借助前次蹬冰惯性，在冰上支撑滑行直至该腿开始蹬冰前的滑行过程。其分界时机是从蹬冰脚冰刀离开冰面起，到横向移重心支撑腿冰刀变内刃滑行止。

（1）动作任务：有效地利用前一次蹬冰产生的速度作惯性滑行，为下一次蹬冰作好准备。

（2）动作规范要求：①支撑腿冰刀由外刃过渡到平刃支撑；②保持鼻、膝、刀成三点一线的滑行姿势；③身体重心位于冰刀中后部的上方；④保持两肩平稳，上体朝着滑行方向；⑤保持基本滑跑姿势，不得上下起伏。

（3）常见的错误动作：①膝盖向内成 K 形腿，冰刀用内刃支撑；②腿的蹲屈度不适宜，姿势过高；③上体与滑行方向不一致，向左、右摇摆；④重心偏前；⑤踝关节立不住（倒踝）。

3. 收腿动作

收腿动作与自由滑行动作是同步的协调动作。其分界时机是起于蹬冰腿结束蹬冰变为浮腿开始收腿，止于浮腿收至身体重心下方的矢状面。此时，支撑腿即开始蹬冰。收腿动作既要保持完整和流畅、协调而有节奏，又要保持速度稳定。收腿动作准确与否，直接影响滑行姿势、方向以及摆腿与蹬冰动作（见图 15-25）。

图 15-25 收腿动作

（1）动作任务。放松浮腿，为摆腿和蹬冰动作做好准备。

（2）动作规范要求：①利用蹬冰腿蹬冰结束的反弹力以及内收肌群收缩；②将冰刀抬离冰面，完成收腿还原动作；③浮腿屈膝放松，并以大腿带动，以最短路线直接内收至身体的矢状面；④动作应做到积极迅速，并与支撑腿动作协调同步；⑤结束收腿时，浮腿大小腿在一个平面（位于矢状面），与支撑腿靠拢，膝盖低垂，冰刀垂直于冰面。

（3）常见的错误动作：①刀尖刮冰，不能抬离冰面，增加了阻力；②先收膝而小腿留在外侧（大小腿不在一个平面）；③先收小腿而后收膝盖且不能与支撑腿靠拢；④腿部成圆弧绕动收腿，不能直接收腿；⑤两腿不靠拢。

4．单支撑蹬冰

蹬冰动作包括单支撑蹬冰和双支撑蹬冰。蹬冰动作是随着移动重心，利用腿部伸肌产生的力量，通过冰刀作用在冰面上而进入蹬冰阶段的。因此，蹬冰是负担体重支撑腿的加速伸展过程，即身体重心离开支撑腿冰刀中心上方，向蹬冰相反方向移动，对支撑冰刀内刃产生压力，并逐渐扩大重心移动距离，直至该腿冰刀蹬离冰面的滑行过程。所谓利用体重蹬冰，就是将身体重量牢牢地控制在蹬冰腿上完成蹬冰动作。单支撑蹬冰动作的分界时机是从开始横向移动重心起，到浮腿冰刀着冰止（见图 15-26）。

图 15-26 单支撑蹬冰

（1）动作要点：①准确掌握蹬冰时机。浮腿前摆，重心偏离支点，冰刀变内刃压冰。②重心平行移动。保持两肩和臀平稳且平移，不得起伏，上体始终与滑行方向一致。③充分利用体重蹬冰。在蹬冰过程中，身体重心应控制在蹬冰腿上，形成牢固支点，使全身重量集中地作用到冰面上完成蹬冰动作。④蹬冰用力线要通过身体重心，与滑行方向垂直（侧向蹬冰）。

（2）常见的错误动作：①过早地移动重心。浮腿没有收到后位就移动重心。②上体、臀不能平行移动，头、肩领先于上体过早地移向内侧。③不能利用体重蹬冰。浮腿着冰后才开始蹬冰。④不能用刀刃中部作向侧蹬冰。用刀的前部向后蹬冰。⑤蹬冰中动作起伏。不能保持动作平稳。

5. 摆腿动作

在单支撑蹬冰的同时，浮腿做摆动动作。摆腿动作分界时机是浮腿从后位的矢状面摆向身体重心移动方向起，到浮腿冰刀着冰止。应该指出的是，我国在20世纪50~70年代的教科书中，把收腿与摆腿统称为收腿动作，当前有些国家仍这样划分动作界线。但自20世纪70年代末，随着速滑技术理论的发展，蹬冰定义所确定的基本内涵也相应发生变化。国外速滑理论界提出，应将消极的收腿与积极摆腿动作区分开来，将浮腿的加速前摆与蹬冰动作划成一个同步动作阶段。因此，摆腿动作是蹬冰动作的组成部分（见图15-27）。

图15-27 摆腿动作

（1）动作规范要求：①摆腿动作应是加速的；②膝盖领先，以大腿带动小腿摆向身体重心移动的方向（前侧方）；③摆腿时，应将大腿前摆置于胸下，使膝部由下垂状态向前上抬起贴近支撑腿膝部；④当摆腿动作即将结束时，尤其强调大腿抬送至胸下和小腿前送刀尖微翘起的动作（此时，应做到两腿、两刀尽量靠近，并将浮脚冰刀放于支撑脚刀前面，以准备用刀后部着冰）。

（2）动作要点：①膝盖领先，以大腿带动小腿作加速摆腿；②向身体重心移动方向（前侧方）摆腿；③臀部放松，大腿前抬置于胸下；④膝部下垂，贴近支撑腿膝部做前摆动作；⑤膝部展开，冰刀翘起完成着冰前的准备工作。

（3）常见的错误动作：①上体不能保持平稳，头与肩过早地移向浮腿；②浮腿摆动与蹬冰动作不协调，摆腿和着冰过快而不能完成有效的蹬冰动作；③摆腿方向不正确，形成侧跨摆动，过早着冰承担体重；④摆腿时，两膝、两刀收靠得不紧；⑤摆腿时，膝部做不出前提和展膝拍着冰准备动作；⑥浮腿在后位有停顿动作，破坏了滑跑节奏并延误了着冰动作，使大腿难于控制在胸下，冰刀也不能向前做着冰动作。

6. 双支撑蹬冰

双支撑蹬冰动作的分界时机是自浮腿冰刀着冰开始，到蹬冰腿冰刀蹬离冰面止。双支撑蹬冰阶段是蹬冰腿快速展腿的阶段，此阶段一个滑步的蹬冰将达到最大力量和最佳蹬冰效果，并达到最佳滑跑速度，可称之为蹬冰动作的关键阶段（见15-28）。

图15-28 双支撑蹬冰

第十五章 休闲体育

（1）动作要点：①随身体重心移动，达到适宜蹬冰角度，浮脚做着冰动作，同时蹬冰腿加快展膝向侧推蹬；②重心置于冰刀中部，体重大部分仍控在蹬冰腿作加速侧蹬；③在蹬冰过程中保持两肩放松和平稳，上体前倾，使肩和臀部与冰面平行；④蹬冰结束时，要使踝关节快速伸展并富有弹性地蹬冰。

（2）常见的错误动作：①后蹬冰，重心偏前，用刀尖向后蹬冰；②蹬冰时机不适宜，开始蹬冰的时间掌握不准，过早或过晚；③浮脚冰刀过早承接体重，甚至在浮脚冰刀刚接触冰面时就完全承担体重，不能充分利用体重蹬冰；④重心不能控制在蹬冰腿上，动态平衡不稳而形成短暂的蹬冰过程；⑤蹬冰展腿不充分，膝盖不能完全展直，踝关节不能做出跖屈的蹬冰动作；⑥蹬冰腿与浮腿动作不能做到同步协调配合；⑦不能用刀刃中部向侧蹬冰。

7. 着冰动作

着冰动作（亦称下刀动作）与双支撑蹬冰动作是同步协调完成的，其分界时机是从浮脚冰刀着冰起，到完全承接体重止（见图15-29）。

图 15-29　着冰动作

（1）动作规范要求：①着冰前浮脚冰刀应尽量靠近支撑脚冰刀并领先二分之一刀长的部位，刀尖稍翘起朝着新的滑行方向做着冰准备；②以冰刀的外刃（或平刃）和冰刀的后半部着冰；③膝盖领先上抬，小腿积极前送，顺势做向前的快速着冰动作；④尽量缩小着冰刀的出刀角度，接近直道方向着冰，使滑行方向能沿直线滑行。

（2）动作要点：①臀部放松，大腿前抬位于胸下，膝盖朝着前进方向；②展膝关节，快速前送着冰脚，在支撑脚前着冰；③以冰刀后半部先着冰，刀尖抬起；④刀尖应尽可能朝着直道滑行方向。

8. 摆臂动作

速滑运动员的摆臂动作既有着不同于其他运动项目的特点，也有着与其他项目相似的协调要求。两臂前后加速摆动，准确协调的配合是良好滑行技术的基础。摆臂的力量、幅度要与腿部动作及滑跑速度相一致。

（1）摆臂种类。摆臂动作分单摆臂、双摆臂和背手滑行（不摆臂）。通常，单摆臂多用于中、长距离，以保持滑行节奏和速度的均匀；双摆臂多用于起跑、短距离和终点冲刺，以提高速度；背手时间在每圈滑行中是很短的，主要在长距离项目出弯道后的直道中间段落，其目的在于利用弯道获得的较高速度，将手背后延长滑步，放松一下。

（2）摆臂方法。两臂摆动有 3 个位向点，即左（右）臂的前高点、下垂点和后高点。前摆时，臂从后高点顺势下落经下垂点加速向前上方摆至前高点。然后，臂从前高点回摆下落经下垂点，接着加速向后方摆至后高点。

（3）动作要点：①臂的摆动应以肩为轴。摆臂不要影响两肩与上体的平稳性，以免引起肩部的紧张和多余动作。②臂的摆动要贴近大腿作前后摆动。③两手微屈或半握拳，腕部放松。手与腕部的紧张可传递给臂与肩部，从而影响动作的连贯性和速度。④臂的摆动方向、力量、幅度和速度应与腿部动作协调一致，在获得高速滑跑之前，臂的摆动可稍领先腿部动作，以加快腿部动作节奏。⑤短距离可采用屈肘摆动，中、长距离向后摆动时可将臂完全展直。在不同段落可采用单摆臂或背手滑行。

（4）常见的错误动作：①两臂紧张，无意识地胡乱摆动（常见于初学者）；②整个动作散乱不协调，有时摆臂快而腿部动作跟不上，有时腿部动作快而臂的摆动停顿滞后；③臂向两侧摆动，而不能紧贴腿部作前后摆动；④两臂僵直作无定向摆动；⑤臂摆动部位过高或过低，影响与腿、上体的协调关系和动作的平稳性；⑥两臂摆动至3个位向点的动作，屈伸不连贯，动作不流畅，甚至有多余动作（过早屈肘、向里侧横摆等）。

9. 全身配合

直道滑跑的全身配合是指在滑跑不同距离和不同速度的情况下，两腿、上体与摆臂达到准确协调的配合，表现出动作自动化、舒展、流畅的滑跑技术，并获得最佳滑跑速度。它包括3个方面的配合：两腿的配合、上体与腿的配合，以及臂与腿的配合。

（二）弯道滑跑技术

1. 滑跑姿势

滑跑弯道与滑跑直道有着显著不同的滑跑姿势。在圆周运动中，运动员要想沿弯道快速有效地滑行，使滑跑姿势既能保持力的平衡，又能利用弯道（离心力）增加滑跑速度，则整个身体必须取较大幅度向左倾斜流线型滑跑姿势，并以交叉步方式完成弯道滑跑。

（1）上体动作。滑跑弯道时，上体前倾程度要比直道更接近水平状态。优秀选手上体前倾的水平角，男女分别为长距离16.5度和14.8度，中距离为15.7度和13.4度。上体放松、团身背弓，呈流线型并朝着滑行方向，身体成一线向左倾斜，保持平稳流线型状态，这对提高蹬冰效果、增加速度、减少前进阻力是十分重要的。

（2）头部、肩部与臀部动作。在弯道滑跑中，头部姿势正确与否是很重要的，它直接影响着弯道滑跑姿势、身体重心所处的位置、滑跑的平稳性和蹬冰的效果。头部要与身体其他部分成直线，并要始终处于整个身体的领先位置。两肩始终保持平行稳定状态，并与离心力方向成一直线（即两肩应处于半径延长线的平行位置）。这就使蹬冰方向与离心力方向趋于一致，有利于弯道的侧蹬冰。臀部动作要与肩部动作一样,始终保持与冰面平行。

(3)动作要点:①头、肩、上体成一线向左倾斜;②体重落在冰刀的中后部,重心位于雪线里侧;③两肩和臀部保持与冰面平行的稳定状态;④左刀用外刃支撑,右刀用内刃支撑;⑤两肩与臀部始终保持与离心力方向成一条直线。

(4)常见的错误动作:①左脚冰刀不能用外刃支撑,踝关节立不起来(倒踝);②左腿膝盖向右成X形支撑;③低头或头向内、向外扭转,不能保持头在躯干的延长线上的领先位置;④头向内、臀向外,或头向外、臀向内;⑤姿势高,重心偏前;⑥左肩低于右肩,左臀低于右臀;⑦上体不能朝着弯道切线方向;⑧上体过低或过高,不能保持流线型。

2. 单支撑左腿蹬冰动作

单支撑左腿蹬冰动作的分界时机是自右脚冰刀离开冰面起,到右腿摆动后重新着冰止(见图15-30)。

图15-30 单支撑左腿蹬冰动作

(1)动作规范要求:①保持两肩、臀部与冰面平行稳定状态。②保持大腿和膝部位于胸下,并以左刀外刃牢固咬住。③保持后坐使身体重心位于冰刀中部。④正确展腿。先展髋,与此同时深屈膝踝(压膝),当浮腿摆经蹬冰腿时,蹬冰腿膝关节开始积极加速伸展。⑤沿弯道半径延长线向外侧蹬冰。

(2)动作要点:①向侧蹬冰;②保持两肩和臀部平行状态的左倾姿势;③身体重心控制在冰刀中部;④蹬冰展腿顺序是先展髋压膝,再加速展膝向侧推蹬。

(3)常见的错误动作:①左脚冰刀不能用外刃支撑蹬冰(偏外刃甚至用内刃支撑);②膝盖向内成X腿支撑蹬冰;③左脚冰刀外刃支撑平衡差而导致蹬冰短暂,或蹬不上冰;④身体重心偏前、动作偏高,用刀尖蹬冰;⑤后蹬冰;⑥蹬冰过程中身体起伏过大,外刃咬不住冰,有滑脱现象;⑦两肩和臀部不能保持平行移动,不能利用体重蹬冰;⑧由于左脚支撑平衡差,两腿动作不协调,左脚支撑蹬冰短暂,形成跛脚式蹬冰。

3. 右腿摆腿动作

右腿摆腿动作的分界时机是自右腿蹬冰结束抬离冰面起,到右腿加速摆动与左腿交叉后至右腿冰刀着冰止。

(1)动作规范要求:①屈膝以膝盖领先摆收右腿,在重力和屈髋、膝肌群内收的作用下,使腿部由外展动作变为内收和前跨动作。②右腿向左腿右前方朝着支撑腿加速摆动。③右腿交叉经过左腿时,右刀跟要贴近左刀尖做交叉跨越动作。这一动作可保证左脚侧蹬，并为右脚着冰动作做好准备。④摆腿动作应做到与蹬冰腿动作协调、同步、流畅、放松。

（2）动作要点：①右腿摆动是加速的；②冰刀要贴近冰面，保持低位摆收；③摆腿与蹬冰动作要做到协调、同步、流畅、放松。

（3）常见的错误动作：①抬腿过高，摆动过快，不能完成有效的蹬冰动作（影响左腿蹬冰）；②右腿冰刀和小腿领先摆动，形成向内收浮腿；③右脚冰刀托着冰面摆收；④右腿摆动离左腿过远（不能贴近冰刀而影响利用体重蹬冰）；⑤摆腿肌肉紧张；⑥摆腿与蹬冰动作不同步。

4. 双支撑左腿蹬冰动作

双支撑左腿蹬冰动作的分界时机是自摆动后的右脚冰刀着冰起，到左脚冰刀结束蹬冰离开冰面止。

（1）动作要点：①冰刀沿着弯道半径方向直接侧蹬；②体重控制在冰刀中部蹬冰；③左腿冰刀用外刃咬住冰面并最大限度地将腿展直（膝、踝和髋）；④使用新式冰刀在蹬冰结束时，重心移至冰刀前半部，并使踝关节环屈蹬冰腿充分展直，完成侧蹬冰动作（此时刀跟脱离冰鞋）。

（2）常见的错误动作：①重心起伏大，不能保持平稳滑行姿势；②用刀尖蹬冰；③后蹬冰，蹬不上冰（蹬冰结束时出现滑脱现象）；④浮脚冰刀着冰后承接体重过快，使左腿不能有效蹬冰；⑤蹬冰结束时，左肩、左髋下沉，滚肩，破坏两肩和臀部的平稳性；⑥左腿不能展直，蹬冰幅度很小，只起过渡性支撑滑行作用。

5. 右脚冰刀着冰动作

右脚冰刀着冰动作的分界时机是左腿蹬冰结束至冰刀离冰止。

（1）动作规范要求：①着冰点应在支撑脚冰刀左前方（靠近支撑脚冰刀），沿弯道滑行方向（贴近弯道切线方向），使着冰脚冰刀准确地落在重力与离心力的合力点上；②刀尖抬起朝着切线方向，以刀跟内刃先着冰；③右腿以前跨动作使膝部朝着弯道滑行方向，并保持右脚冰刀着冰后的小腿向左倾斜度，以轻捷、自然的动作顺势完成着冰动作。

（2）动作要点：①沿弯道滑行切线方向着冰；②以刀跟内刃先着冰；③保持左脚冰刀着冰后的小腿向左倾斜度（着冰脚应尽量靠近支撑脚冰刀）。

（3）常见的错误动作：①刀跟向里或刀尖向外着冰（不能沿着切线着冰方向）；②着冰脚冰刀距离支撑脚冰刀过远（形成向内摆打式着冰）；③着冰时，刀尖不能抬起，不是以刀跟先着冰；④以冰刀前半部着冰；⑤着冰后即承接体重，影响蹬冰效果；⑥不是以内刃着冰，而是用平刃，甚者用外刃着冰，不能保持适宜的左倾姿势。

6. 单支撑右腿蹬冰动作

单支撑右腿蹬冰动作的分界时机是自左脚冰刀离开冰面起，到左腿摆动后重新着冰止（见图15-31）。

图 15-31　单支撑右腿蹬冰动作

（1）动作规范要求：①弯道的右腿蹬冰基本与直道相同。②左腿蹬冰结束，右腿即刻蹬冰。③整个身体成一线保持向左倾斜平移姿势（两肩、臀部与冰面平行），冰刀以内刃咬住冰面，沿切线方向滑行并沿弯道半径向侧蹬冰。④利用冰刀内刃中部，加速完成侧蹬动作。⑤正确的蹬冰方法。左腿蹬冰结束时，右腿沿着弯道切线方向滑行开始蹬冰，并逐渐滑离雪线，此时身体重心却沿着另一切线方向移动（冰刀与重心运动方向不同），随右腿滑离雪线，腿部应弯曲（压膝、踝），当左腿摆收到与蹬冰腿成交叉部位时，蹬冰腿应积极展髋、展膝，向侧蹬冰。

（2）动作要点：①保持两肩和臀部平行向左倾斜姿势；②以冰刀内刃咬住冰面，用冰刀中部向侧蹬冰；③左腿摆收至与右腿成交叉部位时，蹬冰腿积极展髋、展膝，向侧推蹬。

（3）常见的错误动作：①蹬冰过早且时间短；②重心偏前，姿势偏高，用刀尖而不是用冰刀的中部蹬冰；③在蹬冰过程中两肩和臀部不能保持平行移动，身体起伏过大；④向后蹬冰，冰刀刃咬不住冰面；⑤成X形腿支撑蹬冰。

7. 左腿摆腿动作

左腿摆腿动作的分界时机是自左腿结束蹬冰冰刀蹬离冰面开始，到左腿冰刀着冰止。

（1）动作规范要求：①借助蹬冰结束时的反弹力和重力在股内收肌作用下摆收左腿；②刀跟抬起，刀尖向下，冰刀几乎垂直于冰面，屈膝、屈髋，完成提刀动作；③以膝盖领先大腿带动，沿身体重心移动方向加速摆收；④在摆腿过程中，大腿做向上抬送动作，使刀尖由朝下变为与冰面平行动作。

（2）动作要点：①屈膝、屈髋以大腿带动摆收浮腿；②加速摆动浮腿；③充分利用蹬冰后的肌肉弹性和重力作用，在浮腿充分放松情况下完成摆腿动作。

8. 双支撑右腿蹬冰动作

双支撑右腿蹬冰动作的分界时机是自左脚冰刀着冰起，到右腿蹬冰结束冰刀离冰止。

（1）动作规范要求：①蹬冰全过程是加速完成的，此阶段展腿达最高速，右腿快速展直完成蹬冰动作。②仍保持两肩、臀部与冰面平行移动，随蹬冰腿加速伸展，使蹬冰角达到最小。③在蹬冰过程中，右脚冰刀内刃要牢牢地咬住冰面（严防在蹬冰结束阶段出现滑脱现象）。④采用新式冰刀技术。当蹬冰结束时，重心移至冰刀前半部，使踝关节跖屈，充分展直蹬冰腿。此时正值刀跟脱离冰鞋，应使体重移至冰刀前部，快速完成蹬冰动作。

采用新式冰刀技术的主要优点是：第一，可以做到充分展直蹬冰腿，更好地发挥蹬冰腿肌肉的蹬冰效果。第二，在蹬冰结束阶段，重心移至冰刀前半部（刀跟脱离冰鞋），可使体重继续控制在蹬冰脚冰刀，如同投掷选手最后用力使器械出手的动作一样，以最大功率快速完成蹬冰动作。第三，由于在结束蹬冰时，刀跟脱离冰鞋使踝关节跖屈，可增加有效的做功距离。这种功能在于冰刀继续以内刃咬住冰面，刀尖不必外转，保持以侧蹬冰的动作方式结束蹬冰，这是传统式冰刀无法完成的技术动作。

（2）动作要点：①保持两肩和臀部平移，在蹬冰角不断缩小的情况下，继续完成快速侧蹬动作；②以冰刀内刃牢牢咬住冰面完成蹬冰动作；③采用新式冰刀技术，在踝关节跖屈的情况下，将体重控制在蹬冰脚的冰刀上，快速向侧推蹬。

（3）常见的错误动作：①在双支撑蹬冰阶段，右腿蹬冰时间极短的情况下即移交了重心；②后蹬冰；③用刀尖结束蹬冰；④蹬冰结束时，右脚冰刀内刃咬不住冰，有滑脱现象；⑤不能保持两肩和臀部平移，身体起伏过大；⑥上体过早地移向新的滑行方向，形成肩向里、臀向外的错误姿势。

9. 左脚冰刀着冰动作

左脚冰刀着冰动作的分界时机是自左脚冰刀的外刃着冰起，到左脚冰刀完全承接体重，右腿蹬冰结束冰刀离冰止。

（1）动作规范要求：①左腿前送到位。要做到展膝屈踝，将刀尖抬起。②左脚冰刀以外刃、冰刀的后部先着冰。③沿着弯道标记的切线方向着冰，以便向贴近弯道标记滑进。这一技术可延长蹬冰距离。④着冰动作要做到前冲、迅速，并与快速结束蹬冰动作配合，做到同步协调。

（2）动作要点：①左腿前送到位，做到展膝屈踝，刀尖抬起；②左脚冰刀以外刃沿弯道切线方向，用冰刀的后部先着冰；③着冰动作要做到前冲、迅速，与蹬冰动作同步协调。

（3）常见的错误动作：①左脚冰刀着冰即承接体重，致使右脚不能完成有效的蹬冰动作；②以左脚冰刀前部先着冰；③不是以外刃而是用平刃，甚至用内刃着冰；④着冰点距右脚冰刀较远，降低了蹬冰效果；⑤刀尖向外、刀跟向内，或刀尖向内、刀跟向外着冰；⑥不是沿弯道标记的切线方向着冰；⑦左腿膝盖向内成 X 形腿着冰（通常称为反支撑现象）；⑧在初学者中，常出现踝关节立不起的"倒踝"着冰动作。

10. 摆臂动作

弯道摆臂可保持正确的滑行姿势，在抗衡离心力中起到应有的作用，并可协助腿部有效地完成蹬冰动作。弯道滑跑技术动作不同于直道，两腿动作是不对称的。因此，两臂的摆动也不尽相同。弯道右臂摆臂目的与直道基本相同，主要作用在于控制身体重心和增加前冲力，起到加强推进力作用。因此，在弯道滑跑中要始终摆右臂。左臂通常是贴近身体小幅度摆动或者背臂，主要起协调作用。

（1）动作规范要求：①前摆时要朝着弯道弧线方向（切线方向），以便贴近雪线滑行；②臂要贴近身体并经过髋部前摆，手要沿弯道弧线前摆；③前摆至最高点时，要使手、鼻、膝、刀4点成一线位于左支撑腿膝盖的中线上；④右臂摆至前高点的标志是：手摆至颌下，肘关节成150°～170°角；⑤后摆时同前摆一样，要贴近身体经过髋部，与弯道弧线一致，不要向外摆臂；⑥手臂摆至后高点时，臂要展直，手可摆至稍高于头部的位置；⑦摆臂要与腿部协调配合，肩部要保持平稳。

（2）动作要点：①与左腿蹬冰协调配合，贴近身体前后摆动；②摆至前高点时，手、鼻、膝、刀4点成一线，位于左支撑腿膝盖的中线上；③摆至后高点时，臂要展直，手可摆至稍高于头部的位置；④保持肩部平稳，不要有任何翻、扭动作。

（3）常见的错误动作：①向侧摆臂而不是前后摆动；②臂腿动作不协调，出现臂过于领先或滞后于腿动作，在摆动中有停顿现象；③臂摆动方位不正确，手臂摆至前高点时过低或过高，超过身体中线；④摆臂与蹬冰动作不协调而出现摆臂无力；⑤臂部的肌肉紧张，屈臂或直臂摆动；⑥出现向内摆时上体向内扭动，向外摆时翻肩、上体向外扭转现象。

（4）左臂摆动动作规范要求：①左臂贴近身体，前臂围绕肘关节作前后摆动，肩关节只做微小动作；②前摆至最高点时，肘关节约成45度角，手不要超过身体中线，并位于颌下；③后摆至最高点时，肘关节展直或微屈，手不要超过臀高；④左臂摆动要与蹬冰动作协调配合。

11．全身配合

弯道滑行不同于直道，没有自由滑行阶段，要求两腿不间断地对冰面施加压力，并时时克服离心力。这就要求两腿、臂与腿、上体与腿协调配合，形成舒展、流畅、有节奏的全身配合动作，以完成弯道的核心技术——蹬冰动作。

12．进、出弯道技术

弯道滑跑是最重要的加速区段。正确地掌握进、出弯道技术和弯道滑行技术，可在滑出弯道时大大增加滑跑速度。进、出弯道技术的主要任务是：顺利地滑进和滑出弯道；充分利用弯道滑跑增加速度的因素（动态压力、离心力作用），处理好滑速、倾斜度和圆弧之间的合理关系，做到深入弯道、紧贴雪线、晚出弯道（滑足弯道距离），从而达到增加滑跑速度的目的。

（1）进弯道技术。

1）动作规范要求：①作好进弯道准备。在进入弯道前的2～4个滑步开始摆右臂，以增加滑速，适应弯道滑行的动作节奏，目视弯道方向，做好团身动作，以利于身体向左倾斜。②右腿滑入弯道。右腿在距弯道雪线0.5～1米（短距离1～2米）处朝前直接滑入弯道，右脚冰刀以内刃咬住冰面向弯道外侧蹬冰，将身体推向弯道雪线方向。③左脚冰刀以外刃沿切线着冰。牢牢咬住冰面，使身体与腿成一线向左倾斜（上体、左膝、冰刀与弯道切线方向一致），并沿着弯道半径方向侧蹬，从而完成由直道转入弯道的滑行。

2）动作要点：①进弯道前。摆 2~4 次右臂以增加滑速。②目视冰线。团身，上体左移。③右腿入弯道。内刃咬住冰面向弯道外侧蹬冰。④左膝朝向雪线方向。左脚刀贴近弯道，以外刃咬住冰面。

（2）出弯道技术。出弯道技术的任务是合理利用弯道滑行，提高惯性速度，顺势甩出弯道而滑入直道。进入直道后的最初几步有明显放慢节奏的变化，通常被视为运动员滑跑过程中的调整和憩息。

1）动作规范要求：①出弯道点。根据距离长短、速度快慢和内外弯道不同确定出弯道点。由内弯道滑出或滑跑短距离进入换道区时，可稍离雪线出弯道；由外弯道滑出而进入换道区里，均应贴近雪线出弯道。②右腿先出弯道。右腿做最后一次克服离心力侧蹬冰动作滑入直道。③左腿完成最后一次蹬冰后。要直接前提大腿，向着直道摆腿，并准备着冰承接体重，此时上体应与直道方向一致。④滑出弯道后。右臂继续摆动 2~4 次。⑤进入直道。最初几次蹬冰应长而流畅，以便利用惯性调整好直道滑行技术。

2）动作要点：①用右腿完成最后一次克服离心力的蹬冰动作滑出弯道；②出弯道的最初 2~3 个滑步要长，并继续摆右臂 2~4 次（前后摆动）；③左腿向着直道方向，以前提方式直接摆收腿；④上体要充分放松且与直道方向一致。

（三）起跑与终点冲刺

起跑是滑跑的开始，起跑的任务是使运动员在尽可能短的时间内，达到个人项目最高滑跑速度。起跑对于短距离 500~1 500 米项目尤为重要。因此，要求运动员快速地反应、有效地起动和尽快地获得最高速度。起跑技术是由起跑姿势、起动、疾跑和衔接 4 个部分构成的。

1. 起跑姿势

起跑姿势按运动员站立姿势可分为正面起跑和侧面起跑，按运动项目距离可分为短距离起跑和长距离起跑。

正面起跑：包括正面点冰式起跑、丁字式起跑和蛙式起跑。

侧面起跑：两刀平行与起跑线成一定角度的侧向站立，这种姿势在 20 世纪五六十年代曾被广泛采用。

短距离与长距离起跑的主要区别：短距离需要第一步快速起动，具有很强的爆发力；长距离则需要较舒服的、第一步不必做爆发力很大的快速起动。然而两种起跑按规则要求都需要有一个稳定的起跑姿势，这样才能在鸣枪后做有效的起跑出发动作。

（1）正面点冰式起跑：①前脚冰刀与起跑线约成 45 度角，刀尖切入冰面，刀跟抬起保持稳定不动；②后刀用平刃或内刃置于冰面，两刀间距略大于髋，两刀开角约在 90~120 度，后刀刃应牢牢咬住冰面，以便起动时后脚冰刀快速发力；③上体直立，两臂自然下垂，目视前方，体重大部分落在后腿上（见图15-32）。

图 15-32 正面点冰式起跑

（2）丁字式起跑：丁字式起跑方法与点冰式起跑基本相同，其主要区别在于丁字式起跑两冰刀是以平刃在冰上支撑站立，重心位于两冰刀中间，即体重较均匀地置于两腿；丁字式起跑的"预备"姿势，身体重心略有前移，但不能将体重大部分移至前脚冰刀，否则将因重心过分前移而出现冰刀滑动现象。目前，使用新式冰刀比赛时，通常采用丁字式起跑姿势。

（3）蛙式起跑：蛙式起跑又称为蹲踞式起跑，在国内比赛中有些人采用，但在国际大赛中已很少见。可是，自新式冰刀采用以来，在 1998 年日本长野第 18 届冬奥会上有的运动员采用了蛙式起跑，这与新式冰刀不宜采用点冰式起跑有关。蛙式起跑的主要技术特点是：在预备姿势中，有利于身体重心前移，能形成牢固的重心前冲的"预备"姿势。在今后的国际大赛中，可能会有更多人选用这种起跑姿势。

2．起动技术

起跑的第一步为起动，是指浮腿向前摆动迅速跨出着冰、后腿快速用力蹬离冰面而言。起动动作完成标志着起跑动作的结束和疾跑动作的开始。起动技术完成得好坏，直接决定起跑动作的效果。

（1）动作规范要求：①迅速向前上摆动浮腿，并使前脚冰刀尽量外转；②身体重心偏前，呈前冲姿势，快速用力蹬直后腿间，两刀抬离冰面，身体有个腾空阶段；③两臂配合腿的蹬踏动作，屈肘作小幅度快速摆臂；④髋要随重心移动而前送，外转的前脚冰刀以内刃踏切动作迅速着冰，并使刀跟落于前进方向的中线上；⑤采用蛙式起跑，直接向前摆动浮腿，浮腿冰刀无须做外转动作；⑥采用蛙式起跑，两手迅速撑离冰面，两腿同时用力蹬冰，并快速前摆浮腿。

（2）动作要点：①起动前身体重心必须前移，体重主要由前脚刀支撑，这种姿势有利于起动发力；②后腿快速用最大力量蹬冰，鸣枪后要集中全力做出快速反应和起动动作；③重心尽量前送，使躯干呈明显"倾射"状，以便发挥最大蹬冰力量。

3．疾跑技术

疾跑技术是起跑技术的重点，方法有 3 种：切跑法、滑跑法和扭滑法。在长距离比赛中多用滑跑法，中、短距离比赛多用切跑法和扭滑法。

疾跑段的距离以短为佳，一般为 30~40 米。疾跑段分为 3 个小阶段，即起速段、加速段和最大速阶段。

4. 衔接技术

衔接技术是指疾跑之后，以 3~4 个滑步为过渡性滑跑段落，利用滑跑惯性将疾跑中已获得的速度转移到正常途中滑跑，同时也是运动员从疾跑转入途中滑跑后保持已获得的惯性滑速中的调整性休息（见图 15-33）。

图 15-33　衔接技术

（1）动作规范要求：①在过渡性段落滑跑中，有一个明显的平刃滑行阶段，然后过渡到内刃支撑并形成稳固的支点，标志着转入了途中滑跑；②明显地增加了滑行距离和滑行动作的幅度，完全向侧蹬冰并提高向水平方向的蹬冰力量；③以自然协调流畅的动作完成由疾跑向途中滑跑的过渡阶段。

（2）动作要点：①增加滑行距离和动作幅度；②在过渡滑行阶段，应以自然协调流畅的动作转入途中滑跑。

第四节　体育舞蹈

一、体育舞蹈概念

体育舞蹈也称国际标准交谊舞，是由体育与艺术高度结合的、属于文艺范畴的舞蹈演变而来的一项新兴的体育项目。它兼有文艺和体育的特点，是介于文艺和体育之间的边缘项目，是具有自娱性和表演观赏性的竞技舞蹈。它集娱乐、运动、艺术于一体，是文明社会里的一种高雅体育活动。

从舞种起源来看，交谊舞可分为现代舞（摩登舞）和拉丁舞两大类。现代舞绝大多数起源于欧洲，舞种主要有华尔兹舞、维也纳华尔兹舞、快步舞、狐步舞和探戈舞，其特点是具有高贵典雅的绅士风度。拉丁舞起源于拉丁美洲，舞种有伦巴、恰恰、桑巴、斗牛舞和牛仔舞，其特点是热情奔放，充满浪漫的情调。

从严格标准规范的角度来看，交谊舞又可分为国际标准舞和舞厅舞两大类。国际标准舞要求舞步、舞姿、跳法系统化和规范化，舞种为现代舞和拉丁舞各 5 种，具有表演性、体育性和竞技性。舞厅舞要求即兴发挥、自由化，舞种除现代舞、拉丁舞各 5 种外，还有迪斯科等，其特点为自娱性和社交性。

二、体育舞蹈基本技术

（一）基本舞步

学习体育舞蹈应从基本舞步开始。现代体育舞蹈有走步、侧步、平衡步和摇摆步 4 种基本舞步。学习时只要掌握好每只脚的移动轨迹，学会这些舞步就不困难。

跳交谊舞有一个约定俗成的规定，男士第一步先出左脚，而女士第一步先出右脚。交谊舞中许多舞步男女动作都是相同的，只是动作方向相反，如男是进步，则女为退步（注：本章在叙述舞步的动作时，皆指男步。凡女步相同者，都不再专门说明；凡女步不同者，则另加以说明。本节图中，左脚为白色，右脚为黑色）。

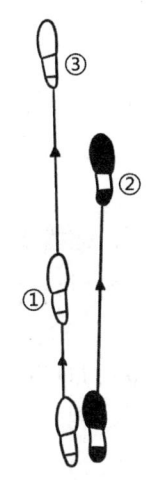

图 14-34　走步

1. 走步

立正站好。左脚开始向前走 3 步，右脚开始向后走 3 步（见图 15-34）。向前走时开始用前脚掌触地，然后随着脚趾上抬过渡到脚跟擦地向前，着地后过渡到脚趾，身体重心从一只脚转移到另一只脚上。后退正好相反，开始用脚掌触地，然后用脚尖擦地向后，脚趾着地后再过渡到脚跟。

2. 侧步

立正站好。左脚向左迈一步，右脚向左脚并拢。接着左脚再向左侧迈一步，然后右脚向右侧迈一步，左脚向右脚并拢，接着右脚再向右侧迈一步（见图 15-35）。

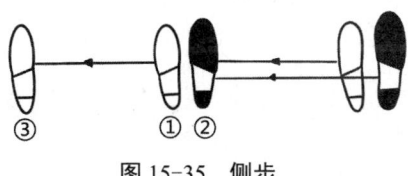

图 15-35　侧步

3. 平衡步

平衡步是由走步和踏步组成。立正站好。左脚向前一步，右脚向前上步，前脚掌踏在左脚侧；然后右脚向后退一步，左脚掌踏在右脚侧。左脚向左侧一步，右脚向左脚并拢，前脚掌踏在左脚侧；右脚再向右侧一步，左脚向右脚并拢，前脚掌踏在右脚侧。根据运动方向，亦分为前、后、左、右平衡步（见图 15-36）。

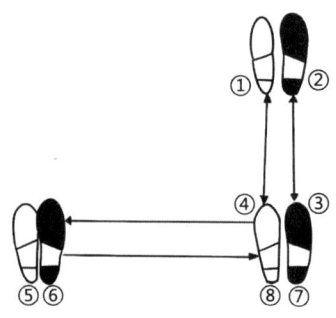

图 15-36　平衡步

4. 摇摆步

摇摆步是拉丁舞的基本步。立正站好。左脚向前一步，重心随之前移，然后脚不动，重心再向后移，再移前，再移后，反复摇摆，这叫前后摇摆步。立正站好。左脚向侧一步，重心向左移，再向右移，再向左移，再移右，反复摇摆，这叫左右摇摆步。

（二）握抱姿势

初学体育舞蹈，必须学会正确的握手和抱腰姿势，简称握抱姿势。

男女舞伴面对站立。男伴左手四指并拢，女伴的右手放在男伴虎口处［见图15-37（a）］。男伴右手五指并拢放在女伴左肩胛骨下部，女伴将左手轻轻地放在男伴的右肩上，两人之间距离为10厘米左右［见图15-37（b）］。双方稍向左转，从对方的右肩向前看，这种握抱姿势称为闭式舞姿［见图15-37（c）］。

在闭式舞姿基础上，男伴将头和上体略向左转，女伴将头和上体略向右转，双方在身体的肩部形成一个V字形。这种舞姿为PP舞姿，或者叫散式舞姿［见图15-37（d）和图15-37（e）］。

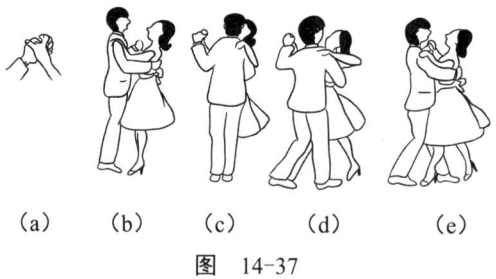

　（a）　　（b）　　（c）　　（d）　　　（e）

图　14-37

在跳舞过程中，男伴上体一般都是直立的，但是不要过于僵硬，双肩保持稳定和放松。女伴自胸以上部位要自然后仰，下颌上扬，略呈仰视状。

（三）基本舞步组合

掌握了基本舞步和握抱姿势，就可以学习基本舞步组合。

1. 方步

方步由走步和侧步组成。它因脚的6次移动构成一个正方形的图形而得名。

第十五章 休闲体育

立正站好。左脚向前一步，右脚向侧前一步，左脚向右脚并拢；右脚向后一步，左脚向后侧一步，右脚向左脚并拢。每次两脚并拢时身体重心要转移到脚上（见图15-38）。

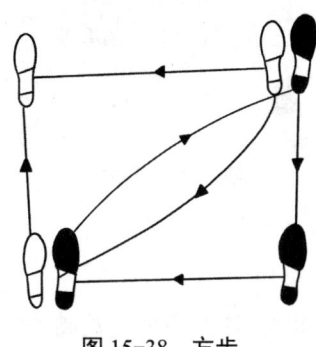

图 15-38 方步

2．方步转体

方步转体，每次转体为90度，它是最简单的身体旋转。

闭式舞姿站立。

（1）左脚向前一步，出脚的同时身体向左转。

（2）右脚向侧一步，同时身体完成90度旋转。

（3）左脚向右脚并拢，重心转移至左脚。

（4）右脚后退一步，退脚的同时身体向左转。

（5）左脚向侧一步，同时身体完成90度旋转。

（6）右脚向左脚并拢，重心转移至右脚。

后6步动作同前，做一个完整的方步转体，共走12步，转体360度。练习时应记住，第一个转体如果上左脚，下一个转体就要退右脚（见图15-39）。

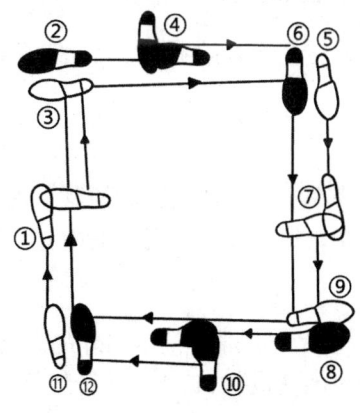

图 15-39 方步转体

3．交叉步

交叉步是由侧步和前后摇摆步组成（见图15-40）。

闭式舞姿站立：左脚向侧一步，然后右脚交叉在左脚斜后方，用前脚掌点地，身体重心向后摇摆,再摇摆向前。右侧交叉同前,动作方向相反。

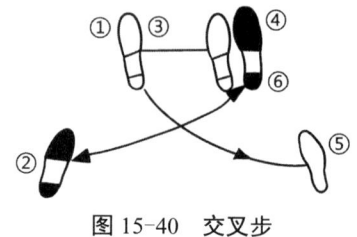

图 15-40　交叉步

4．并列行进步

闭式舞姿站立。

（1）左脚向侧一步,同时上体左转呈闭式舞姿。

（2）右脚向前一步,交叉在左脚前。

（3）左脚向侧一步,同时向右转体。

（4）右脚向左脚并拢,呈闭式舞姿。

并列行进时,两人头部均朝前面方向,两人腰髋部可以相贴（见图 15-41）。

图 15-41　并列行进步

三、体育舞蹈的竞赛特点

由于体育舞蹈是从文艺转变而来的项目,因此表现在竞赛上既有文艺的痕迹又有体育的特点。

1．主持人制

体育舞蹈比赛自始至终在主持人的指挥和控制下进行,主持人既是司仪、广播员,又是宣传鼓动员、观众代言人,是场上的中心人物。

2．比赛和表演结合

体育舞蹈比赛前、中间或结尾经常穿插国内外优秀选手的表演,既能够使比赛更加丰富多彩、气氛热烈,也能使裁判、选手和记分组等人员得以休息和重新准备。

3．淘汰与顺位结合的比赛方法

（1）淘汰法。体育舞蹈比赛从预赛至半决赛采用淘汰制比赛方式,即根据竞赛编排从参赛人数中按规定录取选手进入下一轮比赛,淘汰其余选手。

（2）顺位法。体育舞蹈比赛决赛采用顺位法决定单项和全能的名次。

四、比赛场地、舞程线、角度和方位

体育舞蹈的赛场面积为 15 米×3 米的长方形，长的两条边线为 A 线，短的两条边线为 B 线；舞者按逆时针方向行进的方向线称为"舞程线"。体育舞蹈中的旋转角度每旋转 360 度为一周，旋转 45 度，90 度，135 度，180 度，225 度，270 度，315 度分别为 1/8，1/4，3/8，1/2，5/8，3/4，7/8 周；在舞场上以 450 为单位按顺时针方向确定 8 个点，依次叫做 1，2，3，4，5，6，7，8 点，以此来确定舞者在场上的方位。为了确定舞者按舞程线运动时的方位和角度的变化，以舞程线为基准，以男伴面对舞程线的方向为例，对舞步的行进方向规定了 8 条线（见图 15-42）。

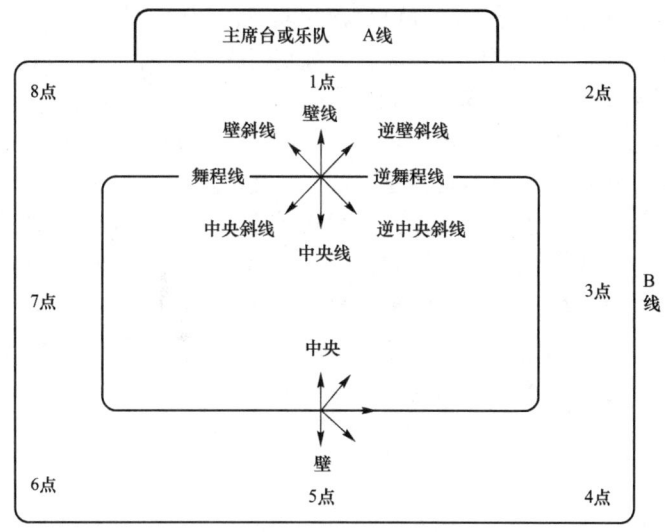

图 15-42 体育舞蹈比赛场地

作为体育舞蹈运动的练习场地，只要地面光滑、平整，无论室内、室外均可。

五、国际标准舞评审标准

一场比赛，评审员根据什么标准评定选手的优胜呢？归纳起来可分为下列 6 条标准：基本技术的掌握、音乐韵律的运用、舞蹈特性的表达、舞蹈编排的能力、参加比赛的表现和临场发挥的效果。以上 6 条标准，前 3 条是衡量选手的基本技艺，主要运用于初赛、复赛；后 3 条运用于半决赛和决赛。就选手而言，应当具有参赛的实力，而不要有任何侥幸心理，做到公平竞争。评审员根据评审标准，公正、严格、准确地评定选手。

六、评审知识

评审员的人数由单数组成，即 3、5、7、9 甚至更多的单位数组成。这是由于在比赛时，选手能否进入下轮比赛，是依据评审员 2/3 或 3/5 的选票比例决定的。比赛通常分为公开赛、锦标赛（全局的或重大的比赛）以及邀请赛、友好赛或精英赛（局部的或一般的比赛）。

比赛也可分为专业级和业余级。专业级比赛分为公开级和新秀级，在公开级获得过名次的选手，不能参加新秀级比赛。业余级比赛分为公开级和新人级，在业余公开级获名次的选手不能参加新人级比赛。专业级选手不能参加业余级比赛，业余级选手可以参加专业团体举办的赛会。专业级比赛都是跳5种舞蹈，业余级比赛可以任选比赛舞种和数目。业余级比赛还设有：中年组——男40岁以上，女30岁以上；老年组——男50岁以上，女50岁以上；青年组——男14~18岁，女相同；少年组——男女14岁以下。专业级比赛选手背号为黑底白字，业余级比赛选手背号为白底黑字。

区分专业与业余的方法：以舞蹈活动为职业；参加专业级别的比赛；以舞蹈活动收取酬劳；在营业场所进行表演，宣称自己为职业者。凡属以上活动者，均属专业者，不能参加业余比赛。

比赛中对选手参加比赛的若干规定：不许在同类舞蹈比赛中更换舞伴；准时入场，否则为弃权；编组后不能改变组别；摩登舞比赛必须男女交手跳；拉丁舞比赛不许有托举或跪腿等危险动作；现役选手不能担任重大比赛的评审员。

对评审员的若干规定：必须持有评审员资格证书；赛前回避选手；决赛时不能对选手评选出1~6名的相同名次；淘汰赛时不能选出超额选手。评审员评选的结果，经公布后，为成绩的最终结果；评审员上场，必须以单数组成，如场上评选票作废，以评审长评定成绩为准。

五、比赛计分方法

国际标准舞比赛的计分方法在国际上分为英式顺位法和日式顺位法，两种方法在淘汰赛时方法是一样的，只有在决赛时，顺位的名次方法是不一样的。

赛前在比赛规程和比赛通知中，一定要明文规定，比赛所用计分法是采用英式还是日式，以便参赛者统一方法，否则会带来麻烦，因为有时英式和日式的计算成绩的结果是不一样的。

赛前评审长根据参赛选手的对数，向评审员提出选手经初赛进入复赛的对数应是几对。

如果参赛选手是36对，进入复赛的选手对数应是2/3，即24对。经复赛进入半决赛的选手应当是1/2，经半决赛进入决赛的选手对数只能是国际规定的6对。

初赛、复赛、半决赛为淘汰赛。评审员用划"√"的办法选出应进入下一轮比赛的选手。

评审员按A，B，C，D，E等代号区分，并在自己所分配的代号上圈"○"，便于计分统计与核对选票。

七、比赛服装

比赛服装规定摩登舞男子穿燕尾服，女子穿不过脚踝的长裙。拉丁舞服装应有拉美风格,男女选手服装必须协调,男选手穿紧身裤或萝卜裤,上身穿宽松式长袖衣;女士穿露背、腿的短裙。男女舞鞋应与服装颜色一致。男子摩登舞一般穿黑色舞鞋,女子穿 5~8 厘米的高跟鞋,鞋面可以镶嵌亮饰。男子拉丁舞鞋同摩登舞鞋,女子穿高跟凉鞋,鞋可加亮饰。

男子发型可留分头,前不遮耳,后不过领,不能留长发、长须;女士为短发或长发盘髻,可加头饰,不可披长发。服装的样式色彩随时代发展不断变化。

第五节 瑜伽健身

一、瑜伽概述

瑜伽源于印度。瑜伽的本意是"和谐""相应""统一"。瑜伽的动作大多模仿动物及植物的形态来调节身体各个腺体,塑造身体姿态。瑜伽通过多达 84 000 余种不同体位、伸展肌肉、雕塑形体、调节内分泌,并通过休息术和语音冥想放松神经、缓解压力、改善睡眠、延缓衰老、清晰思维。它结合了力量、柔韧、平衡、放松和意识,以达到身心和谐的统一境界。它是一种集健美、强身、修心、养性于一身的运动项目,是人类在最原始的自然状态下创造的一种身心双修的运动项目。

二、瑜伽的基本动作

(一)站立式

站立式能有效地增强腿部力量,令人精力充沛。初学者可以利用墙壁练习站立式,它能帮助人体掌握平衡。

1. 山式

山式是所有瑜伽站立式的基础姿势,所有站姿均以它为起始和结束。

(1)动作要领:①站在平地上,双脚并拢靠紧,大拇指及脚腕内侧互相紧贴,膝盖及大腿肌肉收紧,尾椎朝下,挺直腰背,挺起胸膛,将身体的重量由脚弓四周稳固地支撑着,伸展所有脚趾,肩膊平衡垂下,左右手垂直,手心贴靠在两边大腿的外侧。②向上拉紧两膝盖及股四头肌,双脚保持蹬直,收紧臀部及腹部,盆骨处于正中位置。从侧面看,从头、颈项、肩膀、膝盖到脚跟应成一条垂直线。眼望前方,放松脸上肌肉,感觉身体由头至脚被伸展和拉长,而双手则向下伸展。(见图 15-43)。保持动作 20~30 秒,同时自然呼吸。

图 14-43 山式

(2)动作作用:可以改善姿势不良,延缓脊椎骨老化。

(3)注意事项:若脊椎侧曲,可靠在墙角来调整姿势。

2. 站立伸展式

（1）动作要领：①从"山式"开始，双脚稍微分开、吸气，提起双臂向上伸直伸展，手心向内，膝盖及大腿收紧［见图 15-44（a）］。②呼气，腰背挺直，伸展脊椎，盆骨向前伸展，上半身保持挺直，保持膝盖及大腿收紧，双臂保持在耳朵旁边的位置，头部、颈、脊椎和臂部形成一条直线，与大腿成 90 度［见图 15-44（b）］。③吸气，保持背部挺直，接着一边呼气，盆骨再慢慢向前方地面伸展，直至坐骨朝天，顺序为腹部、胸部和头部按在双腿上，双手握着脚踝后面，也可以平放在脚边，手肘贴在两侧，双脚保持蹬直以稳定身体的重心，自然呼吸［见图 15-44（c）］。保持动作 30～60 秒后，倒序返回"山式"姿势。

（2）动作作用：消除疲劳，舒缓神经紧张及抑郁症状，改善消化系统功能。

（3）注意事项：身体不适者，在完成步骤②后可停止，或利用墙壁练习。

图 15-44 站立伸展式

（二）坐式

坐式是瑜伽中最基本的姿势，能使心境平静下来，是冥想的主要姿势，具有舒缓神经、消除疲劳、令头脑清醒的作用。

1. 棒坐

（1）动作要领：坐在地上，双脚向前伸展，脚跟向前蹬，脚趾朝天，双脚与大腿、膝盖、脚踝平行并拢，尽量紧贴在地下，与躯干成直角，大腿肌肉要收紧并向下用力，双手放在臀部的两旁，保持挺胸收腹，将腰背尽量挺直，肩膊转向后方及垂下，眼望前方，头部、颈部和脊椎成一条直线（见图 15-45）。保持动作 20～30 秒，同时自然呼吸。

图 15-45 棒坐

（2）动作作用：按摩腹部，改善消化系统的柔韧度，有效地伸展脊柱，预防坐骨神经疾病，强化背部肌肉力量。

（3）注意事项：如果背部或脚部肌肉柔韧性不好，或有伤病，可将膝盖稍微弯曲，或背贴墙壁坐，以减轻背部的压力。

2. 至善坐

（1）动作要领：①从"棒坐"开始，右腿屈曲，将右脚跟贴在胯下耻骨位置,同时将右脚脚趾靠在大腿内侧［见图15-46（a）］。②左腿屈膝,将左脚跟叠在右脚跟上面,脚跟亦置于耻骨位置,把左脚所有脚趾藏于右脚大腿与小腿之间,两边膝盖贴地,双手放在身后臀部两旁的位置［见图15-46（b）］。保持腰背挺直,与头和颈成一直线,不要左右倾斜。膝盖与身体微微向前伸展,同时自然呼吸。保持动作1分钟以上,然后转换另一个脚,重复进行。

（2）动作作用：改善胯部、膝盖及脚跟的柔韧性,松弛精神,保持心境平静,同时改善下背及腹部的血液循环。

（3）注意事项：姿势难度较大,多加练习。

图 15-46 至善坐

3. 莲花坐

（1）动作要领：①从"棒坐"开始,坐直腰背,与头和颈成一直线。先屈曲左膝,轻柔地提起左脚掌及膝盖［见图15-47（a）］。②把左脚背放在右大腿近腹股沟上,脚板向上［见图15-47（b）］。③屈曲右膝,轻柔地提起右脚掌及右膝,把右小腿交叉叠在左小腿上,右脚背放在左大腿近腹股沟位置,脚板向上,双膝尽量互相接近,贴在地上,双手放松,手背放在膝盖上,腰背挺直,与地面成直角［见图15-47（c）］。保持动作1分钟以上,同时呼吸自然,然后换另一只脚进行练习。

（2）动作作用：帮助集中精神,提升专注力,从而容易进入冥想状态,同时改善胯部、膝盖及脚跟的柔韧性。

（3）注意事项：膝盖或脚跟有伤病者避免采用这个姿势,在进行时,不要勉强,防止膝盖和大腿受损伤。

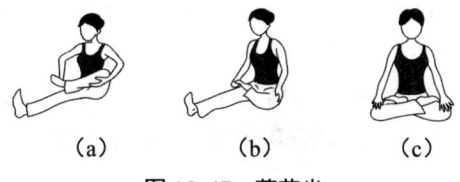

图 15-47 莲花坐

（三）猫式

（1）动作要领：①大腿与小腿及躯干成直角,手臂垂直,与肩膀同宽［见图15-48（a）］。②吸气,同时慢慢地将盆骨翘高,腰向下微屈,形成一条弧线,眼望前方,垂下肩膀,保持颈椎与脊椎连成一直线,不要过分把头抬高［见图15-48（b）］。③呼气,同时慢慢地把背部向上拱起,带动脸向下方,视线望向大腿位置,直到感到背部有伸展的感觉,配合呼吸,重复以上动作6~10次［见

图 15-48（c）]。

图 15-48 猫式

（2）动作作用：充分伸展背部和肩部，改善血液循环，消除酸痛和疲劳，增强脊柱的灵活性。

（3）注意事项：动作不要太快、太猛，不要过分伸展颈部。

（四）树式

（1）动作要领：双手合掌于胸前，维持数秒，保持自然呼吸，如果可以控制平衡，那么可吸气，双手往上尽量伸展，腰背挺直，拉长脊椎骨，集中视线，轻轻地、深长地呼吸，感觉整个人好像被拉长了似的（见图 15-49）。保持动作 15～30 秒，换另一侧进行。

图 15-49 树式

（2）动作作用：提升专注力，增强平衡感，强化双脚肌肉。

（3）注意事项：如膝盖有伤者慎做此动作。

（五）鹤式

（1）动作要领：①蹲地，脚跟及地，膝盖打开。双手岔开按在前方约 0.5 米的位置，屈曲手臂，张开手指，手掌完全贴地［见图 15-50（a）］。②提起双脚脚跟，身体微微向前伸展，眼望地上，为身体找平衡［见图 15-50（b）］。③脚跟离地，臀部提高至肩膀以上位置，身体进一步前倾，将两膝尽量靠近在腋下的位置，脚尖仍撑着地上，将重心放在手臂、手腕和手掌上，双臂伸直，凝聚腰腹力量，准备将双脚抬离地面［见图 15-50（c）］。④锁紧手腕及收紧臂肌肉，吸气，手臂用力，把脚抬离地面，收紧大腿和腹部肌肉，将头稍稍抬起，手臂、手腕和手掌用力平衡身体，膝盖紧贴手臂上方的后面，不要屏着呼吸［见图 15-50（d）］。在能力范围内保持这个姿势。

（2）动作作用：强化肩膀、手臂和手腕，扩展胸部，强化呼吸。

（3）注意事项：怀孕以及上肢有伤者不宜做此动作。

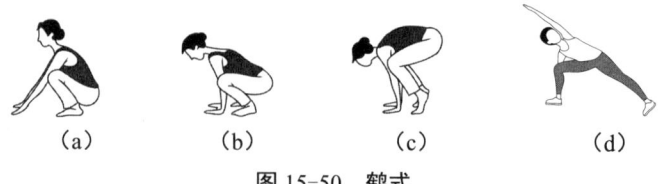

图 15-50 鹤式

（六）鱼式

（1）动作要领：①仰卧在地上，双脚蹬直并拢，脚趾朝天，双手置在臀后，手心向下,两手的距离尽量靠近[见图 15-51(a)]。②吸气,手肘用力按着地,将头部、胸部和腹部挺起,背部拱起。慢慢再把头顶放回地上,手掌依旧放在臀后,用手肘支撑上身的重量,双脚紧贴地上,深呼吸[见图 15-51(b)]。保持动作 10~15 秒,然后慢慢把手肘向外滑开,把背部放回地面休息。

(2)动作作用:充分伸展胸部和背部的肌肉,改善呼吸,强化脊柱。

(3)注意事项:怀孕或女性生理期不宜做此动作。

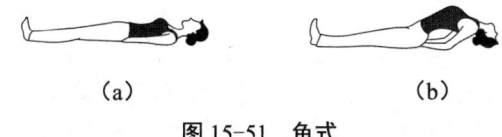

图 15-51 鱼式

(七)犁式

(1)动作要领:平直仰卧,两腿伸直且放松,两脚并拢,两手应平靠体侧,掌心向下,放松 15~20 秒;两腿并拢、两膝伸直,收缩腹部肌肉使两腿离开地面举起,升至躯干上方;保持大腿角度,慢慢把小腿蹬直越过头部,脚尖轻轻落在头部前方的地上(见图 15-52)。保持动作 30 秒至 2 分钟。

(2)动作作用:促进血液循环,消除肩膀及颈部酸痛和腹部脂肪,减轻失眠。

(3)注意事项:女性月经期间避免做此动作。

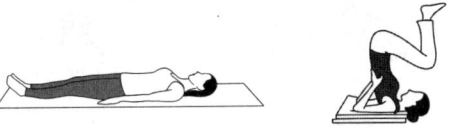 

图 15-52 犁式

(八)侧角式

(1)动作要领:①从"山式"开始,吸气、跃起,双脚打开约肩的两倍宽,左右平行站着,脚趾朝向前方,双手置在腰间,挺胸、收腹[见图 15-53(a)]。②右脚向右转 90 度,左脚稍向右转,右脚跟对正着左脚弓位置,呼气,右膝盖屈曲与小腿成 90 度,左脚蹬直,拉紧膝盖,左脚外侧贴地,脚弓离地。右大腿向上用力,身躯向前,重心放在两脚之间[见图 15-53(b)]。③右手掌按在右脚踝外侧地上,右手臂紧贴大腿外侧,吸气,左手上伸,重心向前,手指朝天,与右手成一条垂直线,左腰侧至左肩膀朝上,胸部朝前[见图 15-53(c)]。④呼气,左手心顺时针方向转 90 度,将左臂往右方伸直,左臂靠在左耳上方,左手、躯干到左脚成一侧直线。头部、视线向上,保持自然呼吸[见图 15-53(d)]。保持动作 30 秒至 1 分钟,然后换另一侧练习。

(2)动作作用:改善肺活量,消除腹部赘肉,美化腰部和臀部线条。

(3)注意事项:有颈部伤病者避免做此动作。头部动作量力而行,或不做头部动作。

图 15-53 侧角式

（九）广角式

（1）动作要领：①起始动作用"侧角式"[见图 15-54（a）]。②呼气，收紧双腿的股四头肌，保持脊椎挺直，由盆骨带动，将躯干慢慢向前伸展。眼望前方，以保持背部挺直。双手移离腰间，改而将掌心置在地上肩膀正下方，手指朝向前方，手臂与肩同宽[见图 15-54（b）]。③手掌移向后方双脚之间，并与之并排，手肘弯曲成 90 度，并将躯干进一步伸展，保持腰背挺直，头顶轻轻放在地上，置于两手掌中间，尽量收紧腹部，带动背部进一步伸展，保持自然呼吸，保持双脚蹬直，股四头肌用力收紧，身体重量尽量放在双脚上[见图 15-54（c）]。保持动作 30 秒后休息。

（2）动作作用：消除精神紧张，令头脑清醒，同时舒缓情绪，拉伸背部肌肉。

（3）注意事项：低血压者动作过程中可能头晕，请谨慎练习。

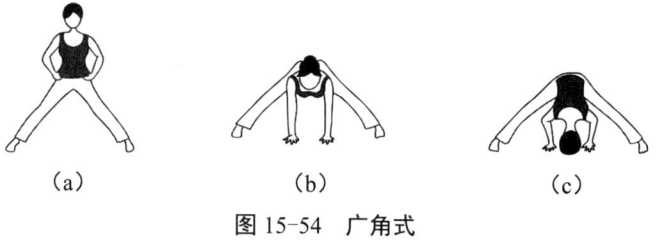

图 15-54 广角式

三、瑜伽练习的注意事项

（1）对练习者的饮食没有特别规定。吃得不要太饱，以免感到沉重和懒散。练瑜伽前后 1 小时内不要用餐，饭后 2 小时内尽量避免练习。

（2）手术后半年和女性生理期不宜练高难度动作。

（3）高血压、哮喘病患者和孕妇只可以做简单动作。

（4）以赤脚为好，穿着宽松、舒适，以便身体能自由活动。

（5）不宜在过硬的地板或太软的床上练习，练习时应在地上铺一块垫子。

（6）如果在保持某一姿势时感到体力不支或发生痉挛，应立即收功，加以按摩。

（7）宜在安宁、通风良好的房间内练习。室内空气要新鲜，可以自由吸入氧气。也可以在室外练习，但环境要舒适，如花园。不要在大风、寒冷或不洁的、有烟味的空气中练习。不要在靠近家具、火炉或妨碍练习的任何场所练习，尤其是做头手倒立动作时，以免发生意外。不要在电风扇下练习。

（8）做练习时，睁着眼睛或闭着眼睛都可以，把注意力集中在体内所产生的感觉上。

（9）可能的话，提前排出大小便，减轻负担。

（10）量力而行，不可逞强；动作缓慢，不可骤然用力，不要刻意追求"标准"。当伸展到自己能承受的最大程度时，就是做正确了。暖身很重要，最好先做一些瑜伽暖身动作，如在开始锻炼之前，步行5分钟，或者爬楼梯，让全身充分活动开。不要一开始就做高难度的动作，以免造成运动伤害。循序渐进，避免身体受到伤害。练习时，心情尽量放轻松，可容许身体有一点点酸痛，但不要过度用力或勉强做动作。

（11）练习时不要大笑或说话，要专注地呼吸。保持有规律、较深沉的呼吸，这有助于身体放松。

（12）最好能每天练习，做完一个完整的瑜伽动作后，记得躺下来"摊尸"式大休息。

（13）做每个姿势时，坚持5次完整的呼吸时间，保证吸气和呼气的长度相等。做这一系列动作时，都用一条腿先做，然后再换另一条腿，弯曲然后放松，深深地呼吸。如果条件允许，也可以重复练习。

（14）要想把平衡做得更容易，可以在地板上找一个点（大约在前面3~4脚的地方），眼睛放松，集中注意力在那个点上，保持平衡姿势并且深深地呼吸。

（15）每个星期保证锻炼3~4次。尽管许多动作看起来简单，但有一些动作特别是平衡动作，对一个初学者来说还是不容易的，因此不要害怕这些动作，坚持锻炼。

第六节 花样跳绳

一、跳绳概述

跳绳是一项传统体育活动，历史悠久。早在宋代高承的《事物纪原》中，就有跳百索的记载。跳百索在明清时已盛行，如《宛署杂记》中说："（正月）十六日，儿以一绳长丈许，两儿对牵，飞摆不定……群儿乘其动时轮跳其上，以能过者为胜。否则为索所绊，听掌绳者绳击以罚。"

到了近代，跳绳运动有了长足的发展。首先表现在绳子的制作上，原来跳绳用的绳子都是草绳或者麻绳，不仅质地粗糙，而且笨重，而现在用的绳子在制作材料上有了很大的进步，更加轻便，而且在短绳的两端加上手柄，更有利于摇绳。绳子多采用鲜艳、明朗的色调，更加人性化。喜爱这一运动的人越来越多，人们为了更好地对这个项目进行组织和推广，先后成立了世界跳绳联盟、欧洲跳绳总会等。

经常练习跳绳，既能增强四肢的肌肉力量，又能提高身体的协调性，对青少年的骨骼生长和身体发育有良好的促进作用，还能全面提高身体素质。

二、花样跳绳基本技术

（一）单摇跳

摇绳一回环，跳跃一次，叫单摇跳。单摇跳分前摇跳和后摇跳，是最基本、最简单的跳绳技术。

1. 单摇双脚跳

（1）前单摇双脚跳。双手持绳两端，绳在背后，向上、向前摇绳，摇绳时应以肘关节为轴，用前臂与腕部力量进行，并与双脚跳跃动作协调配合，在绳将到脚下时，双脚跳起越过绳用前脚掌落地，如此连续跳跃。

（2）后单摇双脚跳。将绳放在体前，双手由前向后摇绳回环，两脚同时跳起让绳从体后向前通过。除摇绳方向相反，其他动作同前单摇双脚跳。

2. 单摇双脚交换跳

（1）前摇两脚交换跳。由体后向前摇绳一回环，两脚交替单脚跳起，即原地跑步跳绳，也可以向前方做跳绳跑。原地两脚交换跳时，小脚屈膝上抬，不要后摆，两脚依次蹬地并交替放松休息。

（2）后摇两脚交换跳。后摇两脚交换跳则是由前向后摇绳做两脚交换练习。单摇双脚交换跳的特点是跳得不高，跳得快，跳的时间比较持久。前后单摇双脚交换快速跳绳常用于个人定时计数比赛。

（3）两臂体前交叉摇绳跳。在向前摇绳至体前方向下落的过程中，两臂在体前顺势交叉摇绳，脚跳过绳后，绳摇至头上时，两臂向左右分开，摇跳一次，这样一摇一交叉摇绳跳。另一种方法是在臂交叉后不立即分开，在两臂前交叉的姿势中继续摇绳跳若干次，再分开跳几次之后再进行交叉。同样也可以在向后摇绳过程中，用以上方法进行臂体前交叉摇绳跳。对于脚下的跳跃动作，既可以采用双脚跳，也可以采用单脚交换跳的方式练习。此方法常用于花样定时计数或定数计时比赛。

（二）双摇跳

双摇跳又叫两摇跳，也叫双飞跳。技术动作为身体跳起时，加快摇绳速度，使摇绳在脚下通过两次。

1. 双摇双脚跳

前双摇双脚跳是各种双摇跳的基础技术。学习双摇跳可先做几个单摇跳，使摇绳回环有了初速度，再突然加快摇绳，双脚同时高跳起，每跳起一次摇绳两回环。

双摇双脚跳技术的关键在摇绳与跳跃的配合，高速快摇有利于完成动作；初练双摇跳，可以稍收腹并屈腿，有利于增加腾空时间，使跳绳能顺利通过脚下两次，掌握技术后可以连续做双摇跳练习。快速摇绳使绳有打地声，这样便于控制起跳时机和节奏。

2．双摇单脚跳

双摇单脚跳与双摇双脚跳的方法基本相同，只是单脚跳起通过摇绳两回环。在掌握了双摇双脚跳以后方可做双摇单脚跳练习。

3．两脚交替双摇跳

开始可以以单脚单摇或两脚交替单摇跳作为初速度，而后快摇两周绳，跳一次，完成两脚交替双摇跳。两脚交替双摇跳比单脚双摇跳难学，但比单脚双摇跳跳得持久。练习时，可先练单脚双摇跳，后练两脚交替双摇跳。

4．编花双摇跳

（1）活编花双摇跳。在双摇跳中，双脚蹬地跳起一次，绳摇两次，第1摇是普通摇法，第2摇是两臂在胸腹前交叉摇绳，这种方法容易学会，因第1摇较容易，第2摇时绳已有了较快的初速度，两臂在胸前一交叉，手腕稍用力就可以了。用绳应比普通双摇跳的绳长些。反编花双摇跳比正编花双摇跳难，且费力。在双摇跳中（双脚、单脚、两脚交替），也可以在第1摇时，两臂就在胸腹前交叉摇绳，第2摇再用普通摇法。这种第1摇就交叉臂的编花双摇跳比第2摇交叉臂的编花双摇跳难。因此，应先学第1种较容易的编花双摇跳。

（2）固定编花双摇跳。两臂交叉（编花）在胸前连续摇绳的跳绳方法，称固定编花双摇跳。

（三）带人跳

带人跳绳是集体跳绳的一种。它是指一人摇绳跳带一人，这种跳绳称为双人跳绳。带人跳绳也可一人带多人齐跳或轮流跳，或两人各摇跳一条短绳带别人跳，二人合摇一条短绳带人跳等。

1．一人带一人跳

一人带一人跳是带人跳绳的基础，也是快速跳绳比赛中的一个项目。带人者持绳，与被带者相对站立。带人者摇绳，绳到脚下，二人齐跳起，连续摇绳。一般都是大个带小个跳，或同等个带跳，也有小个带大个跳的。带人跳所用的绳子可适当放长一些。这种方法虽然简单，但两人需要密切配合，协调动作，并且要求摇绳速度均匀。注意同伴上绳的时机。

带人者自己做单摇跳，被带者在绳外随同带人者的节奏一起跳。二人互相观摩和体会起跳的时机，待两人逐步形成同一节奏、协调动作以后，开始练习带人跳。一人带一人跳绳时，二人稍靠近为好，被带者也可用手轻扶摇绳者的腰部，这样容易做到同时起跳，便于协同配合。

2．一人带多人齐跳

在一人带一人跳的基础上，练习一人前、后各带一人跳，逐步练习带三人或多人齐跳。一人带多人跳绳时，带人者最好是跳绳技术熟练的高个，把绳子放长些，两臂用力摇绳，摇绳速度要均匀，摇绳者站在中间，被带者贴近摇绳者，并分别站在他的前后。可由一人发令，发出"预备—起"的口号一齐跳。被带者要精神集中，注意摇绳者的动作，待绳摇到脚下时，及时起跳。如果带人者的摇绳技术稍差，可先自己摇跳，等把绳摇起以后，被带的人上绳，与摇绳者齐跳，但这要求被带者有上绳的技术。上绳方法是摇绳人刚跳过绳，被带者乘绳摇至摇绳者身后的时机，跑到摇绳人身前，绳摇转到脚下时，与摇绳人齐跳。

附录　国家学生体质健康标准

(2014年修订　大学版)

一、说明

1. 《国家学生体质健康标准》(以下简称《标准》)是国家学校教育工作的基础性指导文件和教育质量基本标准,是评价学生综合素质、评估学校工作和衡量各地教育发展的重要依据,是《国家体育锻炼标准》在学校的具体实施,适用于全日制普通小学、初中、普通高中、中等职业学校、普通高等学校的学生。

2. 本标准的修订坚持健康第一,落实《国家中长期教育改革和发展规划纲要(2010—2020年)》《国务院办公厅转发教育部等部门关于进一步加强学校体育工作若干意见的通知》(国办发〔2012〕53号)和《教育部关于印发〈学生体质健康监测评价办法〉等三个文件的通知》(教体艺〔2014〕3号)有关要求,着重提高《标准》应用的信度、效度和区分度,着重强化其教育激励、反馈调整和引导锻炼的功能,着重提高其教育监测和绩效评价的支撑能力。

3. 本标准从身体形态、身体机能和身体素质等方面综合评定学生的体质健康水平,是促进学生体质健康发展、激励学生积极进行身体锻炼的教育手段,是国家学生发展核心素养体系和学业质量标准的重要组成部分,是学生体质健康的个体评价标准。

4. 本标准将大学划分为以下两个组别:一、二年级为一组,三、四年级为一组。

5. 大学各组别的测试指标均为必测指标。其中,身体形态类中的身高、体重,身体机能类中的肺活量,以及身体素质类中的50米跑、坐位体前屈为各年级学生共性指标。

6. 本标准的学年总分由标准分与附加分之和构成,满分为120分。标准分由各单项指标得分与权重乘积之和组成,满分为100分。附加分根据实测成绩确定,即对成绩超过100分的加分指标进行加分,满分为20分;大学的加分指标为男生引体向上和1 000米跑,女生1分钟仰卧起坐和800米跑,各指标加分幅度均为10分。

7. 根据学生学年总分评定等级:90.0分及以上为优秀,80.0～89.9分为良好,60.0～79.9分为及格,59.9分及以下为不及格。

8. 每个学生每学年评定一次,记入《〈国家学生体质健康标准〉登记卡》(大学样表)。特殊学制的学校,在填写登记卡时可以按规定和需求相应地增减栏目。学生毕业时的成绩和等级,按毕业当年学年总分的50%与其他学年总分平均得分的50%之和进行评定。

9. 学生测试成绩评定达到良好及以上者，方可参加评优与评奖；成绩达到优秀者，方可获体育奖学分。测试成绩评定不及格者，在本学年度准予补测一次，补测仍不及格，则学年成绩评定为不及格。普通高等学校学生毕业时，《标准》测试的成绩达不到 50 分者按结业或肄业处理。

10. 学生因病或残疾可向学校提交暂缓或免予执行《标准》的申请，经医疗单位证明，体育教学部门核准，可暂缓或免予执行《标准》，并填写《免予执行<国家学生体质健康标准>申请表》，存入学生档案。确实丧失运动能力、被免予执行《标准》的残疾学生，仍可参加评优与评奖，毕业时《标准》成绩需注明免测。

11. 各学校每学年开展覆盖本校各年级学生的《标准》测试工作，《标准》测试数据经当地教育行政部门按要求审核后，通过"中国学生体质健康网"上传至"国家学生体质健康标准数据管理系统"。测试和数据上传时间由教育行政部门确定。

12. 本标准由教育部负责解释。

二、单项指标与权重

附表 1　单项指标与权重

测试对象	单项指标	权重/%
大学各年级	体重指数（BMI）	15
	肺活量	15
大学各年级	50 米跑	20
	坐位体前屈	10
	立定跳远	10
	引体向上（男）/1 分钟仰卧起坐（女）	10
	1 000 米跑（男）/800 米跑（女）	20

注：体重指数（BMI）=体重（千克）/身高^2（米^2）。

三、评分表

（一）单项指标评分表

附表 2　体重指数（BMI）单项评分表

单位：千克/米^2

等级	单项得分	男生	女生
正常	100	17.9～23.9	17.2～23.9
低体重	80	≤17.8	≤17.1
超重		24.0～27.9	24.0～27.9
肥胖	60	≥28.0	≥28.0

注：体重指数（BMI）=体重（千克）/身高^2（米^2）

附录　国家学生体质健康标准

附表3　男生单项评分表

等级	单项得分	肺活量/毫升		50米跑/秒		坐位体前屈/厘米		立定跳远/厘米		引体向上/个		1 000米跑	
		大一大二	大三大四	大一大二	大三大四	大一大二	大三大四	大一大二	大三大四	大一大二	大三大四	大一大二	大三大四
优秀	100	5 040	5 140	6.7	6.6	24.9	25.1	273	275	19	20	3'17"	3'15"
	95	4 920	5 020	6.8	6.7	23.1	23.3	268	270	18	19	3'22"	3'20"
	90	4 800	4 900	6.9	6.8	21.3	21.5	263	265	17	18	3'27"	3'25"
良好	85	4 550	4 650	7.0	6.9	19.5	19.9	256	258	16	17	3'34"	3'32"
	80	4 300	4 400	7.1	7.0	17.7	18.2	248	250	15	16	3'42"	3'40"
及格	78	4 180	4 280	7.3	7.2	16.3	16.8	244	246			3'47"	3'45"
	76	4 060	4 160	7.5	7.4	14.9	15.4	240	242	14	15	3'52"	3'50"
	74	3 940	4 040	7.7	7.6	13.5	14.0	236	238			3'57"	3'55"
	72	3 820	3 920	7.9	7.8	12.1	12.6	232	234	13	14	4'02"	4'00"
	70	3 700	3 800	8.1	8.0	10.7	11.2	228	230			4'07"	4'05"
	68	3 580	3 680	8.3	8.2	9.3	9.8	224	226	12	13	4'12"	4'10"
	66	3 460	3 560	8.5	8.4	7.9	8.4	220	222			4'17"	4'15"
	64	3 340	3 440	8.7	8.6	6.5	7.0	216	218	11	12	4'22"	4'20"
	62	3 220	3 320	8.9	8.8	5.1	5.6	212	214			4'27"	4'25"
	60	3 100	3 200	9.1	9.0	3.7	4.2	208	210	10	11	4'32"	4'30"
不及格	50	2 940	3 030	9.3	9.2	2.7	3.2	203	205	9	10	4'52"	4'50"
	40	2 780	2 860	9.5	9.4	1.7	2.2	198	200	8	9	5'12"	5'10"
	30	2 620	2 690	9.7	9.6	0.7	1.2	193	195	7	8	5'32"	5'30"
	20	2 460	2 520	9.9	9.8	-0.3	0.2	188	190	6	7	5'52"	5'50"
	10	2 300	2 350	10.1	10.0	-1.3	-0.8	183	185	5	6	6'12"	6'10"

附表4　女生单项评分表

等级	单项得分	肺活量/毫升		50米跑/秒		坐位体前屈/厘米		立定跳远/厘米		1分钟仰卧起坐/个		800米跑	
		大一大二	大三大四	大一大二	大三大四	大一大二	大三大四	大一大二	大三大四	大一大二	大三大四	大一大二	大三大四
优秀	100	3 400	3 450	7.5	7.4	25.8	26.3	207	208	56	57	3'18"	3'16"
	95	3 350	3 400	7.6	7.5	24.0	24.4	201	202	54	55	3'24"	3'22"
	90	3 300	3 350	7.7	7.6	22.2	22.4	195	196	52	53	3'30"	3'28"
良好	85	3 150	3 200	8.0	7.9	20.6	21.0	188	189	49	50	3'37"	3'35"
	80	3 000	3 050	8.3	8.2	19.0	19.5	181	182	46	47	3'44"	3'42"
及格	78	2 900	2 950	8.5	8.4	17.7	18.2	178	179	44	45	3'49"	3'47"
	76	2 800	2 850	8.7	8.6	16.4	16.9	175	176	42	43	3'54"	3'52"
	74	2 700	2 750	8.9	8.8	15.1	15.6	172	173	40	41	3'59"	3'57"
	72	2 600	2 650	9.1	9.0	13.8	14.3	169	170	38	39	4'04"	4'02"
	70	2 500	2 550	9.3	9.2	12.5	13.0	166	167	36	37	4'09"	4'07"
	68	2 400	2 450	9.5	9.4	11.2	11.7	163	164	34	35	4'14"	4'12"
	66	2 300	2 350	9.7	9.6	9.9	10.4	160	161	32	33	4'19"	4'17"
	64	2 200	2 250	9.9	9.8	8.6	9.1	157	158	30	31	4'24"	4'22"
	62	2 100	2 150	10.1	10.0	7.3	7.8	154	155	28	29	4'29"	4'27"
	60	2 000	2 050	10.3	10.2	6.0	6.5	151	152	26	27	4'34"	4'32"

续表

等级	单项得分	肺活量/毫升		50米跑/秒		坐位体前屈/厘米		立定跳远/厘米		1分钟仰卧起坐/个		800米跑	
		大一大二	大三大四	大一大二	大三大四	大一大二	大三大四	大一大二	大三大四	大一大二	大三大四	大一大二	大三大四
不及格	50	1 960	2 010	10.5	10.4	5.2	5.7	146	147	24	25	4'44"	4'42"
	40	1 920	1 970	10.7	10.6	4.4	4.9	141	142	22	23	4'54"	4'52"
	30	1 880	1 930	10.9	10.8	3.6	4.1	136	137	20	21	5'04"	5'02"
	20	1 840	1 890	11.1	11.0	2.8	3.3	131	132	18	19	5'14"	5'12"
	10	1 800	1 850	11.3	11.2	2.0	2.5	126	127	16	17	5'24"	5'22"

（二）加分指标评分表

附表5 男生加分指标评分表

加分	引体向上/个		1 000米跑	
	大一/大二	大三/大四	大一/大二	大三/大四
10	10	10	-35"	-35"
9	9	9	-32"	-32"
8	8	8	-29"	-29"
7	7	7	-26"	-26"
6	6	6	-23"	-23"
5	5	5	-20"	-20"
4	4	4	-16"	-16"
3	3	3	-12"	-12"
2	2	2	-8"	-8"
1	1	1	-4"	-4"

附表6 女生加分指标评分表

加分	1分钟仰卧起坐/个		800米跑	
	大一/大二	大三/大四	大一/大二	大三/大四
10	13	13	-50"	-50"
9	12	12	-45"	-45"
8	11	11	-40"	-40"
7	10	10	-35"	-35"
6	9	9	-30"	-30"
5	8	8	-25"	-25"
4	7	7	-20"	-20"
3	6	6	-15"	-15"
2	4	4	-10"	-10"
1	2	2	-5"	-5"

注：1. 引体向上、1分钟仰卧起坐均为高优指标，学生成绩超过单项评分100分后，以超过的次数所对应的分数进行加分。

2. 1 000米跑、800米跑均为低优指标，学生成绩低于单项评分100分后，以减少的秒数所对应的分数进行加分。

附录 国家学生体质健康标准

附表7 《国家学生体质健康标准》登记卡(大学样表)

姓 名　　　　　性 别　　　　　学 校
院(系)　　　　民 族　　　　　学 号　　　出生日期

单项指标	大一			大二			大三			大四			毕业成绩	
	成绩	得分	等级	成绩	得分	等级	成绩	得分	等级	成绩	得分	等级	得分	等级
体重指数(BMI)(千克/米²)														
肺活量(毫升)														
50米跑(秒)														
坐位体前屈(厘米)														
立定跳远(厘米)														
引体向上(男)/1分钟仰卧起坐(女)(次)														
1000米跑(男)/800米跑(女)(分·秒)														
标准分														
加分指标	成绩	附加分		成绩	附加分		成绩	附加分		成绩	附加分			
引体向上(男)/1分钟仰卧起坐(女)(次)														
1000米跑(男)/800米跑(女)(分·秒)														
学年总分														
等级评定														
体育教师签字														
辅导员签字														

注：高等专科学校参照本样表执行。

附表 8　免予执行《国家学生体质健康标准》申请表（样表）

姓　　名		性　　别		学　　号	
班级/院（系）		民　　族		出生日期	
原因	申请人： 　　　年　　月　　日				
体育教师签字		家长签字			
学校体育部门意见	学校签章： 　　　年　　月　　日				

注：普通高等学校的学生，"家长签字"由学生本人签字。

参 考 文 献

[1] 李国柱. 大学体育健康 [M]. 3版. 杭州：浙江大学出版社，2021.
[2] 邓晖，刘战红. 大学体育：微课版[M]. 天津：天津科学技术出版社，2020.
[3] 吴晓华，周静. 冰雪休闲运动指南[M]. 上海：上海交通大学出版社，2020.
[4] 魏建军. 大学体育：微课版[M]. 西安：西北工业大学出版社，2019.
[5] 曾一兵，杨芳良. 大学体育与健康教程[M]. 北京：北京体育大学出版社，2019.
[6] 连远斌，张乐为. 大学体育与健康信息化教程[M]. 北京：北京理工大学出版社，2018.
[7] 高巍，赵栋. 体育与健康[M]. 北京：科学出版社，2018.
[8] 杨小凤. 花样跳绳[M]. 上海：上海教育出版社，2018.
[9] 张裕中，杨志友. 大学体育与健康[M]. 北京：北京理工大学出版社，2017.
[10] 曾德明，谭俊，周伟平. 大学体育与健康教程[M]. 成都：电子科技大学出版社，2017.
[11] 王海燕，姜来. 乒乓球教程[M]. 北京：化学工业出版社，2017.
[12] 姜桂萍. 体育舞蹈[M]. 北京：北京高等教育出版社，2017.
[13] 张洪建. 体育与健康[M]. 北京：科学出版社，2016.
[14] 王小安. 大学体育与健康[M]. 上海：同济大学出版社，2015.
[15] 安徽理工大学体育部编写组. 大学体育[M]. 西安：西安电子科技大学出版社，2011.
[16] 徐国富，白光斌，雷耿华. 体育与健康教程[M]. 西安：西安电子科技大学出版社，2011.